AMRA

Satsanga Sabine Korte

Uma lernt fliegen

AMRA

Brandheiße Infos finden Sie regelmäßig auf:
www.facebook.com/AMRAVerlag

Besuchen Sie uns auf unserer Website:
www.AmraVerlag.de

Mehr von der Autorin zum Thema:
www.satsangas-way.de

Eine Originalausgabe im AMRA Verlag
Auf der Reitbahn 8, D-63452 Hanau
Telefon: + 49 (0) 61 81 – 18 93 92
Kontakt: Info@AmraVerlag.de

Herausgeber & Lektor	Michael Nagula
Umschlag	Frankl Design
Layout & Satz	Birgit Letsch
Druck	Clausen & Bosse

Für den Einband wurde das Bild »Woman flying through sky« von Matthias Clamer verwendet, mit freundlicher Genehmigung von www.gettyimages.com.

ISBN 978-3-939373-94-0

Inhalt

Für Mahindra, Osho, Maharajji –
mit tiefer Liebe, Dankbarkeit und Respekt.

I have been in sorrows kitchen and licked all
the pots.
Then I have stood on the peaky mountain
wrapped in rainbows,
with a harp and sword in my hand.

Zora Neal Hurston

Das Versprechen

Es war ihr letzter Aufenthalt in dem kleinen Seminarzentrum in Taiwan. Jeder ihrer insgesamt fünf Aufenthalte in diesem Land, und speziell in diesem Zentrum, hatte Uma auf besondere Art und Weise geprüft. Doch dieses Mal war sie über eine Grenze gegangen. Sie fühlte sich gefährdet, wie jemand, der zu weit aufs Meer hinausgefahren ist und dort, von Stürmen umtobt, mutterseelenallein gegen meterhohe Wellen kämpft. Ihr seelischer Aufruhr übertraf alles, was sie glaubte, ertragen zu können. Wie eine Ertrinkende an einer Planke hielt sie an einigen heilsamen Gewohnheiten fest, die sie durch einen Großteil ihres Lebens begleitet und ihr immer wieder Halt gegeben hatten. Sie schrieb ständig Tagebuch, meditierte und praktizierte jeden Tag Yoga. Dies waren ihre Retter, nun mehr denn je.

An einem Tag, an dem eine besonders hohe Welle über sie hinwegschwappte, lag sie auf dem Fußboden ihres mit chinesischer Ästhetik eingerichteten Apartments. An beiden Hausseiten der Wohnung befanden sich Baustellen, und an diesem Tag erhöhte noch ein Pressluftbohrer im eigenen Haus das Inferno, das in den frühen Morgenstunden begann und sich erst spät am Abend legte. Sie hatte den Eindruck, innerlich und äußerlich in eine Hölle geraten zu sein. Ihre innere Hölle war hausgemacht, das war klar, und möglicherweise war der äußere Lärm nur ein Spiegel ihres Inneren. Aber keine noch so intelligente Analyse machte die Situation erträglicher für sie. Sie tanzte auf Rasierklingen.

Mechanisch zwang sie ihren Körper, die bekannten Yoga-Übungen auszuführen, aber immer wieder sank sie apathisch auf die Matte zurück und starrte ins Leere. Während sie so auf dem Fußboden lag, wünschte sie sich aus tiefstem Herzen, etwas von jemandem zu hören oder zu lesen, der auch an diesen Punkt gekommen war. Der ebenso weit wie sie aufs Meer hinausgesegelt war, der sich ebenso allein und gefährdet gefühlt hatte und der nun Zeugnis ablegte von seiner Zeit da draußen. Sie rieb sich auf an den Zitaten erleuchteter Meister und Weiser. Alles, was sie sagten, war wahr – aber wie kam Uma, die Schiffbrüchige, dort hin?

Ihre Meister hatten den Quantensprung geschafft. Sie hatten es vollbracht, aber zwischen ihnen und ihr schien es keine Brücke zu geben.

In diesen einsamen Stunden versprach sie sich selbst und gleichzeitig dem ganzen Universum, dass sie eines Tages Zeugnis ablegen würde von ihrer Reise. Aber erst, wenn sie gerettet war. Wenn sie wieder Boden unter den Füßen hatte. Wenn sie die Sonne wieder sehen konnte – vielleicht nicht erleuchtet, sicher noch kein Meister, aber doch ein bisschen weiser. Ein Seebär, der die dunkle Nacht der Seele kennt, dessen Mitgefühl und Menschenliebe gewachsen sind unter dem Gewicht des eigenen Leids.

Und hier *ist* Umas Geschichte. Der Bericht einer Schiffbrüchigen. Ich, die Erzählerin ihrer Geschichte, spiele keine weitere Rolle und habe lediglich die Aufgabe, alles, was geschehen ist, so getreu wie möglich wiederzugeben.

Uma wünscht, dass diese Zeilen für all jene geschrieben werden, welche die dunklen Stunden kennen – die sich verirrt haben, die glauben, nicht mehr auf dem Weg zu sein und das Vertrauen verloren haben. Aber auch für jene, die bereits dort waren oder vielleicht eines Tages die Fahrt aufnehmen werden dorthin. Denn der Weg zur Selbsterkenntnis, zum Erwachen im Göttlichen ist ein gefährlicher Weg. Wer dies bestreitet oder nicht glaubt, hat ihn noch nicht beschritten. Der Weg ins Licht führt auch durch die Dunkelheit, durch die Verwirrung, durch den Zweifel und die inneren Höllen.

Seit jener Reise, sagt Uma, ist tief in ihrem Inneren etwas ver-rückt, im wahrsten Sinne des Wortes. Was ihr früher so wichtig war, hat heute keinerlei Bedeutung mehr. Alles, was jetzt noch zählt, meint Uma, lässt sich in wenigen Worten zusammenfassen: Sie möchte tanzen. Tanzen mit Gott.

Sie war nie besonders gut darin, sich von ihren männlichen Tanzpartnern führen zu lassen. Sie wollte immer selbst bestimmen, wo es lang geht. Doch nun übt sie sich darin, das Universum, die göttliche Kraft, führen zu lassen. Manchmal meutert sie. Aber im Großen und Ganzen ist sie eine sehr wache und gelehrige Schülerin. Sie weiß, dass Gott sie liebt und ihr Zeit gibt, denn in der Zeitlosigkeit allen Seins gibt es davon jede Menge.

Auf gewisse Art und Weise, auch wenn das niemand hören möchte, hat Gott Umas Willen gebrochen, so wie man einem Wildpferd den Willen brechen muss, bevor man ihm einen Sattel aufsetzen kann. Vorher ließ es sich nicht lenken. Jetzt erst können die beiden mit ihrer endlosen Beziehung beginnen, Gott und Uma, Uma und Gott, mit ihrer Liebesgeschichte, ihrem Ritt, ihrem Tanz und Flug durch alle Lüfte, alle Universen – und auch durch die dunklen Tunnel – hinein ins Licht und weiter in die Unendlichkeit.

Aufbruch

1

Jede spirituelle Lehrzeit ist verbunden mit Rückzug, Alleinsein, dem Herausgenommenwerden aus der geschäftigen Welt der anderen. Als sei man krank. Es ist die Zeit des Winters, des Stillstands, der erstarrten Schönheit, der Trauer und des Todes. Das wusste Uma oder zumindest ein Teil von ihr. Der andere Teil ahnte noch nichts, war unbedacht und unbedarft wie der Archetyp des Narren in den Tarotkarten.

Es war ein klarer, sonniger, golden leuchtender Herbst, wie es sie nur noch selten in München gibt. Uma fühlte sich frei, als sei sie nichts und niemandem etwas schuldig. Der Sommer pulsierte noch in ihren Adern, die Wochen in Griechenland auf der Ferieninsel Korfu, wo sie jedes Jahr ein Seminar veranstaltete. Zum dritten Mal waren Uma und ihr »Meister«, wie sie ihren indischen Lehrer Sai Avatar Mahindra nannte, in dem Seminarzentrum im Norden der Insel gewesen und hatten gemeinsam eine Gruppe geleitet. Diesmal hatte sie Mahindra als besonders anstrengend empfunden.

Seit zehn Jahren war sie bei ihm. Davon waren die ersten drei Jahre, die sie insgeheim »die Lehrjahre« getauft hatte, die härtesten gewesen. »Lehrjahre sind keine Herrenjahre«, ermahnten die Schreinermeister, Friseurmeister, Schornsteinfegermeister ihre Lehrlinge früher. Die spirituellen Meister sagten andere Dinge. Etwa: »Am Anfang ist es bitter, am Ende ist es süß.« Aber es lief auf das Gleiche hinaus. Für ihren Meister war Uma auf drei Jahre mit ihren Kindern in den Vogelsberg gezogen, eine ländliche, raue, menschenleere Gegend östlich von Frankfurt, wo Schüler von Mahindra ein Zentrum für Yoga und Ayurveda aufgebaut hatten. Und hier, fern vom sonnigen, großstädtischen München, hatte er sie in die Lehre genommen, getriezt, getrieben, gesotten, poliert, in allen Waschgängen und auf sämtlichen Temperaturen gewaschen und geschleudert, bis sie durchlässiger war und mehr Licht verströmte. Und bis sich ganz nebenbei, und zu ihrem eigenen größten Erstaunen, ihr Herz öffnete, Blatt für Blatt wie eine Rose.

Nach drei Lehrjahren im Vogelsberg durfte sie nach München zurückkehren. Von nun an und weitere sieben Jahre lang hielt sie gemeinsam mit Mahindra Seminare in Deutschland, aber auch in Indien und auf Korfu, begleitete ihn auf seinen Vortragsreisen und ließ sich von ihm schulen. Am meisten lernte sie jedoch durch das pure, alltägliche Zusammensein mit einem Meister. Dies war ihre Gesellenzeit.

Bis jetzt war sie ihm immer ergeben gewesen. Doch in diesem Sommer auf Korfu änderte sich etwas, als hätte der Wind sich gedreht, sei stürmischer geworden, und sie müsse nun wie Mary Poppins ihren Schirm aufspannen, ihn in den Wind halten und sich von ihm forttragen lassen. In diesem Sommer war Uma unzufrieden und insgeheim kritisch mit ihrem Meister, ohne dass sie dies sogar vor sich selbst zugegeben hätte. Immer häufiger beschlich sie das Gefühl, sie befänden sie sich in einer Sackgasse. Ihre Gespräche wiederholten sich, manchmal Wort für Wort. Die Themen, mit denen er ihr vorschlug zu arbeiten, in der ihm höchst eigenen Weise, kaute sie so widerwillig und unlustig durch, wie sie als Kind über den Mathematik-Hausaufgaben gesessen hatte. Sie selbst konnte es noch nicht sehen, aber unter der Oberfläche zeigten sich bereits die Haarrisse ihrer Trennung. Wenige Monate später würde sie sich fühlen wie eine Tochter, die das Haus ihres Vaters verlassen muss, um ihren eigenen Weg zu gehen. Aber jetzt saß sie noch zuhause, ein grummelnder Teenager, der über die Enge der Heimat schimpft.

Und dennoch: In diesem sonnigen Herbst in München schien Umas Welt noch in Ordnung zu sein. Durchsonnt, braungebrannt, gut gelaunt machte sie sich daran, die Umzugskartons auszuräumen, die malerisch in ihrer neuen Wohnung verteilt standen. Kurz vor ihrem Abflug nach Korfu waren Sebastian, Uma und ihre jüngste Tochter Helen in eine neue Wohnung gezogen. Lara aber, ihre älteste Tochter, war nach Südafrika aufgebrochen, wo sie ein Jahr als Austauschschülerin verbringen wollte.

Sebastian war nicht nur Umas Ehemann, er war ihr Geliebter, ihr bester Freund, ihre größte Stütze. Seit sechzehn Jahren gehörten sie einander, hatten zwei Kinder aufgezogen, von denen Lara, die Große, ein »Beutekind« war. Sie stammte aus Umas erster Ehe, doch wenige Jahre nach ihrer Trennung war Umas Exmann, Laras Vater, schnell und für alle überraschend an einer Krebserkrankung gestorben. Sebastian hatte Lara liebevoll mit aufgezogen, sich nie davor gedrückt, ein richtiger Vater für sie zu sein. Ihre zweite Tochter, Helen, war Sebastians und Umas gemeinsames Kind.

Vor dem Umzug hatten sie mit ihren zwei Töchtern jahrelang in einer großen, poetischen, aber höchst renovierungsbedürftigen Fünf-Zimmer-Wohnung am Englischen Garten gelebt. Doch die jungen Mieter direkt unter ihnen waren Studenten, empfingen täglich einen Strom von Gästen und feierten jedes Wochenende Partys. Ihre schöne große Wohnung war immer laut und stank beständig nach Zigarettenrauch, der durch die alten Holzböden von unten zu ihnen nach oben trieb. Lara, die Große, wollte ins Ausland. Bald würde sie Abitur machen, und die Familie wurde kleiner. Es war Zeit für eine Veränderung.

Uma spürte die Notwendigkeit von Veränderungen, lange bevor sie tatsächlich eintraten. Wie eine Visionärin, eine Prophetin, konnte sie die Ändervögel am Himmel entdecken und ihr Krächzen hören, ehe irgendjemand anders sie bemerkte. An einem Samstagnachmittag, ein paar Wochen vor ihrem Umzug, ruhten Sebastian und sie Arm in Arm auf dem großen Bett in dem prächtigen Jugendstilzimmer ihrer alten Wohnung. Sie hatten sich geliebt und lagen nun still beieinander, wärmten ihre Herzen an dem nachglimmenden Feuer. Während Uma ganz tief, ganz still, in ihr Innerstes eintauchte, empfand sie ihre Liebe zu Sebastian als erfüllt, ihre gemeinsame Reise als vollbracht. Die Erkenntnis stieg auf aus einem Seerosenteich von Liebe, Fülle und Überfluss – nicht aus dem Mangel, der Langeweile oder dem Zwiespalt. Sie hatte den Eindruck, dieser Liebe nichts mehr hinzufügen zu können, aber auch nichts fortnehmen zu wollen – sie war vollkommen. Und wie jedes Vollkommene, Perfekte, trug es in sich den Samen des Aufbruchs, der Umwandlung, der Veränderung.

Auf ihren zahllosen Spaziergängen durch den Englischen Garten hatten sie es bereits gewagt, über ihre ungelebten Träume und Sehnsüchte zu sprechen und ihnen, wie ungeborenen Kindern, die ans Licht drängen, eine träumerische Kontur zu geben. Das Gebiet des Lebens erweitern. Auch mal alleine sein. Oder einen Geliebten, eine Geliebte haben. Oder einen ganzen Winter, nicht nur ein paar Wochen, in Indien, einen ganzen Sommer in Irland sein. Manchmal redeten sie sich heiß, ließen blühende Phantasien vor sich aufsteigen, die wieder zusammenfielen, sobald sie die Haustür zu ihrer Wohnung aufschlossen. Die Struktur, die Pflichten, die Regeln einer harmonischen, geölten, gut funktionierenden Beziehung holten sie schnell wieder ein und wie eine Welle, die vom wilden Meer an den Strand zurückkehrt, auch die Liebe zu ihren Kindern, ihrer Familie.

Umas Familie nahm den ersten Platz in ihrem Herzen ein. Ihre beiden Töchter waren ihre Schätze, ihre Kronjuwelen, ihre kleine Familie war für sie Hort und Heimat zugleich. Sie selbst fühlte sich als spirituelles und emotionales Zentrum dieser kleinen Gruppe. Durch die harte Arbeit mit Mahindra war sie ruhiger geworden, verlässlicher, nicht mehr so quecksilbrig wie zuvor. Allerdings hatte die Abenteurerin und das Gottkind in ihr niemals Ruhe gegeben. Jeden Winter fuhr sie nach Indien, verbrachte dort Zeit mit Mahindra und und nahm die Kinder so lange und so oft wie möglich mit. Lara und Helen liebten Indien. Für sie waren Mahindra, Umas Meister, und ihre Arbeit für den ungewöhnlichen Inder ein selbstverständlicher Teil der Familienrealität. Dennoch wurden sie, wie die Kinder es bei Vergleichen mit Klassenkameraden vorsichtig formulierten, als eine »eher ungewöhnliche Familie« wahrgenommen.

Lara und Helen aßen vegetarisch, verbrachten viel Zeit in Indien und wurden von klein auf mit Mantras in den Schlaf gesungen. Vor Mathematik-Tests spielte Uma ihnen Mozartmusik vor, und vor anderen Prüfungen durchliefen sie abends im Bett phantasievolle Visualisierungssreisen – allerdings unter der Vorbedingung, dass die Kinder zuvor gelernt hatten. Sie sahen wenig fern, führten lange Gespräche am Küchentisch oder kuschelten endlos im Bett oder auf der Couch. Mutter zu sein war für Uma eine große, ernst zu nehmende, aber auch wundervolle Aufgabe, die sie mit viel Liebe, Leidenschaft, Phantasie und Kreativität bestritt. All dies hatte ihr der Meister beigebracht. Sie wusste nicht genau wie, aber irgendwie hatte er es geschafft, ihre besten Eigenschaften wachzuküssen, sie immer wieder daran zu erinnern, dass sie Frau und Mutter war und dass darin etwas Herrliches und Besonderes verborgen war, ein Geschenk Gottes.

Aber es gab auch Schatten: Nichts hasste Uma mehr als zu viel Häuslichkeit, Routine und Pflicht. Wenn die Abenteurerin und Nomadin in ihrem Inneren nicht genährt wurden, verlor sie ihre Farbe, ihre Leichtigkeit, ihr Lachen. Für alles, was sich wiederholte, stabil bleiben, einem Rhythmus gehorchen musste, war eher Sebastian zuständig: die Kinder lateinische Grammatik und Vokabeln abfragen, das Auto zum TÜV bringen – Uma vergaß, dass es so eine Einrichtung überhaupt gab –, der Müll, die Steuern, die Rechnungen für Telefon, Elektrizität, Wasser. Uma wusste alles über Heilung, die Wunden des Herzens, Psychologie, Gefühle oder auch darüber, wie man einen Geburtstagstisch für Kinder auf das Herrlichste dekoriert. Aber nie konnte sie sich den Literpreis für Benzin merken, und sie fürchtete sich vor den vollkommen unvermeidlichen Fragen, die ihr Vater stellte, wenn sie sich trafen: »Wie viel frisst er denn?« Gemeint war ihr Auto, und sie hatte schon Probleme, sich an den Fahrzeugtyp zu erinnern, geschweige denn an seinen Benzinverbrauch. Oder: Die Kaltmiete ihrer Wohnung, und wie hoch waren die Nebenkosten? Solche Zahlen waren für sie flüchtig, ihr Gehirn schien sie nicht wirklich festhalten zu können – oder zu wollen?

Für all dies war Sebastian da, ihr Held, ihr Fels in der Brandung, der die Realität von Zahlen, Maßen, lästigen Terminen mit Steuerberatern, Handwerkern und Automechanikern meisterte. Sebastian war der Ruhige, Kontrollierende, Ausgleichende, Konservative, Stabile. Sebastian war wie das notwendige und begrenzende Ufer für Umas Fluss, der wie alle Flüsse lebendig dahinfloss, sich beständig erneuernd, verändernd, mäandernd, lachend, murmelnd, grollend, rauschend. Und was würde aus einem Fluss ohne Ufer werden, ohne Begrenzung? Würde er sich nicht verlieren, versickern, verschwinden?

Obwohl sie die Ändervögel schon lange am Himmel kreisen sah, ahnte sie nicht, dass Sebastian und die Kinder, diese kleine Gruppe Menschen, die ihr das Wichtigste im Leben war, die ihr Halt und Struktur und Sinn und Richtung im Leben gab, bald schon in alle Richtungen auseinanderstieben würden. Und dass sie es sein würde, welche die Tür zu ihrem prachtvollen goldenen Familien-Käfig aufschloss.

Zwei große Lieben sollten gleichzeitig in Umas Leben treten und waren am Anfang nur schwer voneinander zu trennen. Vimal und Osho. Oder vielleicht sollte man besser sagen: Osho und Vimal.

Osho war schon lange ein Teil von Umas Leben. Es schien ihr, als hätte sie den indischen Meister und Mystiker immer gekannt. Als verbände sie beide eine alte, nie wirklich gelebte Liebesgeschichte. Und das, obwohl er bereits 1990 seinen Körper verließ, als sie gerade schwanger war mit Helen. Aber sie hatte Oshos Bücher gelesen, seine Meditationen praktiziert und diese auch immer wieder in ihre Arbeit, ihre Seminare, einfließen lassen. Manche Sätze von Osho trafen sie bis ins Mark. Er sprach aus, was sie schon immer wusste, aber mit einer Klarheit, einer Poesie, einem Duft, der ihr Tränen in die Augen trieb.

Der Körper ist nur eine vorübergehende Behausung, eine Karawanserei, eine Bleibe für die Nacht. Am Morgen müssen wir weiterziehen. Aber das Bewusstsein ist auf einer ewigen Wanderschaft, einer Reise ohne jeden Anbeginn und ohne jedes Ende. Es ist eine Reise der Tänze und der Lieder, der Musik und der Poesie, eine festliche Reise, eine Zeremonie ohne jeden Anlass. (1)

Uma musste zu ihm wie zu einem langersehnten Geliebten, auch wenn dieser sich nicht mehr in seinem Körper befand. Und dafür verließ sie Mahindra, ihren ersten Meister, der ihr immer wie ein spiritueller Vater erschienen war. Zu Beginn fand Uma es ganz leicht, sich von ihrem Vater zu trennen, um sich in die Arme ihres Geliebten zu begeben. Später würde sie dieser Schritt in einen immensen Zwiespalt, eine immer größere Verzweiflung treiben, aber noch ahnte sie davon nichts. Gut so. Gut, nicht zu wissen.

Entweder Osho brachte sie zu Vimal oder Vimal setzte Uma zu Füßen des Meisters ab, dies würde sich nie ganz klären lassen. Sie begegnete Vimal auf Korfu, in dem Zentrum, in dem sie ihre Seminare abhielt und er als Therapeut arbeitete. Zwölf Jahre lang hatte Vimal bereits in unmittelbarer Nähe von Osho gelebt. Doch davon wusste sie nichts.

Ursprünglich waren sie nur Freunde gewesen, ja Uma war sogar überzeugt, dass Vimal keine großen Sympathien für sie hegte. In dem Jahr bevor sie zusammenkamen, umarmten sie sich zum Abschied, und die elektrische Ladung zwischen ihnen war so groß, dass Uma Vimal von sich stieß und sich vorschnell aus der Umarmung löste. Das hätte sie warnen können. Aber sie schlitterte hinein in ihr eigenes Schicksal, frohen Herzens und voller Illusionen.

Ein Jahr später, als die Dinge ihren Lauf nahmen, als sie mit dem Meister grummelte und ihre Beziehung zu Sebastian als erfüllt empfand, als ihre älteste Tochter Lara ausgezogen war, um ihr Jahr in Südafrika zu beginnen und sie die letzten Umzugskisten in ihrer neuen Wohnung auspackte, begannen Vimal und sie ihre Liebesgeschichte. Zunächst entspann sich ein harmloser E-Mail-Kontakt, dann legte Vimal, auf dem Weg von Korfu nach Genf, wo er seine Eltern besuchte, einen Zwischenstopp bei Uma in München ein. Sie fingen Feuer, beschlossen sich in Zürich, in der Mitte zwischen Genf und München zu treffen – und diese anderthalb Tage besiegelten ihre Verbindung. Die wogenreichste, turbulenteste, schwärzeste, schmerzhafteste Zeit in Umas Leben begann mit Attacken von Glückseligkeit.

Vimal wartete auf dem Züricher Bahnhof auf sie. Dieser Bahnhof war der erste von unzähligen Bahnhöfen, Flughäfen weltweit, an denen sie im Laufe ihrer gemeinsamen Zeit immer wieder aufeinandertreffen würden. Vimal war ein moderner Nomade. Die längste Zeit, vier Monate im Jahr, die er überhaupt irgendwo fest wohnte, war Korfu. Ansonsten pendelte er zwischen Indien, Thailand, Taiwan, China, aber auch Paris, London und Genf, lebte aus dem Koffer und behandelte Menschen als Cranio-Sacral-Therapeut. Er besaß besondere Hände, Hände wie Antennen, die alles spürten, fühlten, ertasteten, mit jedem Knochen, jeder Sehne, jeder Muskelschicht des Körpers seiner Klienten kommunizierten. Sein Wissen, seine Präsenz, seine totale Aufmerksamkeit machten die Behandlungen zu etwas Besonderem, Einzigartigem, öffneten den Raum für Linderung, Heilung und immer wieder auch für ungewöhnlich tiefe Einsichten, die im Inneren der Menschen aufstiegen, wenn er sie berührte.

Umas Ankunft in Zürich war einer jener Eindrücke, die man nie vergisst, die sich für immer einfräsen in die Festplatte der Erinnerungen, weil sie mit einer so tiefen außergewöhnlichen Empfindung verbunden sind. Sie lief den Bahnsteig hinunter, ohne Vimal sofort zu erkennen, und als sie endlich aufeinandertrafen, versanken sie erleichtert in eine lange Umarmung. Sofort wurde die Zeit ausgeschaltet, als existiere diese Dimension nicht in dem Raum, den sie nun betraten. Sie legten ihre Stirn an der Stelle des Dritten Auge aneinander, als erinnerten sie sich an das, was zu tun sei. Und dann geschah es: Etwas in Umas Inneren öffnete sich wie eine Lotusblüte. Sie begann Welten, Universen, Milchstraßen und Sternenmeere von innerer Ausdehnung und Grenzenlosigkeit zu durchlaufen. Die Geräusche des Bahnhofs und die Geschäftigkeit um sie herum traten in den Hintergrund, obwohl sie sich ihrer bewusst war. Sie war pures Gewahrsein, während in ihr diese immense Ausdehnung stattfand, als weite sich ihr Inneres in einer einzigen auslaufenden Welle bis hinein in die Unendlichkeit.

Sie vergaß, wie lange sie so standen. Später versuchten sie beide diese Erfahrung zu wiederholen, die Vimal als ebenso intensiv empfunden hatte wie Uma. Sie verbrachten lange Minuten in Umarmungen an fremden oder heimischen Flughäfen. Sie spürten einander, nahmen sich wahr, versanken im Energiefeld des anderen, aber nie wieder war es so wie bei jenem ersten Mal in Zürich, als diese stille Explosion nach innen geschah und sich endlos ausdehnte.

War das Osho gewesen, der Uma einen Vorgeschmack auf die Expansion gab, die sie erleben konnte, wenn es ihr gelang, am Ball zu bleiben? Vielleicht. Sie wusste, dass die Meister manchmal so arbeiten.

Als Uma ihren Meister Mahindra vor vielen Jahren in Goa kennen gelernt hatte, hatten sie eines Abends gemeinsam am Strand meditiert. Mitten in der Meditation geschah etwas in ihrem Brustbereich. Sie zerfloss vor Liebe, sie wurde durchspült von einer enormen Welle der Dankbarkeit, die ihren ganzen Körper erfasste und jede Zelle überflutete. Diese Empfindungen waren mit normalen Gefühlen nicht zu vergleichen, sie waren so umfassend, so tief, so reich und von einer so besonderen Qualität, als höre jemand zum allerersten Mal in seinem Leben Musik und bekäme sie sogleich von einem großen, exzellenten Symphonie-Orchester vorgespielt. Uma war trunken mit Gott. Aber diese Trunkenheit war nur ein kleiner Vorgeschmack, ein Schuss himmlischer Schnaps, den der Meister benutzte, um sie zu sich zu holen und zu harter Arbeit an sich selbst heranzuziehen.

Die zehn Jahre mit Mahindra hatten Uma gestählt, sie gab sich keinerlei Illusionen mehr hin. Die meisten Menschen gingen zu einem Meister in der irrigen Meinung, dort irgendetwas zu bekommen. Auch Uma hatte dies am Anfang geglaubt. Tatsächlich sah zunächst auch alles danach aus. Man erfuhr eine unbekannte Süße und Weite, eine Liebe, die so außerordentlich und verführerisch ist, dass man ihr nachlief wie ein Blinder, der sich am Duft der Rosen orientiert. Aber ein Meister besitzt nicht das geringste Interesse daran, einem Schüler irgendetwas zu geben. Denn ein wirklicher Meister weiß, dass der Suchende bereits perfekt ist, dass sich seine Vollkommenheit jedoch unter einem Mäntelchen aus Illusionen, Konditionierungen, Personas, Masken, Hoffnungen und Selbsttäuschungen verbirgt. Und so würde ein wahrer Meister immer nur eines tun: Beständig etwas wegnehmen. Schicht um Schicht abkratzen von der Persönlichkeit des Schülers mit ihren Identifikationen, ihrem Festhalten an Beruf, Image, Aussehen, Erfolg, Geld, Familie, Freunden, all den Strukturen, die ihm angeblich Halt und Sicherheit geben. Und der Meister würde nicht aufhören, an all diesen Strukturen zu rütteln, als schüttele er Kirschen vom Baum. Und seltsamerweise wusste er immer, wann der Baum so weit war und die Kirschen reif sein würden.

Aber kein Mensch würde sich freiwillig auf einen solchen Weg begeben, einen Weg, auf dem man mit großer Sicherheit alles verlor, während es gleichzeitig völlig unklar blieb, was man dafür bekam. Deshalb verführten die Meister. Jeder auf seine Art und mit seinen Mitteln, aber immer war es Verführung, Momente der Süße, der Liebe, der Ausdehnung, die einen anlockten, bis die Falle zuschnappte.

Und so ging es auch Uma, nun schon zum zweiten Mal in ihrem Leben. Wann immer sie die Augen schloss, konnte sie die außergewöhnliche Erfahrung mit Vimal am Züricher Bahnhof zurückrufen. War es Osho, der sie durchströmte und Vimal einfach nur als Medium benutzte, oder erschufen Vimal und sie diese Erfahrung gemeinsam? Sie wusste es nicht, und vielleicht war es auch nicht wirklich wichtig. Sie war bereits geködert, hing im Netz.

Ihre größte Mutprobe bestand nun darin, bei der Wahrheit zu bleiben. Sebastian und sie führten eine ehrliche und sehr liebevolle Beziehung. Sie hatten sich gegenseitig versprochen, sich niemals anzulügen, denn Lüge und Betrug, so schien es ihnen, war schmerzhafter als Offenheit und das Eingeständnis, dass das Leben so ist, wie es ist: voller Verlockungen, Farben, Düfte, neuer Erfahrungen, Verführungen.

Unzählige Male hatten sie theoretisch besprochen, wie sie es machen wollten, wenn es passierte, aber die Realität entpuppte sich als schneidender, kälter, schroffer, als sie erwartet hatten. Sebastian war verzweifelt, als Uma aus Zürich zurückkehrte. Sie hatte ihn nicht belogen, hatte ihm gesagt, dass sie Vimal treffen würde. Er fühlte sich unsicher, verstoßen, betrogen, verlassen. Sie hatten beide nicht damit gerechnet, dass Menschen im Bereich von Liebe und Beziehungen nur theoretisch Erwachsene sind, aber sofort zu Kindern werden, wenn der sichere Zufluss an Liebe und Zuneigung, den der Partner darstellt, plötzlich gefährdet ist. Der kleine Junge in Sebastian war zutiefst verstört und verängstigt. Uma, die nicht nur seine Ehefrau, Freundin und Vertraute war, sondern irgendwie auch seine Mutter, war fortgegangen, hatte ein anderes Kind genährt, an ihren Brüsten saugen lassen, während er allein zurückblieb, im Ungewissen und ohne Liebe.

All dies zu erkennen, brach Uma das Herz. Es war nicht so einfach, wie sie es sich vorgestellt hatte, die Gebiete des Lebens zu erweitern.

Vimal indes entschwand in den Winter des Nomaden und Sannyasins. Erst nach Japan, um dort Behandlungen zu geben, dann nach Indien ins Osho Meditation Resort, das nun ein internationales Meditations- und Seminarzentrum geworden war. In den folgenden Monaten hielten sie täglich E-Mail-Kontakt und strickten, einander schreibend, weiter an ihrer Liebesgeschichte. Für Sebastian verlor Vimal als E-Mail-Partner in weiter Ferne an Bedrohlichkeit. Doch Sebastian und Uma konnten nicht so tun, als sei nichts gewesen. Das Schiff ihres Lebens war ins Schwanken geraten, die erste Kursabweichung zeigte sich schon auf den Monitoren. Sie rangen um Klarheit. Konnte ihre Beziehung einen Liebhaber ertragen – wollten sie das? Und was wurde aus Sebastians Träumen, Sehnsüchten, Plänen? Uma hatte wie immer den ersten Zug gemacht, war vorausgeprescht, eine Eigenschaft, die ihr vertraut war.

Irgendwo hatte sie einmal gelesen, dass die Art und Weise, wie man geboren wird, großen Einfluss darauf hat, wie man sein Leben angeht. Berichten ihrer Mutter zufolge war Uma eine Sturzgeburt gewesen. Gerade noch war ihre Mutter mit der Lachgas-Maske beschäftigt, die man zu jener Zeit den Gebärenden zur Linderung der Schmerzen gab, da kam eine Hebamme, riss ihr die Maske vom Gesicht und rief bestürzt aus: »Um Himmels willen, bei Ihnen haben ja schon die Presswehen eingesetzt!« Und dann, innerhalb von Minuten, war Uma auch schon da.

Von Vimal, der sich als Cranio-Sacral-Therapeut mit Geburtsvorgängen auskannte, erfuhr Uma später, dass eine Sturzgeburt aus der Sicht des Babys keineswegs eine fröhliche, leichte Rutschpartie ist. Lachgas, das inzwischen längst nicht mehr eingesetzt wird, verwandelt die direkte Umgebung des Fötus in ein hochgiftiges Terrain. Offensichtlich verließ Uma die schützende Gebärmutter im Eiltempo, weil es dort nicht mehr auszuhalten war. Inwieweit sich ihre schnelle Geburt, die Flucht aus dem Kokon und das eilige Hineingleiten in die Welt tatsächlich auf ihr Leben auswirkte, ließ sich natürlich nicht genau bestimmen. Dennoch bemerkten Nahestehende, Freunde und auch Uma selbst, wie leicht es ihr fiel, sich zu verändern, Wohnungen aufzugeben, Umgebungen zu wechseln, Freunde zurückzulassen. Insgesamt war sie immer eher ein wenig zu schnell als zu langsam, zu früh als zu spät. »Meine jüngste Tochter ist ein Nestflüchter«, sagte ihre Mutter manchmal zu Bekannten. Früher war Uma dies als ein Vorteil erschienen, aber mit zunehmendem Alter erkannte sie, dass alles seinen Preis hat. In der harten Schule des Meisters musste sie mehr als ein Mal unbequeme Situationen aussitzen, dranbleiben, sich festbeißen, durchhalten, dableiben, was nicht unbedingt ihrer Natur entsprach.

Und so war es auch jetzt nicht weiter erstaunlich, dass Uma, die Visionärin und Reformerin, den ersten Schritt getan hatte und nicht Sebastian, der Friedliche, Vorsichtige, Schützende.

Manche Zeiten im Leben sind schnell wie Gebirgsbäche im Frühling, die sich von Felsen und Berghängen ins Tal hinabstürzen. Dieser Herbst und frühe Winter war so eine Zeit in Umas Leben, eine Zeit des Aufbruchs und der stürzenden Wasser. Sie war aufgekratzt, hoch schwingend und erfuhr die erstaunlichsten Energiephänomene in ihrem Körper. Es war, als ob Osho auf einer rein energetischen Ebene auf sie einwirkte. Und dies schien durchaus möglich zu sein.

Uma wusste, dass jeder Meister ein bestimmtes Energiefeld erzeugt. Manche bezeichnen es auch als »Buddhafeld«. Doch nicht nur Meister, sondern auch Fußballfans, Altersheime, Gefängnisse, Krankenhäuser, Kegelclubs, Familien, Paare, ja, jede Art von Gruppe, weben ein gemeinsames Energiefeld. Das Feld, das ein Meister hervorbringt, ist jedoch ein sehr besonderes und kann auch Jahrhunderte nach seinem Tod noch wirken. Im Buddhafeld eines Meisters beschleunigen sich die Dinge und oft passieren Merkwürdigkeiten, die man sich nicht genau erklären kann, die aber zur eigenen Entwicklung, Veränderung, ja, Erleuchtung beitragen, vorausgesetzt, man ist offen und empfänglich dafür.

Als Uma zum ersten Mal nach Poona ins Osho Meditation Resort kam, begegnete ihr gleich hinter dem großen Eingangstor Vimals Exfreundin. Kendra war der letzte Mensch, den Uma gerade treffen wollte. Sie tat, als würde sie Kendra nicht bemerken, was zunächst funktionierte. Doch sobald sie sich im Meditation Resort, einer großen Parkanlage mit vielen Gebäuden und offenen Cafés, bewegte, begegneten sie einander auf Schritt und Tritt – es war wie verhext. Vimal behauptete, dies sei oft so im Resort. Wenn man etwas mit jemand zu klären habe, dann liefe er einem ständig über den Weg, doch sobald es aufgelöst sei, begegne man sich kaum noch. Und so war es auch wirklich. Nachdem Uma ihr in zwei Tagen etwa sechs Mal begegnet war, rangen sie sich zu einer klärenden Aussprache durch und versöhnten sich. Danach sahen sie einander kaum noch.

So und auf unzählige andere Weise wirkt das Buddhafeld. Es erhellt einem immer einen Aspekt seiner selbst, den man vergessen oder verdrängt hat und mit dem man sich nicht auseinandersetzen will. Im Buddhafeld wird der Schüler mit seinen ureigensten Konfliktthemen konfrontiert, sei es Macht, Kontrolle, Eifersucht, Neid, Geiz oder Gier, Angst vor Einsamkeit, vor Nähe, vor Autorität, vor dem Gefühl von Wertlosigkeit. Die Nähe des Meisters, die man so ersehnt, rückt nur den Spiegel heran, den man so fürchtet.

Uma war nicht so unbedarft, dass sie Klöster oder Ashrams oder Zentren wie das Resort für Orte hielt, an denen die Bewohner besonders respektvoll miteinander umgingen. Sie wusste, dass die hohe Schwingung des Buddhafelds alles zutage und ans Licht treten ließ, was man vielleicht schon ein ganzes Leben lang versucht hatte, zu verstecken. Das Buddhafeld eines Meisters in einem Ashram mochte ein Platz der Klärung, der Reinigung, der Erkenntnis und des Lichts sein – aber nicht zwingend ein Ort des Friedens. Schüler eines Meisters waren keinesfalls bessere oder gar liebevollere Menschen. Das Einzige, was Uma mit Sicherheit über die Schüler eines Meisters sagen konnte, sie selbst inbegriffen, war dies: Wenn sie es ehrlich meinten, waren sie mutiger als andere. Sie waren bereit zur Selbsterkenntnis, zum Blick in den Spiegel und damit in die Abgründe ihres Wesens. In der Hoffnung, eines Tages weiser, klarer, erleuchteter wieder daraus aufzutauchen, doch dafür gab es keine Garantie. Der Ausgang eines solchen Unternehmens blieb immer ungewiss. Deshalb waren Mut und Vertrauen die wichtigsten Eigenschaften eines wirklichen Schülers.

Und beides besaß Uma. Mut und ein kindliches, unschuldiges, zutiefst unvernünftiges Vertrauen, dass der Weg, dem sie folgte, richtig war.

Von allen Nachrichten, die Osho ihr jemals zukommen ließ, berührte sie deshalb diese am meisten. Es war ein Zitat auf einem vergilbten Zettel, den Vimal in einem seiner alten Koffer fand:

Dies ist Vertrauen –
der Mut, dein sicheres Leben zu riskieren für ein unbekanntes Ende.
Niemand weiß, ob es dir gelingen wird, das Ende zu erreichen oder nicht.
Niemand weiß, ob überhaupt irgendjemand jemals am Ende angelangt ist.
Aber jetzt ist das unerheblich.
Jetzt rechnest du nicht, kalkulierst nicht,
jetzt wagst du den Sprung.
Jetzt hat nur dieses Abenteuer eine Bedeutung
und nichts sonst.
Und du bist bereit, alles dafür zu opfern.
Dies ist es, was Jesus meint, wenn er sagt:
»Er hat seine Eigenen geliebt in dieser Welt.«
Ihr seid meine Eigenen.
Wenn ich dein Herz berührt
und dort die Sehnsucht erweckt habe, diese vollkommen unmögliche Sehnsucht,
frei zu sein,
falls ich wie ein wilder Vogel für dich war
und die Fesseln deiner häuslichen Gewohnheiten gesprengt habe
und du bereit bist, vielleicht noch unsicher, aber bereit zu fliegen, bereit, es zu versuchen, dann gehörst du zu mir. (2)

Im Herbst und frühen Winter vor Umas Aufbruch warteten diese Worte noch auf sie in einer fernen Zukunft, die sie sich nicht ausmalen konnte. Noch war sie voller Optimismus und Zuversicht. Noch glaubte sie, zwei Männer, zwei Meister, zwei Lieben in ihrem Leben unterbringen zu können. Hatte sie denn nicht immer ungewöhnlich gelebt?

2

Uma ahnte noch nicht, dass man auf dieser Reise nichts behalten kann. Sie musste alles loslassen, bereit sein, alles herzugeben, um am Ende nackt dazustehen. In ein paar Jahren würde sie an diesem Punkt angekommen sein und es wissen. Aber jetzt wiegte sie sich in falschen Hoffnungen. Osho hatte sie noch nicht von den Klippen gestoßen, sie befand sich noch nicht im freien Fall. Sie besaß den Mut der Naiven und Anfänger, die noch nicht in die Schlacht gezogen sind – obschon all die Jahre engster Nähe zu ihrem Meister Mahindra sie hätten warnen können. Doch was nützten die Warnungen jemand, der aufbrechen will, um fliegen zu lernen? Sie würden ihn nur schwächen und seine Zweifel verstärken.

Der Winter in der neuen Wohnung erzeugte in Uma ein Gefühl der Enge. Sie lebte und arbeitete mit Sebastian im gleichen Raum, wegen der teuren neuen Dachterrassen-Wohnung hatten sie ihr altes Büro nicht behalten können. Es war seltsam, ihrem geliebten und in höchstem Maß vertrauten Mann gegenüber zu sitzen und versteckt hinter dem Bildschirm des Computers Nachrichten von Vimal zu empfangen. Sie tat nichts heimlich, vertuschte nichts, Sebastian wusste, dass sie Kontakt hatten, aber das Klare und Reine ihrer Beziehung war getrübt. Noch waren sie ein Paar, und sie stellten sich der Herausforderung gemeinsam, genau wie sie es früher getan hatten. So wie sie die Hausgeburt ihrer Tochter Helen in einem einsam gelegenen irischen Landhaus hinbekommen hatten. Oder die Beerdigung von Ulrich, Umas Exmann und Laras Vater. Oder die Erziehung der Kinder, die zahllosen Umzüge, die Arbeit für den Meister – es gab nichts, was sie nicht mit vereinten Kräften gemeistert hätten. Rückblickend fügte sich dies zu einem Mosaik von unzähligen kleinen und großen Siegen, als wären sie gemeinsam drei Mal um die Welt gesegelt, hätten Stürme überlebt, Segel geflickt, ihr Boot immer wieder flott bekommen – und bei all dem den Sinn für die Liebe, die Schönheit und die Harmonie nie verloren. Sie waren ein großartiges Paar. Sie wollten dies nicht aufs Spiel setzen. Auch Uma, die Risikobereite, die Grenzgängerin fand sich dazu nicht bereit. Denn abgesehen von den Kindern war Sebastian für Uma der liebste, vertrauteste, wertvollste Mensch auf der ganzen Welt. Und so wandten sie auch diesmal die Taktik an, die sich immer am besten bewährt hatte. Sie probierten es gemeinsam, nicht gegeneinander. Sie würden auch einen Lover, einen neuen Meister irgendwie hinbekommen.

Allerdings war Sebastians Beziehung zu Umas Meister Mahindra immer eigenartig geblieben. Er respektierte ihn, er lebte mit ihm, so wie man einen höchst seltsamen Onkel der Ehefrau akzeptiert und höflich zu ihm ist, ohne sich je recht auf ihn einzulassen. Er tat alles, worum Mahindra oder Uma ihn baten. Meist spielte er den Chauffeur, holte den Meister ab und brachte ihn zurück, er organisierte Räume für Vorträge, kopierte Werbung, kaufte ein, versorgte die Kinder. Er fühlte sich wohl in der Rolle des Dieners, der die gute Sache unterstützt, sich aber diskret im Hintergrund hält und nicht an vorderster Front kämpft. Uma hatte sich dem Meister mit Haut und Haaren verschrieben. Durch ihn waren so viele tiefgreifende Veränderungen in ihr passiert, notwendige Prozesse, inneres Sterben und Auferstehen, sie vertraute diesem ungewöhnlichen Mann. Für Uma bedeutete es ein unglaubliches, riesiges Geschenk, dem Meister begegnet zu sein. Sie riss das Papier auf, packte das Geschenk aus, benutzte es und ließ zu, dass es sie veränderte. Sebastian betrachtete das Geschenk von allen Seiten und beschloss, es hübsch eingepackt stehen zu lassen. Er blieb vorsichtig und sagte erst einmal »Nein«, wie er auch fremdes Essen zunächst immer misstrauisch beäugte. Und so existierte der Meister für ihn lediglich als eine Art Kuriosität in ihrem gemeinsamen Leben, die er hinnahm, weil er Uma liebte und weil er ihr vertraute. Immer wieder hatte sie das Schiff ihrer Beziehung in neue, fremde, unsichere Gewässer gelenkt, aber nie waren sie aufgelaufen. Letztlich hatten alle Veränderungen immer wieder zu mehr Weite und Ausdehnung und zur Entdeckung neuer Gebiete geführt. Was immer Mahindra Uma lehrte, gab sie an Sebastian weiter, und so färbte sich auch seine Sichtweise der Welt mit der Weisheit ihres Gurus. Auf gewisse Weise war Uma, stellvertretend für Mahindra, Sebastians Meisterin.

Uma, die Indien liebte und sich dort beinahe schon zu Hause fühlte, hatte es noch nie seltsam gefunden, einen Guru zu haben. In Indien besaßen viele Familien einen Guru, für sie war das so normal wie für eine deutsche Familie die Existenz eines Hausarztes. Die Vorstellung, dass es hochentwickelte Seelen gab, die auf die Erde kamen, um diejenigen, die noch im Dunkeln tappten, näher ans Licht zu bringen, war für die Inder so selbstverständlich, dass niemand auf die Idee kam, darüber zu diskutieren. Obwohl Uma wusste, dass die Beziehung zwischen einem Guru und seinem Schüler sehr vielschichtig und individuell ist, konnte sie die Sache mit dem Meister durchaus pragmatisch sehen. Einen Guru zu haben, das war für sie, als ginge sie zu einer anstrengenden Yoga-Klasse, um sich dort fordern zu lassen. Einem Meister zu dienen, das bedeutete das Ende des wohligen Übens zuhause auf der eigenen Yoga-Matte, wo man seine Grenzen nie wirklich austarierte. Und wie ein guter Yogalehrer nahm ein spiritueller Lehrer einen mehr heran, als einem lieb war.

Aber was trieb einen Menschen dazu, sich auf so etwas einzulassen? Uma hatte keine endgültige Antwort darauf. Je länger sie lebte, umso bewusster wurden ihr die Schönheit und das Mysterium jedes einzelnen Menschen und seines Lebens. Sie befanden sich in einer Mysterienschule. Jede Lebensgeschichte verlief anders, jeder sang sein Lied, tanzte seinen höchst eigenen Tanz und schrieb dabei, bewusst oder unbewusst, seine ganz eigene persönliche Liebesgeschichte mit der göttlichen Existenz. Keine Geschichte glich der anderen. Dies war nun Umas Liebesgeschichte, und in ihrer gab es Gurus, wie Osho. Und sie sagten Sätze, an die Uma glaubte:

Nicht einen einzigen Menschen gibt es auf der Welt, der sich nicht – bewusst oder unbewusst – danach sehnt, größer, großartiger, umfassender zu sein, der nicht versucht, nach dem Mond und nach den Sternen zu greifen. (3)

In dem Versuch, ihr Schiff auch diesmal wieder gemeinsam flott zu bekommen, unternahmen Sebastian und Uma in diesem Winter und Frühjahr unzählige Spaziergänge in ihrem »neuen« Park. Sie wohnten jetzt nicht mehr am Englischen Garten, sondern am Nymphenburger Park, der, wie es hieß, ein Zubringer des deutschen Teils vom Jakobsweg war. Tatsächlich entpuppte sich der Park in seinen Tiefen, welche die vielen Touristen des dazugehörigen Schlosses nie erforschten, als ein durch und durch magischer Ort, der sie beide tröstete, beruhigte und nährte. In all ihren Gesprächen versuchten sie, dem Geheimnis des Lebens, vor allem aber der Liebe, auf die Spur zu kommen. Wenn es Liebe gibt und wenn sie wahr ist, so lautete Umas These, dann muss sie auch in der Lage sein, sich verändern zu dürfen. Uma glaubte an eine Art alchemistischen Prozess, welcher der Liebe erlaubte, sich immer wieder neu zu definieren und in anderen Farben zu brillieren. Sie weigerte sich hinzunehmen, dass die Liebe einfach enden könnte, entweder weil einer von zwei Partnern sie »ermordete«, in dem er sich jemand anderem zuwandte, oder weil sie mit der Zeit aus Monotonie oder Routine oder mangelnder Polarität einen leisen, schleichenden Tod starb. In dieser Zeit wagten Uma und Sebastian noch nicht, sich diese Frage zu stellen, aber später, nach ihrer Trennung, die bereits am Horizont heraufdämmerte, hatten sie den Mut dazu: Waren auch sie beide, das Traumpaar, nicht auf direktem Weg, sich in all ihrer Harmonie in eine Sackgasse hineinzutanzen, an deren Ende sie genau dieser stille Tod der Liebe erwartete? Irgendwann würde auch die letzte lodernde Flamme des Feuers verglimmt sein, und während sie in der Glut stocherten, würden sie feststellen, dass sie eigentlich nur noch gute Freunde waren. Warum auch Unmögliches wie immerwährende Leidenschaft verlangen? Aus Freundschaft erwuchs doch letztlich die sanfteste Form der Liebe, die ehrlichste, weil man an diesem Punkt nicht mehr mit Illusionen, Erwartungen und Projektionen hantierte, sondern den anderen einfach so nahm, wie er war. Man kannte sich so gut. So ist das Leben.

Ein Akzeptieren schwang darin mit. Aber auch etwas Schläfriges, Müdes, Einlullendes. Vielleicht war es das, was Uma aufschreckte, sie wiederum zu einer Kursänderung antrieb – und auch das, was Osho in ihr Leben brachte, als hätte sie heimlich um einen Tornado gebetet, in dessen Staubwolken wie ein Vorbote der kommenden Zerstörung Vimal auftauchte. Denn im Laufe der folgenden Wochen und Monate wurde klar, dass weder Sebastian noch Uma so weiter leben wollten. Nach all den Jahren Gemeinsamkeit konnte es keine Dreierbeziehung, keinen Lover geben, den sie in fernen Ländern besuchte. Uma musste sich entscheiden.

»Wenn ich Vimal jetzt aufgebe, was macht das dann mit mir?« Eines Nachmittags saß Uma in ihrem Zimmer auf der Yoga-Matte und ging mit dieser Frage tiefer und tiefer nach innen. Die Antwort kam verblüffend schnell: »Dann stirbst du.« Sie musste es nicht wirklich analysieren. Jener Teil in ihr, der immer wach und lebendig und offen für neue Erfahrungen blieb, ihn würde sie ersticken müssen. Oder gehen und Sebastian verlassen. Sie fand eines so schlimm wie das andere. Beides tat höllisch weh.

Zunächst einmal steckte sie den Kopf in den Sand, doch das brachte weder Erleichterung noch Entwicklung. Sie lebten weiter freundlich mit- und aneinander vorbei, aber ihre Tage waren gezählt. Es lag in der Luft. Die Wohnung war angefüllt mit Schmerz. Unsichtbare Risse entstanden zwischen ihnen. Plötzlich gab es Fremdheit, Geheimnisse und Distanz. Uma konnte ihm nicht mehr erklären, was sie wirklich dachte und fühlte. Wie sollte sie Sebastian beibringen, dass er für sie nichts von seinem Wert verloren hatte? Sie wollte ihn nicht eintauschen gegen etwas Besseres. Wie auch? Er war ein so vollkommener Lebensgefährte, dass es ihr unmöglich erschien, etwas ähnlich Perfektes zu finden. Nichts lag ihr ferner.

Als Uma Vimal in ihr Leben ließ, geschah das, um in ein neues, anderes, größeres Erfahrungsfeld einzutauchen. Sie ahnte nicht im Geringsten, was sie dies kosten, wie sehr es sie fordern würde. Aber auch Sebastian hatte einst genau diesen Weg genommen.

An einem milden Frühlingsabend im April verließ Sebastian ohne jede Vorwarnung seine langjährige Ehefrau, eine karrierebewusste junge Ärztin, um mit Uma zusammenzuziehen. Bei seiner Frau hatte er sich immer wieder gegen Kinder ausgesprochen. Er fand Kinder anstrengend und nervig und hatte sich mit ihr in einem ruhigen, kontrollierbaren, kinderlosen Leben eingerichtet. Als Uma auf dem Spielplan erschien, brachte sie einen quirligen, zweijährigen

Blondschopf namens Lara in ihre Beziehung, die sein Herz im Sturm eroberte. Binnen kurzem bekamen sie noch eine gemeinsame Tochter, und Sebastian entpuppte sich mehr und mehr als der liebevollste, fürsorglichste und auch glücklichste Familienvater, den man sich nur vorstellen konnte. Sebastians Exfrau musste diese Entwicklung staunend, aber auch mit einem Stich im Herzen, verfolgt haben. Was war in den Mann gefahren, an dessen Seite sie elf Jahre gelebt und der sich Kindern gegenüber immer desinteressiert und abweisend gezeigt hatte? Hatte er sie betrogen und belogen? Nicht wirklich. Sebastian war wie alle Menschen einfach nur viel tiefgründiger und vielschichtiger, als es ihm selbst bewusst war. Und wie so oft war es gerade die Erfahrung gewesen, die er am stärksten ablehnte – Kinder zu haben –, die sein Herz am meisten öffnete.

Sebastians Leben an Umas Seite – und da ahnte er noch nichts von ihrer Leidenschaft für fremde Länder und indische Meister –, war anstrengend, atemberaubend, unberechenbar, voller überraschender Wendungen. Er hatte sich in ein neues und sehr viel unbequemeres Erfahrungsfeld begeben als bei seiner ersten Frau – und dafür ihre Beziehung »ermordet«. Nicht, weil er gemein war oder sie verletzen wollte. Er folgte einfach nur dem Ruf des Lebens nach Wachstum und Veränderung. Und das tat Uma jetzt auch. Es hatte, wenn sie es recht bedachte, gar nichts mit Sebastian, seiner Person oder ihrer Liebe zu tun. Sie folgte nur ihrer inneren Wahrheit, einer Kraft, die stärker und größer war als sie selbst.

Einige Zeit, bevor Uma ihren Meister verlassen und sich von Sebastian getrennt hatte, war es zu einem prophetischen Traum gekommen. Vor ihr lag eine schnurgerade, gut asphaltierte Autobahn, die in ein Tal führte und dann wieder leicht anstieg, so dass sie ihren Verlauf weithin verfolgen konnte. Sie wollte gerade mit ihrem Auto ins Tal hinuntersausen, als von der Seite her eine alte Frau auftauchte, die etwas von einer Hexe und einer Schamanin an sich hatte. Sie deutete in den dichten, grünen Urwald, der sich seitlich der schnurgeraden Autobahn erstreckte. Der Weg, auf den sie Uma hinwies, führte in den Dschungel und war ein Trampelpfad, der sich schnell im Dickicht der Pflanzen verlor. »Du musst deinen eigenen Weg finden«, sagte die Schamanin und sah sie dabei eindringlich an. Mit dieser bedeutungsschwangeren Nachricht im Kopf wachte Uma auf.

Vielleicht hielt ihr Meister Mahindra eine gerade, einfach zu befahrende Strecke direkt zur Erleuchtung für sie bereit. Aber in ihrem tiefsten Inneren wusste Uma, dass sie diese nicht nehmen konnte. Das war sein Weg und nicht ihrer. Sie musste sich im Urwald, im Dickicht, im abseitigen Raum neben der Autobahn verlieren und sich selbst eine Bresche ans Licht schlagen.

Durch andere Schüler ließ Mahindra ihr ausrichten, sie wäre nun selbst eine Meisterin. Ah, der alte Fuchs! Wie oft hatte er sie an der Nase herumgeführt! Von den zwei Methoden, mit denen der Meister arbeitete, war dies eine. Entweder er sagte Dinge, die ihr Ego unsinnig aufbliesen und erhöhten, um im gegebenen Moment, wie jemand, der mit einer Nadel in einen prall gefüllten Luftballon piekst, die ganze Geschichte einfach platzen zu lassen. Oder er brachte sie in Situationen, an denen sich ihr Ego aufrieb, wie jemand, der einen Haufen Steine in einen Beutel tut und darauf hofft, dass sie sich durch ständiges Aneinanderreiben glattpolieren.

Im Januar, über zwei Monate nach ihrem ersten Zusammentreffen in Zürich, kam es erneut zu einer Begegnung mit Vimal – dieses Mal auf dem kleinen Flughafen von Dabolim im indischen Goa, wo sie sich unter dem strengen Blick indischer Beamter nur eine kurze Umarmung erlaubten, bevor sie ins Taxi verschwanden. Sie verbrachten zweieinhalb Tage in einem romantischen versteckten Hotel abseits des Strandes. Uma schwamm in Glückseligkeit – nicht nur wegen Vimal. Seit sie den Meister kannte, hatte sie es geschafft, jedes Jahr im Januar nach Indien zu entfliehen und dem Winter ein Schnippchen zu schlagen. Immer wenn sie dort ankam, war sie versucht, auf die Knie zu sinken und den Boden zu küssen. Sie liebte dieses Land, die Wärme, die Geräusche, die Gerüche, die Farben, die ganz besondere, ganz eigene Schwingung von Indien.

Wer zum ersten Mal nach Indien kam, war meist völlig überwältigt von dem ständigen Gehupe der Autos, dem Chaos, dem Dreck, dem Menschengewühl und dem allgegenwärtigen Elend. Irgendwo streckte sich einem immer unerwartet der vernarbte Arm- oder Beinstumpf eines Bettlers entgegen, man erhaschte den Blick auf einen verletzten Hund, eine tote Ratte oder ein halbnacktes Kind, das mitten im wütendsten Straßenverkehr an die Fensterscheibe der Autos klopfte und ein paar Rupien verlangte. In Indien war das Leben direkt, nicht versteckt. Alles sprang einem sofort ins Gesicht: Krankheit, Armut, Gewalt, Tod – aber auch Schönheit, Lachen und überall Tempel, Mantragesang, Blumenketten, Kokosnüsse und Bananen für Gott, der hier tausend Gesichter und tausend Namen besaß: Brahman, Vishnu, Shiva, Krishna, Kali, Durga, Lakshmi, Hanuman, Ganesha ... Erst nach ein paar Wochen, Monaten oder Jahren kam der Reisende wirklich in Indien an. Und dann erschloss sich ihm nach und nach wie ein tausendblättriger Lotus, der sich Blatt für Blatt entfaltet, der wahre Reichtum dieses unendlich armen Landes. Nirgendwo auf der Welt konnte man besser lernen innezuhalten, zu warten, ohne auf ein bestimmtes Ergebnis zu hoffen, nach innen zu lauschen, bis all das Gehupe, all der Lärm einfach ein Teil der inneren Stille wurde.

So ging es auch Uma. Wie oft hatte sie irgendwo in Indien auf einer Mauer in einem Ashram oder Tempel gesessen, sich im Augenblick verloren und ihn damit wiedergefunden, indem sie einfach nur dem Klang der Glocken lauschte, die Affen beobachtete oder das goldene Licht der Abenddämmerung, wie es um sie herum zerfloss, die Linien weichzeichnete und sie immer wieder sanft darauf hinwies, dass alles Eins war und Alles mit Allem verbunden. Wie eigenartig war es, sich an einem beliebigen indischen Bahnhof aufzuhalten, vorzugweise an einem Unterstand, an dem man Chai bekam und wartete und den viel zu süßen Tee schlürfte, während Umas Gedanken einfach abrissen. Und mit ihnen verschwand auch die Wichtigkeit von E-Mails und Telefonanrufen, von Erledigungslisten, Steuererklärungen, Gasrechnungen, Gesundheitsvorsorgen, von noch einzukaufenden Weihnachtsgeschenken, Büchern, Strümpfen und Vitaminpräparaten. Irgendwie schaffte es dieses Land, sie mit seinem radikalen Anderssein immer wieder zurück ins Jetzt zu holen.

Manche behaupteten, es sei die Schwingung, die vielen erleuchteten Meister oder die Tatsache, dass hier die Wiege der Meditation sei. Doch Uma konnte nicht sagen, warum sie sich so angezogen fühlte von ausgerechnet diesem Flecken Erde. Schon mit fünf Jahren hatte sie unbedingt nach Indien fahren wollen – sobald sie hörte, dass ihre beiden jüngeren Cousinen, deren Mutter Inderin war, in das »Land der Elefanten« reisten. Aber sie musste sich noch zwanzig Jahre gedulden, bis sie zum ersten Mal wirklich dorthin kam. Danach reiste sie wieder und wieder nach Indien, und das Land empfing sie mit offenen Armen, wie eine Mutter, die zugleich eine ihrer größten Lehrerinnen war.

Eine neue Liebe musste auch Umas Liebe zu Indien teilen. Und das tat Vimal, der viele Jahre hier gelebt hatte. In diesen wenigen Tagen lernten sie sich zum ersten Mal ein wenig besser kennen. In dem kleinen tropischen Garten des Hotels saßen sie händchenhaltend zwischen duftendem Jasmin und Bougainvelliabüschen, tranken *Sweet Lime Soda* und erzählten einander ihr Leben. Sie hörte seine Osho-Geschichten, er lauschte ihren Berichten über Mahindra. Er sprach von seiner schweren Krebserkrankung vor vielen Jahren, sie redete von ihren Kindern. Obwohl sie so viel teilten, die Liebe zu den Meistern, zur Meditation, zu Indien, kamen sie offensichtlich aus grundverschiedenen Welten. Umas Welt war bürgerlicher und strukturierter. Durch ihre Kinder, aber auch durch ihre Arbeit stand sie mehr in der Pflicht und in der Verantwortung als ihr umherziehender Lover. Sie musste einkaufen, Mittagessen kochen, waschen, mit den Kindern für die Schulaufgaben lernen und natürlich auch arbeiten und Geld verdienen.

Mahindra hatte sie ermutigt, ihr Wissen in Seminaren weiterzugeben, und nach und nach stellte sich eine eigene Klientel ein. Zahllose Wochenenden im Jahr tingelte sie durch Deutschland und hielt Vorträge, manchmal für zwei, manchmal für zwanzig Zuhörer. Bald gab es immer mehr Leute, die Interesse hatten, in ihre Seminare zu kommen. Nebenher erschuf sie sich durch Fortbildungen in Massage und Energiearbeit die Fähigkeiten, auch Einzelbehandlungen anzubieten.

Die Jahre neben dem Meister hatten sie geschliffen. Uma besaß ein Leuchten, eine Aura, welche die Menschen, vor allem die Frauen, anzog. Sie hatte die Lehren ihres Meisters verinnerlicht und auf einer sehr tiefen Ebene verstanden. Ansonsten hätte er sie niemals losziehen lassen. Doch ein wenig war sie auch wie ein Papagei, der seine Wahrheit, erweitert um einige Fallbeispiele aus ihrem Leben als Mutter und Seminarleiterin, weitergab. Sie war gewiss ein guter Geselle, aber ganz sicher keine Meisterin.

Zusätzlich zu ihrer Arbeit und den Kindern organisierte sie Vorträge für Mahindra, schrieb die Werbung für ihn, kochte für ihn oder holte ihn zu Seminaren und Vorträgen ab und tat auch sonst, was immer ihm einfiel, ihr aufzutragen. Es war anstrengend, einen Meister zu haben, auf jeder nur erdenklichen Ebene. Sie hatte Zeiten erlebt, in denen der Berg von Arbeit so hoch war, dass sie am Morgen Angst vor dem Aufstehen hatte. Manchmal, wenn sie von ihren Wochenendseminaren zurückkam und übergangslos in einen von Schule und frühem Aufstehen geprägten Montagmorgen ging, fühlte sie sich leer, müde, ausgebrannt.

Ihre größte Stütze in dieser Zeit war immer wieder Sebastian, auf den Uma sich in jeder nur erdenklichen Hinsicht verlassen konnte und der ihr das Leben unendlich erleichterte. In all den Jahren des Zusammenseins war ihr Respekt für ihn nur noch gewachsen, und sie bewunderte seine Selbstlosigkeit.

Vimals so anders gefärbte Biographie brachte Uma zum Staunen. Da waren die Jahre mit Osho, erst im indischen Resort, dann in Amerika auf der »Ranch«, dann wieder in Indien. In all dieser Zeit arbeitete er in der Lebensgemeinschaft des Ashrams, um in der Nähe des Meisters sein zu können. Er hatte Käse produziert, Gemüse gezogen, auf der Ranch in Oregon den gesamten Molkereibetrieb mit über hundert Kühen aufgebaut und als Bodyguard und Nachtwächter gearbeitet. Erst nach dem Tod seines Meisters begann er seine Ausbildung zum Körpertherapeuten, anfangs in einer Form von Tiefengewebsmassage, die »Rebalancing« genannt wurde, später in der Cranio-Sacral-Therapie, einem Nebenzweig der Osteopathie.

Nachdem Osho seinen Körper verlassen hatte, blieb Vimal zehn weitere Jahre im indischen Poona, wo sich nach und nach ein Seminarzentrum entwickelte, das später Osho Meditation Resort genannt werden sollte. Dies waren leichte Jahre, in denen er sich von seiner Krebserkrankung erholte und auf innere Prozesse konzentrierte, in denen er als Teilnehmer oder Assistent an Selbsterfahrungs- und Meditations-Gruppen mitwirkte.

Unter Osho waren im Resort verschiedene Meditationsformen, Körpertherapien und Selbsterfahrungsgruppen entwickelt und gefördert worden. Es war eine Hochzeit, eine Blüte für innere Erkenntnisprozesse gewesen. Jahre nach Oshos

Tod exportierten seine Schüler all die Gruppen, Meditationen und Körpertherapien, die wie im Kessel eines Alchemisten ausprobiert, gegoren und verfeinert worden waren, in andere Länder und brachten Menschen damit in Berührung, die niemals nach Indien gekommen wären. Uma war beglückt, all dies von jemandem, der dabei gewesen war und alles aus nächster Nähe kannte, zu hören.

Was jedoch ihre beiden Meister anging, konnten Vimal und Uma nicht wirklich zu einem Konsens kommen. Sie merkte schnell, dass Vimal Mahindra wie einen unbekannten Fußballspieler betrachtete, der in irgendeiner unbedeutenden Regionalliga vor sich hin kickt, während Osho ein Maradona, Pelé oder Zidane gewesen war. Vimal hatte sich als Roadie bei Mick Jagger und den Rolling Stones verdingt, während Uma als Mädchen-für-alles mit einer Ein-Mann-Harmonium-Kapelle in Deutschland von Dorf zu Dorf zog. Wann immer sie, beinahe verzweifelt, aufstöhnte, »aber ich habe doch auch einen Meister gehabt«, sagte er: »Das ist nicht das Gleiche.« Und auf gewisse Art hatte er sogar Recht.

Sie hatte nie wirklich in einer *Sangam*, einer spirituellen Gemeinschaft, gelebt. Ihre gesamte Lehrzeit mit dem Meister besaß etwas Privates, Persönliches. Während der wenigen Jahre im Vogelsbergkreis unweit von Frankfurt, wo Mahindra in einer Art Zentrum lebte, hatten die Schüler aus einer winzigen Gemeinschaft von wenigen Personen bestanden, zu der Uma – aufgrund eigener innerer Dramen – nie so recht Zugang fand. Ihr größter Traum war, dass der Meister im heimischen Goa einen Ashram aufbauen würde, in dem sie neben ihm arbeiten und Verantwortung übernehmen dürfte. Aber dies war ein Kleinmädchentraum, der nie in Erfüllung ging.

Mit ihrem Meister Mahindra war es so, als hätte sie privat bei ihm Klavierunterricht genommen. Hin und wieder lernte sie jemand kennen, der auch zu ihm in den Unterricht ging. Mit einigen freundete sie sich mehr an, mit anderen weniger, aber ein ganzes Orchester – ein Buddhafeld – erwuchs daraus nicht. Osho hingegen zog Tausende von Menschen an, darunter Künstler, Therapeuten, Journalisten, Schauspieler und Politiker, brilliante Köpfe, schillernde Persönlichkeiten. Sie alle zusammen hatten mit und unter Osho ein Buddhafeld geformt, das Erkenntnis und Transformation förderte und erleichterte. In ihm verschmolzen Buddha, der Östliche, Meditierende, und Alexis Zorbas, der Westliche, Extrovertierte, der das Leben feierte. Zumindest war dies schon damals in Poona die Vision gewesen.

Aber hatte all das irgendeine Bedeutung? War es nicht einfach nur Umas Ego, das auch angeben wollte mit ihrem Meister? Hatte sie die einfachsten Lektionen denn immer noch nicht gelernt? Hatte sie nicht. Die letzte dieser Art war auf Korfu gewesen.

Mahindra fiel in dem Zentrum, in dem sie ihr Seminar abhielten, nicht unbedingt als großer Meister auf. Er wirkte eher ein wenig skurril in seinen Shorts, seinen Straßenschuhen mit weißen Socken – sie hatte ihn nicht überreden können, ein Paar Sandalen zu kaufen –, mit seinen Plastiktüten und seinen tief ins Gesicht gezogenen Hüten, immer in Sorge, nicht zu viel Sonne abzubekommen. Niemand sah ihm in die Augen. Jeder, der dies getan hätte, wäre sofort aufmerksam geworden. Seine Augen waren sehr besonders. Klar, durch und durch klar, aber gleichzeitig tief, unendlich tief, als habe er alles gesehen, alles verstanden, alles erkannt und übrig geblieben sei nur die Liebe. Nie hatte Uma solche Augen gesehen. Und nie zweifelte sie an der Erleuchtung ihres Meisters. In den zehn Jahren, die sie in seiner Nähe verbrachte, hatte sie nicht eine einzige Situation erlebt, in der sein Handeln in irgendeiner Weise vom Ego gelenkt worden war. Der direkte Umgang mit ihm zeigte ihr, was einen wirklichen Meister ausmacht, was die Essenz und auch der Duft eines Wesens ist, das Herr über sich selbst ist. Nach ihm konnte sie niemand mehr täuschen.

Ach, wie gern hätte sie mit ihm angegeben, ihn überall vorgestellt, ihn herumgereicht, die anderen wissen lassen, dass dies ein ganz besonderer Mann war. Und unbewusst, ganz versteckt, schwang darin auch mit: »Und seht nur mal, wie nahe ich ihm stehe! Also muss ich doch auch irgendwie etwas Besonderes sein.« Nun, der Meister war immer schon gut darin, ihrem Ego die Suppe gründlich zu versalzen.

Eines Abends saßen sie im Garten des Zentrums unter einem alten Olivenbaum beim Essen. Uma hatte sich etwas abseits von Mahindra platziert, am Ende des Tisches und ihm schräg gegenüber. Ihr Mahl war bereits beendet, und sie überlegten, ob sie sich noch einen Nachtisch holen sollten. Neben Mahindra befand sich ein Therapeut, der in München sein eigenes Zentrum besaß und ein Schüler Oshos, ein alter Sannyasin, war. Er beäugte den Meister abschätzend, als versuche er ihn einzuordnen, aber nicht ohne eine gewisse Überheblichkeit, ja Verachtung. Im Laufe ihrer Lehrzeit mit Mahindra hatte Uma gelernt, die Farbe oder die Energie von Gedanken anderer Menschen zu lesen. Sie kannte nicht den Inhalt, aber sie schnappte eine negativ gefärbte Gedankenenergie sofort auf. Während sie mit leisem Zorn registrierte, wie dieser Mann auf ihren Meister reagierte, rief Mahindra ihr laut zu: »Gibt es hier eigentlich Schnaps?« Umas Gesichtszüge erfroren. Der Meister trank nicht. Er war überhaupt extrem sensibel, was Getränke, Essen, jegliche Form von Nahrungsmitteln anging. Die geringste Unstimmigkeit, Unreinheit konnte ihn aus der Bahn werfen, sein Körper war nicht darauf eingestellt. Er wiederholte die Frage nach Schnaps mehrmals und so laut, dass auch die Menschen an den umliegenden Tischen auf sie aufmerksam wurden. Der alte Sannyas-Therapeut neben ihm hüllte sich schweigend in eine Wolke aus Verachtung. Umas Meister, ganz der unbekannte Kicker aus der Regionalliga, drängte sie, mit ihm an die Bar zu gehen und nach Schnaps zu fahnden. An der kleinen Bar, wo es Cappuccino, Limonade und Wein zu kaufen gab, hatte man tatsächlich Schnaps: Ouzo. »Was willst du denn mit Schnaps?«, fragte sie den Meister vorsichtig. »Ach«, sagte er leichthin und sehr leise, beinahe bedacht, dass niemand sie hören könnte. »Ich habe mich am kleinen Zeh verletzt und will etwas Alkohol darauf gießen, das ist das einfachste Desinfektionsmittel.«

Uma seufzte. Wie immer kümmerte er sich nicht im Mindesten um sein Image und darum, was die anderen über ihn dachten. Das Ganze war wahrscheinlich einfach nur als Lektion für Uma gedacht. Sie wollte mit ihm angeben, und das ließ er ihr nicht durchgehen. Der aufgeblasene Sannyasin, er hatte auch etwas gelernt, ohne es zu wissen. Uma wünschte, sie könnte ihm zuflüstern: »Vertraue nicht dem äußeren Eindruck. Er kann täuschen. Man sieht nur mit dem Herzen richtig gut. Wie in dem Märchen, wo der alte Bettler in Wahrheit ein Prinz ist. Aber du hast ihm nicht in die Augen geschaut, hast ihm keine Achtung, keinen Respekt erwiesen. Jesus kam auch nur als Zimmermann, sei achtsam, sei wach!«

Stattdessen geleitete sie Mahindra, das Schnapsglas in der Hand, das höhnische Grinsen des alten Sannyasins im Rücken, beflissen auf sein Zimmer. Sie wusste, dass der Meister niemals Respekt für sich einfordern würde. Nein, er ließ die Eitlen, die Arroganten, die Blinden einfach ziehen. Sie waren noch zu klein, noch nicht reif, nicht fähig, einen Buddha zu erkennen. Sie mussten noch spielen.

Aber Uma ließ Mahindra nicht mehr spielen. Sie triezte er mit allen möglichen kleinen und großen Lektionen. Und jetzt mit Vimal war sie schon wieder versucht, den Meister zu verteidigen. Sie musste lernen, es hinzunehmen, wie er über Mahindra dachte. Still werden. Demütig sein. Denn so viel schälte sich bereits in ihren wenigen gemeinsamen Tagen in Goa heraus: In Vimals Welt waren all ihre Werte und Errungenschaften null und nichtig – der Meister und die Lehrjahre mit ihm; ihre Kinder und die vielen Jahre der Erziehung, mit Liebe, mit Verantwortung und Hingabe; ihre Seminare, ihre Behandlungen, ihre gesamte Arbeit. All das bedeutete nichts in der Sannyas-Welt, auf die sie sich einlassen wollte. Noch ahnte Uma nicht, wie sehr sie auf Nichts, auf Null reduziert sein würde, wenn sie sich wirklich in Oshos Arme begab. Nie und nimmer hätte ihr Ego es zugelassen, derart demontiert zu werden. Sie stand am Anfang der gefährlichsten Reise ihres Lebens, dem Abstieg in die Unterwelt, der sie mit ihren tiefsten Ängsten konfrontieren würde.

Dennoch blieben Uma diese Tage in Erinnerung als eine immense Ausdehnung ihres Herzens. Ihr Inneres war so weit wie der Himmel über ihr wie das Meer vor ihr. Sie hörte beständig Mantras, vor allem die *Devi Puja* eines Musikers namens Krishna Das.

Es war heilend und schien ihr eine Struktur zu geben, denn sie spürte bereits, dass alle Pfeiler, auf denen ihr bisheriges Leben geruht hatten, im Begriff waren, sich langsam aber unaufhaltsam aufzulösen.

Vimal war nach drei Tagen Goa ins Resort zurückgekehrt, wo eine Ausbildung in Cranio-Sacral-Therapie begann, bei der er einer der Assistenten war. Uma hatte ihn zum Busbahnhof in Panjim, der Hauptstadt Goas, gebracht. Da standen sie, an eine dreckige Mauer gelehnt, um sie herum das übliche indische Durcheinander, bei dem nicht klar war, wann und wo welcher Bus starten würde. Sie hatten beide gelernt, dem indischen Moment zu vertrauen, was eine Art Urvertrauen in die gesamte Existenz voraussetzte. Am besten war es, sich irgendwo hinzusetzen, die üblen Gerüche und den Dreck zu ignorieren, einen Chai oder eine Limonade zu trinken und einfach abzuwarten. Es erwies sich immer wieder als Fehler, in westlicher Manier herumzulaufen und allzu viele Fragen zu stellen, denn dies trug nur zur allgemeinen Verwirrung bei.

Irgendwann, irgendwie würde das Chaos sich auflösen, ein Inder würde herumlaufen und mit barscher Stimme nach den Tickets fragen und sie zu irgendeinem der zahllosen Busse dirigieren. Und auch wenn weder die Uhrzeit noch die Busnummer mit den Informationen auf dem Ticket übereinstimmten, würde Vimal doch letztlich wunderbarerweise in einem Bus landen, der nach Poona fuhr.

Uma sah sich das noch unvertraute Gesicht ihres neuen Lovers von der Seite an: Er sah gut aus. Sein Gesicht war ein wenig kantig, sehr männlich, römisch, mit einer Hakennase. Die graublonden, sonnengebleichten Haare waren gerade lang genug, um Umas altes Hippie-Herz höher schlagen zu lassen, seine blauen Augen unter buschigen, wuchernden Brauen wirkten wach und wissend. Vimal war eine kuriose Mischung aus Mann und Junge, aus Sensibilität und Verwegenheit, aus Ruhe, Struktur und Kontrolle, aber auch Ungeduld, Launenhaftigkeit und hohen Wellen. Die Frauen, die ihn als Therapeut schätzten, lernten nur den ruhigen, scheinbar unendlich geduldigen Mann mit den hochsensiblen Händen kennen. Uma hingegen wusste um sein leicht entflammbares Wesen, seine kurzangebundene, ungeduldige Art, die ihn zuweilen wie ein Kind erscheinen ließ, wie ein kleiner Junge in kurzen Hosen, den sie irgendwie beruhigen musste.

Aber damals in Goa, als sie ihn von der Seite ansah, entdeckte sie noch den Mann, den römischen Legionär in ihm. Auf einer rein energetischen Ebene herrschte eine Elektrizität, eine Anziehungskraft zwischen ihnen, die sie nie zuvor erlebt hatte. Obwohl ihr innerer Mann sehr stark war – Uma behauptete, es sei ein alter bolivianischer General, der ihr schon oft aus der Patsche geholfen habe –, war Uma eine sehr weibliche Frau. Sie liebte ihr Geschlecht, ihre weiblichen Eigenschaften, ihren Körper, ihr Aussehen und empfand ihre Inkarnation als Frau als ein Geschenk des Himmels.

In Bezug auf Vimal und ihre Beziehung war sie an diesem Punkt ihrer gemeinsamen Geschichte jedoch naiv. Die starke

Polarität zwischen ihnen hätte sie warnen sollen, dass sie sich auf eine Achterbahnfahrt begaben, dass sie einander Himmel und Hölle, Feuer und Wasser, Licht und Dunkel sein würden. Aber wie allen Anfängen wohnte auch diesem ein Zauber inne. Trunken vor Glück fuhr sie mit dem Taxi an den Strand zurück, während Vimal in die hereinbrechende indische Nacht Richtung Poona und Resort entschwand.

Einige Zeit später traf ihr Mann Sebastian mit der Gruppe ein. Der Meister hatte Uma aufgefordert, in Goa ihre eigenen Seminare abzuhalten. Ohne seine Inspiration und sein Vertrauen hätte sie sich das nicht zugetraut. Doch nun war es schon die fünfte oder sechste Gruppe, die kam. Inzwischen hatten sie sich eine eigene kleine Infrastruktur aufgebaut, die vor allem die indische Mittelschicht förderte. Sie wohnten in einem einfachen Hotel am Strand, beschäftigten ein Ein-Mann-Busunternehmen aus dem Dorf und verhalfen ihrer Vermieterin Natty, in deren Haus Uma seit Jahren im Winter wohnte, zu einem ordentlichen Nebenverdienst, indem sie für die Gruppe kochte. Der Meister kam zwei, drei Mal aus dem nahegelegenen Provinzstädtchen Margao, wo er bei seiner Schwester lebte, und hielt Vorträge für die Teilnehmer. Mittlerweile waren sie ein eingespieltes Team. Sebastian war der Reiseleiter und für alle organisatorischen Belange zuständig, Uma als Seminarleiterin und Spezialistin für Herz und Seele fühlte sich für alle emotionalen Belange verantwortlich. Mahindra machte die Teilnehmer in seinen Vorträgen mit seiner besonderen Sichtweise der Welt vertraut und schwebt ansonsten über allem, wie ein Adler, der am Himmel die Orientierung angibt. Uma liebte ihre Arbeit. Mahindra und Sebastian gaben ihr die Kraft und das Zutrauen, dass sie brauchte, um Gruppen zu leiten. Sebastian glaubte bedingungslos an sie und ihre Fähigkeiten, was tiefe Kindheitsverletzungen in ihr heilte.

Die Goa-Seminare waren ein besonders geeignetes Übungsfeld für die Leitung von Gruppen. Zum einen, weil sie die

Menschen für zwei Wochen betreuten, eine verhältnismäßig lange Zeit, zum anderen weil sie sich in Indien befanden, was ihnen ein Höchstmaß an Flexibilität und gleichzeitig an Gelassenheit abverlangte. Zimmerreservierungen waren nicht auffindbar, es gab kein Wasser, just an dem Tag, an die Teilnehmer eintrafen, Koffer gingen verloren, das Essen war zu scharf oder zu wenig oder dauerte endlos lange, ihr Seminarraum stank unerklärlich nach Abwässern, Ratten oder Frösche oder streunende Hunde besuchten die Zimmer der Teilnehmer. Zudem wurden Teilnehmer krank, befanden sich im Kulturschock und wollten dringend wieder nach Hause. Die Armut, die Gerüche, die Bettler, die Wasserschlangen, welche die Fischer aus dem Meer holten und am Strand liegen ließen, flößten ihnen Angst ein. Die Teilnehmer vermissten den Komfort Europas, Badezimmerspiegel, Schränke, Bügel, Duschvorhänge, Regale, Toilettendeckel, Bettvorleger. All das gab es in ihrem kleinen Strandhotel nicht. Es war ein indisches Hotel einfachster Art, das von dem Charme lebte, direkt am Meer unter Kokospalmen zu liegen, ihnen Fruchtsalat zum Frühstück zu servieren, und das es ihnen erlaubte, in der frühen Morgensonne Yoga am Strand zu üben. Es war dazu geschaffen, dank Yoga, Meditation und Seminarübungen lernen zu dürfen, alles wahrzunehmen, was die Existenz an Geschenken bereithielt: das Blau des Meeres, der Gesang des Windes in den Kokospalmen, das Krächzen der Krähen, die milde goanische Luft, den weicher werdenden Körper, das sich weitende Herz.

Die meisten Teilnehmer öffneten sich nach drei oder fünf oder sieben Tagen wie Blumen, und Umas größte Freude war, sie dabei zu beobachten und zu unterstützen. Doch auch wenn alles gut lief und die Teilnehmer hoch flogen, fühlte sie sich am Ende der zwei Wochen erschöpft, angestrengt, am Boden. Es war, als schicke sie der Meister mit den Gruppen durch eine harte Schule. Sie lernte, auf so viele unterschiedliche Menschen, Charaktere und Bedürfnisse einzugehen. Sie steckte Ungerechtigkeiten, mangelnde Wertschätzung oder Kritik von einigen Teilnehmern weg und hielt sich immer wieder dazu an, ihr Mitgefühl zu schulen. Selbst wenn Uma manchmal wütend, traurig, müde oder überfordert war, ließ sie sich selbst nichts durchgehen. Sie setzte sich hin, meditierte, orientierte sich an den hohen Maßstäben ihres Meisters und begab sich zurück in ihr Herz.

Wenn sie sehr erschöpft, manchmal auch krank und fast am Ende des Seminars war, arbeitete der Meister besonders gerne mit ihr. Er zerrte sie dann in den Boxring und versetzte ihrem Ego ein paar kräftige Seitenhiebe, an denen sie noch Wochen später herumkurierte. Einmal, als sie am Ende des Goa-Seminars einen starken Schnupfen und eine durch den Stress ausgelöste schmerzliche Periode hatte, sagte er zu ihr: »Fang gleich wieder an zu arbeiten, wenn du zuhause bist. Deine Ferien sind jetzt vorbei!« Ferien? Hatte er wirklich »Ferien« gesagt? Uma brauchte Jahre, um zu begreifen, worauf er hinauswollte. Ihr erleuchteter Meister konnte unmöglich ein Sadist sein, oder? Also musste es da irgendetwas geben, was sie noch nicht verstanden hatte. Und das hieß für Uma, sich hinsetzen, still werden, meditieren, Tagebuch schreiben, weiter machen, den Acker pflügen, das innere Haus putzen.

In diesem letzten gemeinsamen Winter in Goa arbeitete er nicht besonders viel mit ihr. Sie führten ein Gespräch über ihre Pläne, und die Worte wiederholten sich, waren die gleichen wie im Sommer auf Korfu, ganze Sätze, die den Eindruck machten, als bewegten sie sich im Kreis und kämen nicht vom Fleck. Was er ihr vorschlug, hatte seit Jahren nie funktioniert, was sie plante, traf nicht ein. Er sprach beständig von der Wichtigkeit des logischen Denkens, Uma wollte mehr auf das Herz eingehen. Sie befanden sich in einer Patt-Situation, die Uma förmlich dazu zwang, auszubrechen. Aber war es wirklich so? Später würde diese Frage Uma zermürben, sie vergoss unzählige Tränen, wenn sie darüber nachdachte und zu keiner Lösung kam. War es an der Zeit, ihren Meister zu verlassen, wie ein erwachsen werdendes Kind irgendwann den Eltern den Rücken kehrt und sein eigenes Leben beginnt? Oder war sie einfach nicht loyal, nicht geduldig, nicht langmütig genug, um abzuwarten, wohin der Meister sie noch führen wollte? Erschuf er eine Situation, in der es ihr leicht fiel, ihn zu verlassen? Nur ein Meister war zu einer solchen Liebe fähig. Oder bildete sie sich das bloß ein, um leichter davonlaufen zu können? Fiel sie wieder auf ihr Sturzgeburt-Muster herein, oder traf sie die notwendigen Entscheidungen eines Schülers, der reif genug ist, sich auf den Weg zu machen? Als Ananda, Buddhas langjähriger Schüler, den sterbenden Meister fragte, was er denn nun anfangen solle ohne ihn, sagte Buddha: »Sei dir selbst ein Licht.«

Nun, so weit war Uma noch lange nicht. Zunächst suchte sie sich einfach einen neuen Meister, eine andere Laterne, von der sie annahm, dass sie ihr besser leuchten würde.

In dem Moment, da Uma ihren Meister verließ, tat es noch nicht wirklich weh. Sie befand sich im Schock und in der Euphorie, der Schmerz setzte erst viel später ein. Dennoch spürte sie, dass Mahindra sie auch in all den Jahren nach ihrer Trennung auf eine ganz einfache, leichte Weise schützend umfing, so wie nur ein Meister es kann. Während Uma selbst mit ihren Nächsten und Liebsten emotional verbunden war, als hätten sie einander mit energetischen Spinnfäden umwoben, blieb der Meister frei. Obgleich Umas Beziehung zu ihm sehr persönlich war, gab es auf seiner Seite keinerlei Verstrickungen.

Seine Liebe für Uma kam aus einer anderen, sehr viel reineren Quelle, die unablässig sprudelte, egal wie sie sich verhielt, was sie richtig oder falsch machte, ob sie bei ihm blieb oder fortzog. Der russische Meister George Gurdjieff sagte einmal zu einem Schüler, der ihn nach der Liebe fragte, die Liebe sei eine merkwürdige Sache. »Wenn du Kaffee hast, liebst du, wenn du keinen Kaffee hast, liebst du nicht.«[2] Der Satz fiel in Paris im Zweiten Weltkrieg während der Zeit der deutschen Besetzung. Kaffee, den alle schätzten, war knapp zu dieser Zeit, eine Kostbarkeit, die man nur auf dem Schwarzmarkt fand. Gurdjieffs Antwort fiel Uma oft ein, wenn sie verletzt oder böse auf jemand war, da er ihr die Wankelmütigkeit ihrer sogenannten Liebe vor Augen führte. Mahindras Liebe war anders, und das bewies er ihr gerade im Moment ihres Fortgehens.

Noch Jahre später zog sich Umas Herz zusammen, wenn sie an den Abend zurückdachte, an dem sie den Meister verließ. Sie saßen in einem kleinen Restaurant im Dorf Benaulim, Mahindra, Sebastian und sie. Der Meister sprach ständig von einem jungen Schüler namens Johannes, mit dem er just in diesem Restaurant gewesen sei. Wie so oft wusste Uma nicht, worauf er hinauswollte, warum dieser Schüler, den sie gar nicht kannte, so viel Raum einnahm. Erst später erfuhr sie, dass jener Johannes Uma ablösen sollte, dass fortan er die Organisation von Mahindras Vorträgen und Seminaren übernehmen würde.

Während ihrer Zeit mit Mahindra hatte sie oft das Gefühl gehabt, für ihn zu arbeiten, sein Wissen in die Welt zu tragen, eine Mission zu haben. Später war sich Uma dessen nicht mehr so sicher. Arbeitete sie wirklich für ihn, oder nutzte Mahindra einfach nur diese Zeit, um mit ihr zu arbeiten, sie zu schulen, so dass sie letztlich nicht für ihn arbeitete, sondern für sich selbst und an sich selbst?

Und jetzt war ein anderer an der Reihe, Johannes, ein neuer noch unverbrauchter Jünger, naiv, enthusiastisch, begeistert, während Uma abdankte und ihr Amt als Schülerin, als Organisatorin, als Mädchen-für-alles an der Seite des Meisters niederlegte. Sie rang um Worte, wie sie es ausdrücken, es ihm sagen sollte: dass sie sich wie eine Tochter fühlte, die das Haus verlassen muss. Dass sie ihn liebte, achtete, respektierte, ihm unendlich dankbar war, aber dass sie gehen musste. Ihr Herz schmerzte wie verrückt. Sebastians Anwesenheit beruhigte sie, wie immer unterstützte er sie und ihren Weg rückhaltslos. Er wiederholte für Mahindra noch einmal, was Uma gesagt hatte, als bestünde die Gefahr, dass er es nicht wirklich verstanden habe. Aber Mahindra antwortete liebevoll und mit Würde, so müsse es sein. Ein Lehrer habe nur die Aufgabe, den Schüler selbstständig werden zu lassen. Das sei der Weg. Mehr sagte er nicht.

An diesem Tag begann ein großer Teil all dessen, was Umas Welt ausmachte, unterzugehen. Und nach und nach würde ihre gesamte alte Welt im Meer versinken. Aber nichts Neues würde auftauchen. Sie würde Schiffbruch erleiden und an ein Wrackteil geklammert auf dem aufgebrachten Meer treiben, allein. Weltenlos. Ohne Land in Sicht. Mahindra machte nur den Anfang, war der erste Schritt hinein in die Leere, das Vakuum. Aber all das ahnte sie nicht.

Vimal schickte eines von Oshos Büchern aus dem Resort an Nattys Adresse. Obwohl ein Großteil ihrer Post an Natty bislang verloren gegangen war, traf dieses Buch wunderbarerweise ein, als sollte es in ihre Hände gelangen: A *Cup of Tea*. Das Buch enthielt Briefe aus der frühen Zeit Oshos, viele davon an eine bestimmte Schülerin gerichtet, aber die Weisheit der Worte schien Uma universal zu sein, für alle. Jeder Brief begann mit der Anrede: »Love« – Liebste oder Liebster. Und Uma nahm dieses »Love« ernst. Hätte Gott persönlich mit ihr sprechen wollen, er hätte keine bessere Anrede für sie finden können:

Love.
Ich bin entzückt von den großen Erwartungen an dich.
Vieles wird geschehen in dir und ebenso außerhalb deiner.
Du stehst am Rande der Explosion,

also sei allein.
Nicht einsam, sondern allein,
und lebe mit diesem Alleinsein;
noch besser: Sei dieses Alleinsein!
Das ist für dich jetzt die einzige Meditation.
Einsamkeit ist negativ:
Einsam sein heißt, die Abwesenheit von anderen
zu spüren.
Allein sein ist der positivste Geisteszustand:
Sei dir der Präsenz bewusst, die du bist.
Sei dir einfach bewusst und warte ab,
warte auf das Ereignis.
Nahe, sehr nahe ist der Moment.
Und denke daran, dass ich immer bei dir bin.
Ich bin immer bei dir gewesen,
selbst, als du mich noch nicht kanntest.
Und spüre immerzu meine Segnungen. (4)

Aber was sollte aus ihnen beiden werden? Zu Lebzeiten hatte Osho seine Schüler mehrfach darauf hingewiesen, sich einen lebenden Meister zu suchen. Und nun war Uma dabei, ihren sehr lebendigen Meister aufzugeben und zu Osho zu gehen, der vor mehr als dreizehn Jahren seinen Körper verlassen hatte, nur weil sie sich einbildete, dass etwas zwischen ihnen beiden unvollendet, nicht gelebt worden sei. Dennoch besaß sie eine Art kindliches Gottvertrauen in ihr Herz und darin, dass es ihr sehr wohl die richtige Weggabelung weisen würde. Und so verließ sie die Autobahn und begab sich in den Dschungel. Pfeifend. Vor Angst und vor Freude.

Noch in Goa informierte sie Sebastian darüber, dass sie im Februar oder spätestens Anfang März zurück nach Indien wollte, um Vimal im Resort zu besuchen und sich noch stärker mit Osho vertraut zu machen. Sie spürte, dass es ihn tief traf, wie konsequent sie ihre Schritte in eine neue, ihm fremde Welt unternahm. Nie verlor Uma ihre Liebe, ihr Mitgefühl zu ihrem unendlich wunderbaren Gefährten in diesen oder späteren Tagen. Und dennoch gab es nun weniger denn je einen Weg zurück.

Zuhause angekommen machte sie sich daran, Geld zu verdienen, um außer der Reihe ein Ticket nach Indien bezahlen zu können. Aber letztlich war es Mahindra selbst, der ihr das Geld für das Ticket gab, und zwar genau die richtige Summe. Er fuhr im Winter immer schon Anfang Dezember nach Indien, wenn Uma noch in Deutschland war. Manchmal beauftragte er sie per E-Mail, bestimmte Medikamente oder Kosmetika für ihn oder seine Familie mitzubringen, wenn sie kam. In diesem letzten Winter waren es besonders viele Dinge, einschließlich Gebiss-Reinigungstabletten, obwohl Mahindras eigene Zähne wunderschön, gesund und strahlend weiß waren. Natürlich fragte sie nicht, für wen die Tabletten bestimmt waren. Im Zusammenleben mit dem Meister hatte sie sich angewöhnt, nicht allzu viele Fragen zu stellen, und Situationen, die von außen betrachtet äußerst absurd sein konnten, einfach hinzunehmen. Hin und wieder testete er sie auch. Einmal kauften sie auf einer goanischen Wohltätigkeitsveranstaltung mit verschiedenen Verkaufsständen Schuhe für ihn. Zunächst zogen sie ziellos herum, dann schlug der Meister an einem Stand vor, dass sie Spielzeug für ihre Kinder einkaufen solle, was weder ihrem Geschmack noch ihrem Alter entsprach. Uma lehnte höflich ab. Dann versuchte er, sie dazu zu überreden, ein Gericht mit Rindfleisch zu essen, obwohl er wusste, dass sie seit Jahren Vegetarierin war. Wieder blieb sie höflich, aber entschlossen. Endlich landeten sie bei einem Stand, wo der Meister Schuhe anprobierte und schließlich innerhalb weniger Minuten drei Paar Schuhe von der gleichen Sorte erstand. Uma wusste natürlich, es wäre ein Kapitalfehler gewesen, über diese Kaufaktion in irgendeiner Weise zu urteilen à la »Wie kann man nur drei Paar gleiche Schuhe kaufen?« Es war egal, ob sie solche Sätze aussprach oder nur dachte. Der Meister las ihre Gedanken, das hatte er ihr mehr als ein Mal bewiesen.

Mit den Jahren machte sie es sich zur Gewohnheit, Merkwürdigkeiten, Situationen oder Dinge, die sie nicht recht einordnen konnte, einfach stehen zu lassen. Es war, als schule er Uma, die Welt, das Leben mit all seinen Absonderlichkeiten, seinen Macken, Ungerechtigkeiten, seiner Vielzahl an unterschiedlichen Erscheinungsformen einfach hinzunehmen und letztlich zu akzeptieren. Und nach und nach ganz darauf zu verzichten, anderen oder der Welt ihre Schau der Dinge, ihre Interpretation, ihr Urteil aufzudrängen. Natürlich gelang ihr das nicht immer, aber es war ein Sport, der ihr gefiel. Auch kleine Kinder betrachteten die Welt mit Neugierde und Staunen. Sie hatten keine bestimmte Vorstellung davon, wie viel Paar Schuhe jemand brauchte, was richtig oder falsch, vernünftig oder normal ist. Sie nahmen alles, wie es kam, und nur wenn ihr persönliches Wohl beeinträchtigt wurde, wehrten sie sich und fingen an zu brüllen. Das wiederum war Mahindra wichtig. Wenn es um Werte ging, um wichtige Dinge, musste man eine eigene Meinung haben.

In der größeren Familie mit Tanten und Onkeln, in der Uma aufwuchs, waren Einmischung und Kritik wie das Salz in der Suppe. Jeder rührte beständig und mit Eifer im Teller des anderen herum. Es schien ihnen nicht nur natürlich, sondern auch zutiefst richtig, dies zu tun, man musste den anderen ja schließlich direkt oder indirekt darauf aufmerksam machen, wie seltsam er sich benahm oder was für ein Dummkopf er doch war oder dass diese oder jene Handlung alles andere als »normal« war. Nun, beim Meister biss jeder, der auch nur den geringsten Versuch in diese Richtung unternahm, auf Granit. Man kümmerte sich ausschließlich um seine eigenen Belange, wenn man nicht im Minenfeld meisterlicher Ohrfeigen landen wollte. Manchmal stellte der Meister Fangfragen, welche die alten Schüler elegant umschifften, während die neuen in die Falle tappten. »Andreas ist brilliant, so wie er die Geschäfte unseres Zentrums führt, nicht wahr?«, fragte Mahindra dann mit Unschuldsmiene. Ein alter Schüler, der das Spiel kannte, beteuerte ohne Zögern: »Gewiss, gewiss, ein Genie, ein begnadeter Manager.« Ein junger Schüler jedoch mochte sich dazu verleiten lassen, die »Wahrheit« zu sagen. Endlich hatte er Gelegenheit, dem Meister einmal persönlich zu berichten, was er von diesem oder jenem hielt und wie er die Dinge sah und seine Meinung darzulegen über die Schwachstellen im menschlichen System. Ratzfatz verdüsterte sich die Miene des Meisters, er wurde kurzangebunden, schweigsam, undurchsichtig, und die Atmosphäre in seinem kleinen Zimmer sank binnen Sekunden unter Null. Der Meister hätte die Worte Byron Katies, einer Amerikanerin, deren Arbeit *The Work* Uma sehr schätzte, bestimmt unterschrieben: »Es gibt nur drei Geschäfte. Es gibt mein Business, dein Business und Gottes Business.«

So kümmerte Uma sich auch in diesem Fall tunlichst um ihr Business beziehungsweise »Gottes Business«, kaufte fünf Großpackungen Kuckident Gebissreinigungstabletten und diverse andere Dinge und brachte alles nach Goa, ohne Fragen zu stellen. Sie fragte auch nicht, wann und ob der Meister ihr das Geld für ihre Einkäufe zurückgeben würde. Denn auch was Geld anging, war sie zahllosen meisterlichen Prüfungen ausgesetzt gewesen – die alle ausschließlich darauf ausgerichtet waren, sie klarer und bewusster werden zu lassen auf einem Gebiet, das ihr mehr als jedes andere schwammig und vernebelt vorkam.

An jenem Restaurantabend, an dem sie Mahindra offiziell verließ, überreichte er ihr einen braunen, leicht zerkauten Briefumschlag indischer Qualität, in dem sich das Geld für die Medikamente und Kosmetika befand. Sie schaute hinein und stellte fest, dass der Meister ihr 500 Euro gegeben hatte, weit mehr, als sie an Ausgaben gehabt hatte. Obschon sie protestierte, wollte er partout nichts zurückhaben, und so nahm sie, wieder einmal verwundert ob all der Absonderlichkeiten, die man mit einem Meister erlebt und letztlich einfach hinnimmt, das Geld an.

Als Uma ihr Ticket nach Indien buchte, fand sie einen äußerst günstigen Flug von München über Paris nach Bombay, wo Vimal sie mit dem Taxi abholen würde, für haargenau die Summe, die sich in Mahindras Umschlag befunden hatte. Und so bezahlte letztlich Mahindra ihr das Ticket, um zu ihrem neuen Meister zu gelangen – auch wenn es jetzt ein Meditation Resort war und ihr neuer Guru nicht mehr in seinem Körper weilte. Genau dies waren die Liebe, der Duft, die Essenz eines wahren Meisters – später konnte Uma das noch klarer sehen als in dem Moment, da es geschah. Mahindra mochte in Shorts mit weißen Socken und Straßenschuhen und einem schlecht sitzenden Tropenhelm einherkommen – ein Outfit, in dem er Sebastian, der gutes Aussehen schätzte, besonders schockierte –, all dies waren nur Verkleidungen. Das Nichtvorhandensein eines Egos erlaubte ihm zu spielen. Er musste keinem Image, keiner besonderen Vorstellung eines anderen gerecht werden. Er konnte tun und lassen, was er wollte, und machte genüsslich davon Gebrauch. Und in diesem seinen Spiel entlarvten sich die falschen Schüler – die noch nicht so weit waren – ebenso wie die falschen Meister, jene schmucken Satsanglehrer in blütenweißen Tuniken, die den indischen Schal elegant über ihre Schulter drapierten. Mahindra zitierte gerne und meist auf Lateinisch, was bei Uma Knöpfe drückte – konnte er seine Weisheiten nicht auf Sanskrit formulieren, wie andere indische Gurus auch? –: »Video barbam et pallium, philosophum nondum video.« »Ich sehe den Bart und den Mantel eines Philosophen. Den Philosophen aber sehe ich nicht.«[1]

Es war Anfang März, als Uma erneut nach Indien flog. Ihre über alles geliebte Großmutter feierte an diesem Tag ihren

100. Geburtstag. Sie war demenzkrank, erkannte niemanden mehr und lebte in einer eigenen Welt, die niemandem zugänglich war. Dennoch wurde der Geburtstag groß gefeiert, und Uma war nicht dabei. Während ihres Zwischenaufenthalts auf dem Charles-de-Gaulle Flughafen in Paris fragte sie sich, was ihre Großmutter von ihrer Entscheidung halten würde, wenn sie noch klar wäre. Alle Frauen in ihrer Familie, in der es viel mehr Frauen als Männer gab, waren familienorientiert. Die Familie war der höchste Wert und stand an erster Stelle. Es war gut, eine Arbeit zu haben, Geld zu verdienen, aber nichts war wichtiger als die Familie. Diese Überzeugung hatte sie mit der Muttermilch eingesogen, ihre Großmutter hatte sie damit in den Schlaf gesungen, ihre Tanten, die zu jedem Geburtstag Kuchen backten und Geschenke brachten, hatten sie bestätigt, sie war das Fundament ihres Clans, Bestandteil ihres Gen-Pools. Zu dem Zeitpunkt, da sie mit unzähligen indischen Familien die Delta-Air-Maschine betrat und sich ihren Platz suchte, war ihre Familie in der kleinen Wohnung ihrer Großmutter versammelt, zelebrierte wieder einmal ihren Zusammenhalt und ihre Stärke, trotz all der Dramen, die ständig unter der Oberfläche brodelten.

Die Familie, als Ganzes betrachtet, besaß eine eigenständige Persönlichkeit. Als Person betrachtet war Umas Großfamilie stark und stur, ein wenig rechthaberisch und nicht ohne Egoismus. Aber sie war auch großzügig, hilfsbereit, loyal und liebevoll. Tauchte ein neues Mitglied auf, tendierte sie dazu, dieses zu assimilieren und sich einzuverleiben. Was sie überhaupt nicht verstand war, Grenzen zu wahren und sich nicht einzumischen, was man von einer Clan-Persönlichkeit vielleicht ohnehin nicht erwarten konnte. Auch Gelassenheit war nicht ihre Stärke, und Freiheitsliebe und übertriebenen Individualismus konnte sie nicht ausstehen. Doch alles in allem wäre es nicht von Nachteil gewesen, eine solche Person zum Freund zu haben. War sie dabei, selbst diesen Freund zu verlieren?

Uma ließ sich auf ihrem Fensterplatz nieder und starrte aus dem kleinen Bullauge. Auch sie war Teil dieses Clans, und was sie gerade tat, hätte mit Sicherheit niemandes Zustimmung gefunden. Aber in ihr existierte noch ein ganz anderes Wesen: eine Nomadin, eine Abenteurerin, eine Suchende und ein Derwisch. Viele Leben, das spürte sie, hatte sie schon bei den Weisen und Meistern verbracht. Dies war nicht das erste Mal, dass sie ausbrach, um ihnen nahe zu sein. Sie hatte es immer wieder getan, sich immer wieder schuldig gemacht am Kollektiv der Familie, weil sie es nicht aushielt bei der Herde. »Du bist nicht wie wir«, behauptete eine ihrer Tanten schon vor Jahren. Ja, Uma war das berühmte schwarze Schaf. Mehr noch, sie war das Schaf, das schon lange den Verdacht hegte, überhaupt kein Schaf zu sein.

Dies war auch die Quintessenz einer ihrer Lieblingsgeschichten des Meisters. Sie handelte von einem Löwenjungen, der sich für eine Ziege hielt.

Es war einmal ein kleiner Löwe namens Lambertino. Er war ein sehr neugieriger und abenteuerlustiger Kerl, der sich beim Spielen nicht selten viel zu weit von seinem Clan entfernte. Oft schalt ihn seine Mutter: »Lambertino, eines Tages wirst du dich noch verirren und nicht wieder zurückfinden.« Und so geschah es auch. Lambertino hatte sich beim Spielen weit vom Dschungel entfernt und den Weg verloren. Ein Hirte fand das Löwenjunge schließlich und gab es aus Mitleid in die Obhut einer Ziegenmutter und ihrer Jungen.

Von nun an wuchs Lambertino mit den Ziegen auf. Im Laufe der Zeit vergaß er das Brüllen. Er spielte mit den Ziegenjungen, begann zu meckern und Bocksprünge zu vollziehen und kam sich ganz und gar wie eine Ziege vor. Nur das Herumstreunen konnte er nicht lassen, und oft schimpfte seine Mutter ihn aus: »Eines Tages wirst du noch in den Dschungel geraten, wo die Löwen wohnen, und dann werden sie dich fressen!« Und so geschah es.

Lambertino geriet beim Spielen an den Rand des Dschungels und traf auf seinen Vater, den Löwen. »Oh, bitte friss mich nicht«, bat er den alten Löwen zitternd. »Ich bin nur ein armes kleines Zicklein!« »Dich fressen?« empörte sich der Alte. »Ich fresse doch nicht meine Verwandten!« Mit diesen Worten packte er den verdatterten Kleinen am Nacken und schleifte ihn zu einem nahegelegenen Teich. Gemeinsam beugten sie sich über die Wasseroberfläche, die ihnen ihr Spiegelbild zurückwarf. »Aber ... aber, ich sehe ja aus wie du!«, wunderte sich Lambertino. Dann dämmerte ihm die Erkenntnis. »Ich bin gar keine Ziege, ich bin ein Löwe! Ich bin ein Löwe!« Vor Freude vollzog er ein paar Ziegenbocksprünge und stieß ein Meckern aus. Doch nun wurde der König der Tiere böse: »Ja, du bist ein Löwe, und du bist mein Sohn!«, herrschte er Lambertino an. »Aber du darfst nie wieder meckern wie eine Ziege!« Und von diesem Tage an gab er ihm Unterricht im Brüllen.

Das Brummen im Flugzeuginneren wurde lauter. Der Motor drehte auf, die Maschine rollte auf die Startbahn. Uma faltete die Hände im Schoß. Es ging los. Wieder einmal machte sie sich auf die Reise, um herauszufinden, dass der Löwe in ihr selbst war, näher als ihr Herz, näher als ihr Atem – denn trotz all der ungewöhnlichen Erfahrungen, die sie mit Mahindra gemacht hatte, war sie doch nicht Herr in ihrem eigenen Haus. Noch war sie versklavt, ob vom Ego oder der Vorherrschaft des Verstandes, des »Mind« oder von tiefsitzenden Konditionierungen, das ließ sich nicht festmachen. Aber frei war sie nicht.

Und so zurrte sie abermals die Schnürsenkel ihrer Pilgerschuhe fest, denn daran glaubte Uma: Man musste sich auf die Reise begeben, viele Umwege machen, Berge besteigen und zurückkehren ins Tal, weit aufs Meer hinausfahren und wieder in den Hafen kommen, um letztlich bei sich selbst anzulangen, wo alles immer schon da war.

Den heiligen Gral fand man nur im eigenen Herzen. Aber ohne die Reise blieb man blind, und die, die zuhause saßen und sich wunderten über die Suchenden, die ewigen Wanderer mit ihren müden wunden Füßen, waren zu bedauern. Wenn das Licht zu ihnen kam, blieb es für sie dunkel, denn sie hatten nie gelernt, den Geist Gottes zu erkennen.

3

Wieder einmal trug das Flugzeug Uma in den Osten, ins vertraute Indien. Dieses Mal nicht zu ihrem Meister nach Goa, sondern zu Osho. Doch ihr erster Aufenthalt im Meditation Resort brachte Umas gesamtes System zum Kollabieren. Noch im Winter in Goa hatte sie eine Eingebung von Osho empfangen, die ihr förmlich verbot, zu früh ins Resort zu kommen. Sie solle noch etwa ein Jahr warten. Uma schrieb die Warnung in den Wind. Erst später wurde ihr klar, dass sie sich immer noch im Schwingungsfeld ihres Meisters Mahindra befand. So viele Jahre war sie in seiner direkten Nähe und mit seiner Energie verbunden gewesen. Bevor sie sich in das Energiefeld eines neuen Meisters begeben konnte, musste eine Art Umpolung, Umstrukturierung in ihr stattfinden, die Zeit brauchte. Abwarten, geduldig sein, sich Zeit nehmen, war jedoch noch nie Umas Stärke gewesen. Nachts um ein Uhr landete sie in Bombay, gegen fünf Uhr morgens erreichte sie Poona mit dem Taxi, schlief ein paar Stunden und befand sich um zehn Uhr morgens im »Willkommens-Center« des Osho Meditation Resort. Um elf Uhr saß Uma, in eine lange, dunkelrote Robe gekleidet bei einem Cappuccino, blass, verwirrt und durch den Wind, während ein indischer

Sannyasin erste Annäherungsversuche startete. Aber sie war da, wo sie schon immer hatte sein wollen!

Ihr dunkelrotes langes Kleid gefiel ihr außerordentlich gut. Viele Leute, die das Zentrum zum ersten Mal besuchten, fühlten sich beklommen wegen des Kleidungskodex, der tagsüber das Tragen von burgunderroten Roben vorschrieb. Aber Uma war sogleich verzaubert von der Schönheit, der Ästhetik all dieser Menschen, die auf den sonnenbeschienenen Wegen unter den riesigen Bambusbäumen an ihr vorbeiglitten. Die Frauen in ihren knöchellangen Roben schritten aus wie Königinnen. Sie wirkten allesamt weiblicher, fließender, machtvoller, als erinnere sie das lange Kleid an Eigenschaften, die sie durch das ständige Tragen von Hosen verloren hatten. Auch die Männer in Kaftanähnlichen Gewändern besaßen Eleganz, es sei denn, sie kombinierten ihre Robe mit Turnschuhen und weißen Socken, was dem Ganzen eine unfreiwillig komische Note verlieh. Dunkelrote Bäche von Menschen verteilten sich in den Cafés, strömten Richtung Swimmingpool oder in die Gebäude aus schwarzem Mamor. Große tropische Bäume mit weitgefächerten Kronen spendeten einen sonnendurchfleckten, durchlässigen Schatten, und hier und da ertönte der Schrei des indischen Kukucks, ein langgezogener Sehnsuchtsruf, der Uma immer daran erinnerte, dass sie sich im Land ihrer Meister befand.

Alle Menschen, die sie beobachtete, schienen sehr beschäftigt. Sie kamen aus Gruppen, Fortbildungen, Meditationen und wirkten angeregt, verbunden, kommunikativ. Nur selten sah man jemand allein an einem Tisch sitzen, die meisten redeten aufeinander ein, umarmten sich, befanden sich auf irgendeine Art und Weise im Austausch miteinander. Uma hatte ihren Tisch verlassen, um ihrem Verehrer zu entfliehen, und wanderte ziellos umher. Doch bald schon fühlte sie sich allein, verloren in dieser Menge, in der sie niemanden kannte. Vimal befand sich in einem Fortbildungstraining und würde

Uma frühestens zum Mittagessen in der Caféteria treffen. Vielleicht hatte sie wie ein Kind geglaubt, Osho hier irgendwo anzutreffen oder zumindest seine Stimme zu vernehmen. Doch nichts dergleichen geschah. Sie strich jetlagged und betäubt von Müdigkeit und der zunehmenden Mittagshitze durch das Resort und endete schließlich auf einer Bank an den Grabmälern von Oshos Eltern. Der ein wenig abgelegene Platz gewährte ihr Zuflucht vor den Blicken der anderen, diesem wogenden Energiefeld roter Roben, das sie umfing, auf das sie sich aber noch nicht einlassen konnte.

Die nächsten Tage verbrachte Uma im Schock, ohne sich dessen bewusst zu sein. Die Atmosphäre im Resort erschöpfte sie so sehr, dass sie mehrmals am Tag die geschlossene Anlage verlassen musste, um irgendwo draußen einen Kaffee zu trinken. Sobald sie ein wenig Distanz hatte, ging es ihr besser. Sie konnte nicht sagen, was es war. Zu viele Menschen, zu viel Energie oder zu viele neue Eindrücke? In dem eleganten indischen Apartment, dass Vimal für ihren Aufenthalt gemietet hatte, fühlte sie sich hingegen wohl, beinahe zuhause. Schon immer hatte sie es geliebt, die eigenen vier Wände gegen Wohnungen und Häuser in fremden Ländern zu tauschen. In den folgenden Jahren würden Vimal und Uma Hotelzimmer in der ganzen Welt bewohnen und sich überall zuhause fühlen.

Es gibt kein Zuhause, es sei denn, wir finden es in uns selbst. (5)

Das war eine der ersten Lektionen, die Osho ihr beibrachte, und eine der leichtesten, zumindest, was äußere Örtlichkeiten betraf. Uma ahnte nicht, dass diese Lektion viele Schichten enthielt.

Es stimmte, sie hing nicht an Äußerlichkeiten, an bestimmten Plätzen, Wohnungen, an materiellem Besitz. All dies war für sie austauschbar. Schon immer war ihr klar, dass man nichts mitnehmen konnte, wenn man den Fluss überquerte und in den Tod ging. Und wer wusste schon, wann dieser

Moment kam? Warum sich also klammern an Häuser, Möbel, Schmuck, Kleider? Aber die geliebten Menschen aufgeben, das emotionale Gepäck, das man ebensowenig hinübernehmen konnte auf die andere Seite, das war eine ganz andere Größenordnung für Uma. Von diesem Schmerz wusste sie noch nichts.

Vimal begann, Uma Cranio-Sacral-Behandlungen zu geben, um seine Kunst und sein Können mit ihr zu teilen. Doch das verschlimmerte ihren Zustand beträchtlich. Die Behandlungen öffneten ihr Energiefeld, und wie Tropenregen, der auf ein leckes Bambusdach einschlägt, ergoss sich ein Strom unbekannter, starker Energien in Umas Inneres. Offensichtlich kollidierten diese Energien mit dem Schwingungsfeld, in dem sie sich befand, jedenfalls hatte sie keine andere Erklärung für den Zustand, in den sie nun geriet. Es schien Uma, als habe sie eine ihr unbekannte Droge eingenommen. Sie stand völlig neben sich, musste sich dauernd hinsetzen, konnte keinen klaren Gedanken fassen. Außerdem war ihr ständig schwindlig, sie hatte Kreislaufprobleme, fühlte sich schwach, wehrlos, verletzlich. Obwohl sie, seit sie regelmäßig nach Indien reiste, immer wieder an äußerst fragwürdigen Orten gegessen hatte und nie krank geworden war, fing sie sich dieses Mal bereits am dritten Tag eine Salmonellen-Erkrankung ein, was nie zuvor der Fall gewesen war. Im Gegenteil, Uma hatte sich immer etwas darauf eingebildet, immun gegen die fürchterlichen Durchfallerkrankungen zu sein, welche die Indien-Reisenden zuweilen heimsuchten.

Für die nächsten Tage aß sie nichts, außer hin und wieder eine Scheibe Papaya, auf die sie unerklärlicherweise Appetit hatte. Tagsüber kam sie einigermaßen durch, doch die Nächte verbrachte sie halbnackt auf den kühlenden Fliesen des Bades, weil sie Angst vor ihren eigenen Schwächeanfällen hatte und die Toilette in direkter Nähe brauchte.

Offensichtlich war ihr aufgebrachtes Körpersystem nur der physische Ausdruck für ein viel größeres Chaos, das sich nach und nach auf alle Ebenen ihres Seins ausbreitete. Mahindra hatte am Anfang ihrer Lehrzeit bei ihm oft gesagt: »Das alte Haus wird eingerissen. Aber das neue ist noch nicht gebaut.« Dieses Mal, in der neuen Lehrzeit, bei einem noch strengeren Meister, würde sie fünf Jahre ohne ein Dach über dem Kopf im Regen ausharren. Uma stand erst am Anfang einer Serie von Erkrankungen, die sie sich als Obdachlose zuzog.

Als sie zehn Tage später nach Deutschland zurückkehrte, war sie dünn, spitzknochig und krank wie ein Hund. Sie brauchte Monate, um sich wieder aufzupäppeln. Was war geschehen? Wie konnte sie diese Erfahrung einordnen? Sie hatte Osho nicht »gefunden« und sich krank, schwach, verloren, verwirrt gefühlt. Erst lange danach sah Uma ein, dass ihr erster Aufenthalt im Resort verfrüht, ein Fehler, eine weitere Sturzgeburt gewesen war, und Osho selbst hatte sie davor gewarnt. In jener ersten Zeit empfing sie oft Eingebungen, innere Stimmen, die sie Osho zuschrieb, vor allem deshalb, weil sie einige sehr klare Anweisungen an Uma enthielten. Die Wichtigste lautete, keine der vielen Gruppen mitzumachen und nicht zu versuchen, ihn in seinen Worten und seinen Büchern zu finden. Sie solle sich ganz allein darauf verlassen, dass er auf energetischer Ebene mit ihr arbeiten würde und dies auch tun könne, ohne in seinem Körper zu sein.

Sie hielt sich weitestgehend an diese Gebote, zumal sie mitbekommen hatte, dass ihr Versuch, früher als angeordnet ins Resort zu fahren, ihr nicht besonders gut bekommen war. In früheren Jahren hatte sie Oshos Bücher gelesen, aber jetzt ließ sie sie unberührt im Regal stehen. Nur in dem Buch *A Cup of Tea* las sie hin und wieder einen der Briefe und ließ sich vom Duft seiner Worte betören.

Irgendwann im Frühjahr begann Uma, Osho um ein Zeichen zu bitten. Sie wollte wissen, ob sie wirklich zu ihm gehörte und ob er ihr Meister sei oder sie sich all dies nur einbildete. Seit ihrer Rückkehr aus dem Resort hielten Sebastian und Uma vorsichtig Distanz. Ihre Liebesgeschichte mit Osho blieb Sebastian fremd und unbegreiflich. Auch in späterer Zeit hörte sie nie auf, ihm Zitate von Osho zu mailen, Bücher neben sein Bett zu legen, ihn sogar ins Resort zu schleppen, aber der Funke sprang bei ihm nicht über. Manche Menschen erkannten ihren Meister allein an seinem Foto. Andere lasen einen Satz, ein Zitat von ihm und waren hingerissen – als ob die Wahrheit selbst sie sanft antippte und berührte: »Hier bin ich.« Aber Sebastian blieb immun gegen diese Zeichen, er roch nicht den Duft der Worte, er sah keinen tieferen Sinn in den Sätzen, die Uma erschütterten, weil sie so wahr waren. Er schien ihr wie ein Pferd mit Scheuklappen zu sein.

Als Uma zu ihrem ersten Meister Mahindra in den Vogelsberg zog, sagte er zu ihr, ihr Mann Sebastian sei hochentwickelt und brauche keinen Meister. Sie war tief beeindruckt, aber auch ein bisschen gekränkt. Hieß das nicht, dass sie noch lange nicht so weit war und dringend eines Meisters bedurfte? Später jedoch, aus der Distanz, bewunderte sie wieder einmal Mahindras Weisheit. Tatsächlich gab er Sebastian mit diesem Satz vollkommene Freiheit. Er konnte sich auf Mahindra, auf Umas Meister, einlassen, musste es aber nicht. Wenn er es getan hätte, wäre es in jedem Fall ohne jeden Zwang und freiwillig geschehen, nicht weil Uma ihn dazu drängte oder weil sie sich Mahindra zugewandt hatte. So wirkte ein wahrer Meister. Er ließ Raum, Freiheit, Weite. Wer zu ihm kam, musste es von allein tun, getrieben von Sehnsucht, von Verlangen, betört von dem, was der Meister an Liebe verströmt. Und ganz nebenbei versetzte Mahindra mit dieser Feststellung Umas Ego einen gehörigen Dämpfer, was er ohnehin gerne und häufig tat. Sollte sie sich eingebildet haben, weiter oder höher entwickelt als Sebastian zu sein, weil sie den Ruf des Meisters vernommen hatte, machte er solchen Vorstellungen sogleich den Garaus.

In jedem Fall blieben auch jetzt Umas Einladungen und Bemühungen, Sebastian teilhaben zu lassen und auf ihren spirituellen Weg – diesmal zu Osho – zu locken, fruchtlos. Oder der Meister hatte, wie so oft, Recht und Sebastian brauchte keinen Guru.

Aber auch ihre eigene Hinwendung zu Osho vollzog sich langsamer, vorsichtiger als die zu Mahindra. Als Uma Mahindra kennen lernte, wurde sie drei Tage später seine Schülerin und zog nach drei Monaten von München fort in ein kleines Dorf im Hessischen, um in seiner Nähe zu sein und von ihm zu lernen. Mit Osho ließ sie sich Zeit. Und wie vermochte man auch einen Meister zu haben, der sich gar nicht in seinem Körper befand, den man nicht aufsuchen konnte? Dennoch hatte sie von Osho mehr als ein Mal die Eingebung empfangen, dass es sehr wohl eine energetische Verbindung zwischen ihnen gebe und sie sich allein darauf verlassen solle. Das schien Uma, als müsse sie über eine unsichtbare Brücke gehen. Darauf vertrauend, dass es etwas gab, was sie nicht sehen und nicht fassen konnte, bedingungslos ihrem Schicksal folgen.

Noch war sie nicht so weit. Sie wünschte sich zumindest *ein* sichtbares, materielles Zeichen für ihre Verbindung. Sie bat Osho um ein Foto von sich, das Vimal oder irgendeine andere Quelle ihr zukommen lassen sollte, ohne dass sie explizit darum bitten musste. Sie schämte sich über ihr kindisches Verhalten, als wäre sie vier Jahre alt und hätte sich heimlich einen Teddybären als Beweis für Daddys Liebe gewünscht. Aber so war es – der Beginn ihrer Nacktheit, ihrer Kindlichkeit und Unschuld, ihrer Liebesgeschichte, in der Uma manchmal sehr reif und erwachsen und manchmal nur ein kleines Kind war.

Im Mai kehrte Vimal, der in Taiwan gearbeitet hatte, nach Europa zurück und verbrachte einige Tage bei seinen Eltern in Genf, bevor er und Uma sich für ein wenig gemeinsame Zeit in ein Landhaus in der französischen Provence verkrochen. Es war aufregend, zum ersten Mal in einem Haus zusammen zu leben, Spaziergänge zu unternehmen, zu kochen und französischen Käse zu essen und sich auf dem Holztisch in der Küche vor dem offenen Kaminfeuer Massagen und Cranio-Sacral-Behandlungen zu geben.

Eines Morgens überreichte Vimal ihr ein dunkelviolettes, abgewetztes Samttäschchen, in dem sich ein stabförmiger Stein befand. Er meinte, er habe den Stein auf dem Dachboden seiner Eltern in einer Kiste mit Sachen aus dem Resort gefunden und sie möge ihn doch auf ihren kleinen Altar zu Hause legen. Auf ihrem Altar stand eine cremefarbene Christusstatue aus Plastik, die ihr sehr viel bedeutete. Christus hing nicht am Kreuz, sondern ging aufrecht, mit weit ausgebreiteten Armen wie eine Einladung seiner Liebe an Uma. Der Meister hatte ihr die Figur zu ihrem Geburtstag geschenkt. Auch Sebastian erhielt eine dieser Statuen, die allerdings – sorgsam eingepackt – auf dem Dachboden verschwand. Oft drapierte Uma Rosenquarz aus Indien oder Rosenblätter um ihren Christus herum. Sie wollte Vimal nicht enttäuschen und war willens, sein Geschenk der Christusstatue zu Füßen zu legen, doch insgeheim konnte sie an dem Stein nichts finden, was ihre Begeisterung erweckte.

Gegen Ende einer Zeit voller Prüfungen mit Mahindra in Indien hatte Uma bei ihrem Schneider in Goa, der neben Stoffen und Kissenüberzügen auch einige Halbedelsteine verkaufte, einen ungewöhnlich schönen, grünblauen Labradorit gefunden und ihn sich als Anhänger für eine goldene Halskette einfassen lassen. Sie wusste, dass sie eine schwierige Hürde genommen, einen Berggipfel in ihrer inneren Entwicklung erklommen hatte, und betrachtete diese Kette als eine Art himmlisches Verdienstkreuz, dessen wahre Bedeutung nur Gott und Uma kannten. Oft sprachen Menschen in ihren Seminaren oder Vorträgen sie auf den Stein und seine starke Ausstrahlung an. Zuweilen versuchten Seminarteilnehmerinnen in Goa, sich eine ähnliche Kette machen zu lassen, denn man fand immer wieder einen besonderen Labradorit in Indien. Uma ließ sie gewähren. Aber in ihrem Inneren spürte sie, dass man sich eine solche Kette nicht machen lassen kann. Man musste sie sich verdienen. Doch je mehr sie sich Osho annäherte, umso seltener begann sie ihre Kette zu tragen, ohne die sie zuvor nie das Haus verlassen hatte. Immer öfter ließ Uma sie liegen – liebevoll eingebettet in ein indisches Holzkästchen –, zusammen mit ihrem irischen Ehering, der ebenfalls eine ungewöhnliche Geschichte besaß.

Unschlüssig betrachtete sie den Stein, den Vimal ihr gerade geschenkt hatte, auf ihrer Handfläche. Er schien aus Mamor zu sein, und seine Form erinnerte ein wenig an einen Tampon. Sie nahm an, dass es sich um einen Halbedelstein handelte. Höflich bedankte sie sich, doch ohne Enthusiasmus. »Ich dachte, du wüsstest ein wenig von Oshos Spirit in deinem Schlafzimmer zu schätzen«, sagte Vimal. Umas Herz begann zu klopfen. »Wie meinst du das? Was ist das denn für ein Stein?« »Es ist Osho-Mamor.« Nach Oshos Tod, so erklärte ihr Vimal, hatte man die Umfassung seines Bettes aus Mamor zerschlagen und, weil man annahm, dass sich die hohe Schwingung des Meisters in den Stein übertragen hatte, begonnen, die Stücke zu polieren und später als Schmuck zu verkaufen. Eine der Schmuckverkäuferinnen war Vimals ehemalige Freundin Kendra gewesen, und so war er in den Besitz dieses Stückes gekommen, dass aufgrund seiner etwas seltsamen Form nie verarbeitet worden war.

Uma hielt den stabförmigen kleinen Stein an ihr Herz gepresst und begann haltlos zu weinen. Sie hatte Osho lediglich um ein Foto gebeten, und hier schickte er ihr ein Stück Mamor von seinem Bett. »Das ist meine Mala«, flüsterte Uma unter Tränen. »Sobald ich ins Resort komme, lasse ich den Stein einfassen und zu einer Kette machen.« Der Meister hatte ihr eine Mala geschenkt, und er musste nicht einmal in seinem Körper sein, um sie Uma zukommen zu lassen.

In Indien war eine Mala eine schlichte Kette aus kleinen Sandelholzkugeln, die zum Rezitieren von Mantras benutzt wurden, ähnlich wie in der katholischen Kirche der Rosenkranz. Viele Gurus gaben ihren Schülern eine Mala als sichtbares Zeichen dafür, dass sie nun seine Schüler, sogenannte Sannyasins, waren. Vimals Mala aus den Siebzigerjahren war eine beeindruckend große und schwere Holzkette mit einem Anhänger, in dem sich ein Bild Oshos befand. Damals hängte Osho seinen Schülern noch selbst die Mala um den Hals und gab ihnen im Rahmen einer kleinen Zeremonie einen neuen Namen. Später verfügte Osho, die Malas abzunehmen – aber all das war Vergangenheit und besaß für Uma, die ihn um ein Zeichen gebeten hatte, keinerlei Bedeutung.

Im Frühsommer, ein drei Vierteljahr, nachdem Vimal und sie das erste Mal in Zürich zusammen gewesen waren, beschlossen Sebastian und Uma, sich zunächst räumlich zu trennen. Er wollte in die Wohnung ziehen, die einst ihr Büro gewesen war, sie würde mit ihrer jüngsten Tochter Helen in der neuen Dachterrassen-Wohnung bleiben. Es war bezeichnend für ihre Beziehung, dass sie diesen Entschluss gemeinsam fassten, dass sie zur gleichen Zeit, bei einem Gespräch am abendlichen Küchentisch, diese Lösung fanden. Sebastians Auszug sollte in den Sommerferien stattfinden, während Uma sich auf Korfu befand, um ihr Sommerseminar zu halten. Sie waren beide wie betäubt ob des Gewichtes dieser Entscheidung, aber auch erleichtert, als würde sich etwas klären.

Ach, sie steckten noch ganz am Anfang! Seit Uma mit Vimal Kontakt hielt, hatte Sebastian ein oder zwei Affären gehabt, aber sie waren erzwungen, auf einem Teppich aus

Trennungsschmerz geboren, und erhielten bald schon einen bitteren Nachgeschmack. In dieser Phase war Uma die »Böse«, die Mörderin ihrer Beziehung, und Sebastian kämpfte mit Verzweiflung, versteckter Wut und klaftertiefem Schmerz. Später würden sich die Rollen umkehren und Sebastian würde Uma verletzen, ihr die Freundschaft aufkündigen, sich kalt und gefühllos gebärden, wie es nie zuvor der Fall gewesen war zwischen ihnen.

Offiziell gab es keinen Grund, sich zu trennen. Weder waren sie müde von ihrer Beziehung, noch rieben sie sich aneinander auf, noch gab es sonst einen sichtbaren Konflikt. Allenfalls konnte man sagen, dass Uma mit Macht in eine andere Richtung trieb, als zöge eine unsichtbare Strömung sie fort von ihrem Meister Mahindra, von ihrem Mann Sebastian, weit hinaus aufs offene Meer.

Weder Osho noch Vimal konnten dafür verantwortlich gemacht werden, dass Uma den Kurs ihres Lebensschiffs so radikal änderte. Sie erschienen Uma eher wie exotische Inseln, die möglicherweise in der Ferne auf sie warteten. Letztlich war es allein ihre innere Stimme, der Ruf ihrer Seele, der sie zum Aufbruch drängte. Im Winter hatte Uma eine Vision gehabt, die sie zutiefst verstörte. Vor ihr befand sich eine Hängebrücke, die über ein Flusstal führte. Sie selbst war ein Vogel, der in einem goldenen Käfig saß, der auf der rechten Seite von ihrem Mann Sebastian und auf der linken von ihrem Meister Mahindra über die Brücke getragen wurde. Dieses Bild erschien ihr viele Male, wenn sie sich entspannte oder kurz vor dem Einschlafen.

Doch eines Tages, ohne dass sie das Geringste aus eigenem Willen daran änderte, entwickelte sich das Bild. Zu ihrer größten Verblüffung öffnete der Vogel die Käfigtür mit seinem eigenen Schnabel – an diese Möglichkeit hatte sie nie gedacht! – und flog auf das Dach des Käfigs. Hier sprach er sehr feierlich folgende Worte: »Jedes Wesen ist von seiner Natur her frei, und auch ich muss frei sein und fliegen können.

Wenn ich kommen und gehen darf und die Tür offen bleibt, kehre ich eines Tages zu euch zurück.«

In dieser Zeit musste sie sich an solche Zeichen halten, an Wegspuren und Schilde, die aus ihrem Inneren aufstiegen, die ihr niemand bestätigen konnte, die man allesamt als Einbildung oder geistige Verwirrung hätte abtun können. Und doch war dies ihr einziger Halt, ihre einzige Sicherheit, die Wegbiegung zu nehmen, die geradewegs ins Unbekannte führte.

Nachdem sie die räumliche Trennung beschlossen hatten, galt es, ihre jüngste Tochter Helen in die neueste Entwicklung einzuweihen. Uma entschied sich, eine Rederunde einzuberufen. Sie hatte oft Übungen aus ihren Seminaren in die Familie eingebracht. Eine der gewinnbringendsten war die »Rederunde« mit einem von ihnen allen gebastelten, indianisch angehauchten und mit Federn besetzten Redestab. Wann immer sie das Bedürfnis hatten, wurde eine Rederunde anberaumt, in der jedes Familienmitglied, das den Stab in der Hand hielt, seinem Herzen Luft machen durfte, während alle anderen still zuhörten. Die einzige Bedingung war, dass man nur über sich selbst sprechen durfte. Anschuldigungen und Kritik an anderen waren tabu. Was immer jemanden schmerzte oder bewegte, musste in der Ich-Form ausgedrückt werden.

Uma hatte die Rederunden immer als sehr heilsam empfunden. Gerade in den Jahren, als sich ihre älteste Tochter Lara in der Pubertät befand und Sebastian und Uma sich angesichts ihres Verhaltens ihnen gegenüber oft hilflos, verletzt oder wütend gefühlt hatten, wirkten die Rederunden Wunder. Mitgefühl, Offenheit, Verständnis füreinander wurden gestärkt, Missverständnisse und Unklarheiten ausgeräumt, ohne dass sie je direkt über einen aktuellen Konflikt kommunizierten. Es genügte allein, Einblick zu erhalten in die Gemüts- und Seelenlage eines anderen Familienmitglieds.

Als sie mit den Rederunden begannen, war Helen gerade erst acht Jahre alt. Für sie stellte es eine enorme Herausforderung dar, ihre Empfindungen in Worte zu fassen, daher mochte sie die Rederunden anfangs überhaupt nicht. Aber mit der Zeit gewöhnte sie sich daran, und langfristig halfen sie ihr, ihre Gefühle auch in anderen Situationen besser ausdrücken zu können. Jetzt stand sie kurz vor ihrem vierzehnten Geburtstag, und die Rederunden waren längst Teil ihrer Familiengeschichte.

Als Uma den Stab in die Hand nahm und, ohne etwas zu beschönigen, ihre Zuwendung zu einem anderen Mann beichtete, blieb Helen vollkommen ruhig. Sie fragte, warum sie nicht eher davon erfahren hatte, sie sah ein, dass die Verbindung zwischen zwei Menschen sich mit der Zeit verändern konnte, und auch, dass es ihren eigenen Eltern passiert war. Helen kannte Vimal aus Korfu, und als sie hörte, dass dies der neue Liebhaber ihrer Mutter sei, hellte sich ihr Gesicht auf. Sie war entzückt. Ein halbes Jahr später würde Helen Uma dazu drängen, mit ihr ins Osho Meditation Resort zu fahren. Und während sie in einer neuen dunkelroten Robe neben ihrer Mutter die Wege im Resort abschritt, würde sie spontan ausrufen: »Hier möchte ich leben!«

Es schien irgendeine geheime Verbindung zwischen Osho, Vimal und ihrer jüngsten Tochter Helen zu geben, die sich niemand erklären konnte. Wann immer Helen Vimal begegnete, umarmte sie ihn in jener langen, einfühlsamen Umarmung, die unter Sannyasins üblich war, wie einen alten Liebhaber, den sie nach vielen Leben in einer neuen Verkleidung wiedergefunden hatte. In späteren Jahren wünschte sich Helen einen Osho-Mamor in Herzform als Anhänger für ihre Kette und klebte Bilder des Meisters an ihren Schrank. Man hätte meinen können, dass sie einfach nur Umas Vorbild nacheiferte und alles tat, um ihr ähnlich zu sein. Doch Uma war sich da nicht so sicher. Ihre Tochter Helen, das wusste sie, war eine alte, sehr weise Seele, die zu ihr gekommen war wie ein Geschenk. Ihre unschuldige, zärtliche Zuwendung zu Vimal und später auch zu Osho und dem Meditation Resort schienen einen tieferen Grund zu haben – der sich ihnen vielleicht nie ganz erschließen würde.

Lara, die erst ein paar Monate später aus Südafrika zurückkehrte und jäh mit der Trennung konfrontiert wurde, litt mehr als Helen unter dem Ende ihrer heilen Familienwelt. Aber Umas Älteste befand sich bereits im Feuersturm der jungen Erwachsenen, die bereit sind, Haus und Familie zu verlassen und ihr eigenes Leben zu beginnen. Es gelang Uma nur noch selten, sie liebevoll zu umfangen, zu halten und ein paar innige Minuten mit ihr zu verbringen. Lara war immer im Aufbruch, in Eile, ungebärdig, ungeduldig, selten zuhause, nächtelang wach oder unterwegs, als umfange die Wohnung und ihre Bewohner sie mit Schlingen, von denen sie sich befreien müsse, um ihr Eigenes zu finden.

Uma verstand, und dennoch nagte der Schmerz an ihrer Brust. Lara war ihr erster Guru und ihre erste große Liebe. Als sie ihr im Kreissaal zum ersten Mal in die riesengroßen blauen Augen schaute, verlor sie ihr Herz an dieses Geschöpf. Nie zuvor hatte sie so eine Liebe erfahren, so anders als die Liebe zu einem Mann, einer Freundin, zu ihren Eltern oder ihrer Schwester. Diese Liebe war umfassend und bedingungslos, sie erfüllte Uma mit höchster Freude, aber auch mit größter Sorge um das Wohl und Wehe dieses Wesens. Damals im Kreissaal ahnte Uma noch nicht, dass sie zwanzig Jahre später diesen Liebhaber, unter höchsten Schmerzen erkämpft und mit größter Sorgfalt und Liebe umhegt, ziehen lassen musste. Dass er sie verlassen würde, fortstürmend in einer Feuerwalze aus Lebensgier, ohne sich groß umzudrehen, ohne allzuviel Emotion oder Gefühle.

»Mütterchen«, sagte Lara oft, und dabei wurde Uma ein wenig belächelt, als sei sie bereits alt und nicht mehr ganz auf der Höhe der Zeit. Mütterchen. In ihrer nun als übertrieben empfundenen, fast lästigen Liebe, Einmischung und Fürsorge stand sie nur noch im Weg, sollte weichen. Ah, die Mutterliebe, sie brach Uma das Herz. Und doch musste sie lernen loszulassen und ihr Kind, diesen großen Liebhaber, zurückzugeben an Gott, das Leben, das Universum, den Sternenhimmel, aus dem es ihr auch zugekommen war. So wie man letztlich alles wieder zurückzugeben hatte, seinen Körper, seine Geschichte und Erinnerungen, seine Talente und Gaben, seine materiellen Errungenschaften, alles war nur geborgt, eine Gabe auf Zeit. All das würde noch über Uma hinwegrollen und sich mit all den anderen Veränderungen zu einer allumfassenden Lebenskrise vermengen.

Der Sommer kam. Der Tag ihres Abfluges nach Korfu brach an. Am Abend würde Sebastian sie zum Flughafen bringen. Der letzte gemeinsame Tag des Zusammenlebens in einer Wohnung unter einem Dach nach sechzehn Jahren inniger Gemeinschaft.

Ihre Liebe war immer noch präsent, erfüllte die Winkel der Wohnung wie ein vertrauter Duft. Sie hatten beide seit jeher ein gutes Gespür für wichtige Momente, für Augenblicke, die gewürdigt werden mussten, für Rituale, Zeichen und Symbole. Mit gekreuzten Beinen saßen sie einander auf Umas Bett im Schlafzimmer gegenüber. Wie das feiern? Wie dies in Worte fassen? Das Glück der Vergangenheit, die unendliche Trauer des Abschieds, die Bedeutung des gegenwärtigen Moments? Es schien unmöglich zu sein. Sie weinten. Sie hielten sich an den Händen. Sie umarmten einander. Sie würdigten das Geschenk ihrer Beziehung. Was für ein großes Geschenk! Sie blickten zurück auf dieses große Stück gemeinsame Zeit mit Ehrfucht, mit Wehmut, mit blutendem Herz, als hätten sie, die einander nie wehtaten, sich versehentlich aneinander geschnitten.

Uma war weniger schwer verletzt als Sebastian. Noch befand sie sich im Aufbruch, in der Veränderung, im Sprung nach vorn. Das Flugzeug trug sie durch die hereinbrechende Sommernacht auf die griechischen Inseln, ihrem neuen Lover entgegen. Sie fühlte sich dreißig Jahre jünger, fiebrig, verwegen, als hätte sie nie eine Ehe, eine Familie, einen Meister gehabt. Keine Eingebung flüsterte Uma zu, dass sie sich im Direktflug auf ihren ersten großen Absturz zubewegte.

4

Vimal hatte ein griechisches Bauernhaus mitten in einem Olivenhain für sie gefunden. Auf den ersten Blick wirkte es wildromantisch. Zwei kleine, weißgetünchte Häuser, verbunden durch einen Garten, der überschattet wurde von einer Pergola aus dicht rankendem, wilden Wein. Postkarten-Idylle! In dem einen Haus befanden sich die Küche und eine Abstellkammer, die sie nicht benutzten. Das andere war ihr Schlafzimmer, das nur aus einem großen Raum bestand, mit einem geölten Holzfußboden und einem alten Dach aus Holzbalken mit Hohlräumen, durch die in der Nacht die Ratten trappelten und einen Höllenlärm veranstalteten. Sie schliefen auf einem Futon am Boden, das Himmelszelt ihres Mosquitonetzes über sich, das Uma ein Gefühl von Geborgenheit vermittelte, welches sich bald schon als illusorisch erwies. Das Badezimmer »im Bali-Stil«, wie Vimal es nannte, war eine Dusche im Freien. Die Toilette, ein winziger eingemauerter Raum am Ende des Grundstücks, wurde von finsteren, dicken Spinnen besetzt. Um sie herum erhob sich ein uralter Olivenhain, hexenhaft schön, gebogene Äste mit schattenspenden Kronen, über die in der Nacht die Eule flog, deren Ruf sie ganz in ihrer Nähe vernahmen.

Ihr Haus besaß kein Telefon, keine Elektrizität, sie kochten auf Gas, zündeten Kerzen an, wenn es dunkel wurde, und benutzten eine Taschenlampe, um abends zu duschen oder nachts auf die Toilette zu gehen. In einer anderen Phase ihres Lebens hätte die Umgebung abenteuerlich und romantisch auf Uma gewirkt, aber jetzt spiegelte sie ihr nur die existentielle Unsicherheit wider, in der sie sich befand: seelisch, emotional, finanziell und körperlich.

Die Trennung von Sebastian saß ihr in den Knochen, sie vermisste ihre Kinder, sie fühlte sich Vimal ausgeliefert, der sich hier auf Korfu, in seinem eigenen Terrain als ein Mann entpuppte, den sie so noch nicht kennen gelernt hatte. Härter, rauer, kritischer, launischer, unnachsichtiger. Von Anfang an war er der Herr im Haus, und Uma versuchte, es ihm irgendwie rechtzumachen, ihm zu gefallen und ihn bei Laune zu halten. Später erschien es ihr, als sei bei ihrem ersten gemeinsamen Aufenthalt auf Korfu eine Art böser Geist in Vimal gefahren und habe ihr alle seine Schwachpunkte gleichzeitig und geballt präsentiert. Und natürlich behauptete er das Gleiche von ihr.

In jedem Fall fühlte sie sich in jeder erdenklichen Situation, die sie miteinander erlebten, als die Schwächere, die Unterlegene, und sie begann um ihr Überleben zu kämpfen wie eine Katze, die unversehens in kaltes Wasser geworfen wird. Vimal, der viel mehr redete als Sebastian, erzählte ihr endlose Geschichten aus dem Resort. Am Anfang war sie voller Neugierde und Interesse, aber im Laufe der Wochen erlahmte die Freudigkeit ihres Zuhörens. Sie erfuhr die Lebensgeschichte von Sannyasins, deren Namen sie sich nicht merken konnte, sie hörte von jeder Phase in Oshos Sein, Geschichten rankten sich an- und umeinander, ungeschriebene Romane ragten vor ihr auf, Buchkapitel hängten sich endlos aneinander, bis sie müde, überfordert, unlustig wurde. Sie hatte den Eindruck, sich nur noch in einer fremden Vergangenheit zu bewegen, die bunt und bewegend war, ihr aber irgendwann starr erschien, als erzähle ihr jemand jeden Morgen neue Kriegsgeschichten aus einer fernen Zeit, die nichts mit ihr zu tun hatte.

Und doch wagte Uma nicht, ihm Einhalt zu gebieten, ließ Vimal gewähren, irgendwie verzaubert und betäubt von seiner ungebärdigen Energie, seiner strotzenden Lebenskraft, seinem wilden Ziegenbock-Wesen. Alles an ihm überforderte sie: Er wollte beständig etwas von ihr, und so sehr sie sich auch bemühte, was immer sie tat, ganz gleich, wie sie sich verhielt, es war nie richtig. Sie war ein Konglomerat an Unzulänglichkeiten. Das war vollkommen neu für Uma. Sie hatte Sebastians Erwartungen nicht nur immer genügt, sie hatte sie sogar übertroffen. Immer war sie seine Göttin gewesen, die er auf Händen trug. Sie konnte nichts verkehrt machen. Mit Vimal stürzte sie nicht nur von ihrem Göttinnen-Podest, sie fiel förmlich in einen Abgrund.

Nie umarmte sie ihn lange oder innig genug. Wann immer sie sich von ihm löste, war es zu früh, sie waren nicht wirklich verbunden, »connected«, ein Lieblingswort der Sannyas-Szene, das sie zu fürchten begann. Vimal stürzte sich auf Uma wie auf einen süßen Nachtisch. Sie aber hätte Distanz, Zeit und langsame Annäherung gebraucht. Doch all dies war ihr selbst nicht bewusst. Nachts im Schlaf griff er nach ihr, und wenn sie erschrocken auffuhr und sich zurückzog, stellte er sie zur Rede. Umas Grenzen wurden ständig verletzt, und doch ließ sie es zu, denn sie fürchtete sich vor seinen starken Reaktionen, wenn sie versuchte, ihren eigenen Raum zu wahren.

Ein Nichts konnte seine Stimmung umschlagen lassen, und Vimal war missgestimmt und verletzend. Manchmal blaffte er sie unversehens an oder schimpfte sie aus wie ein kleines Kind. Seit Jahrzehnten hatte niemand mehr so mit ihr gesprochen. Sie bewegten sich in einem Minenfeld von schwelenden Konflikten.

Es dauerte Jahre schmerzhaften Lernens, bis Uma erkannte, dass Vimal für sie ein Spiegel war, in dem sie Teile von sich sah, die sie nie zuvor wahrgenommen hatte. Da war das kleine Mädchen, das gefallen wollte. Gefallen zu wollen gehörte zu einer ihrer wichtigsten Überlebensstrategien.

Uma hatte einen sehr machtvollen, autoritären, durchaus charismatischen Vater. Er war unumstritten »Il Patrone«, der Boss, und alle männlichen Mitglieder der Großfamilie, insbesondere die Ehemänner der Schwestern ihrer Mutter, achteten ihn als Anführer des Rudels. Als kleines Mädchen schien es ihr eine ihrer wichtigsten Aufgaben zu sein, die Liebe ihres Vaters zu erringen, und der einzige Weg dahin war anscheinend, so süß, so hübsch, so verführerisch wie möglich zu sein. Umas Vater, das erkannte sie spätestens mit dreieinhalb, war empfänglich für weibliche Schönheit, für Zärtlichkeit und Charme. Obwohl er die Frauen liebte, oder vielleicht auch nur ihre körperliche Nähe und den Sex, verachtete er sie auch, er war ein Macho der alten Schule, der ihre Mutter immer wieder betrog. Tagsüber war er abwesend und beschäftigt, ein zäher, harter, willensstarker Selfmade-Businessman, der dabei war, sich ein kleines Imperium aufzubauen. Nachts aber verwandelte er sich in einen Lebemann, jovial, gutgelaunt, einer, der Sekt und Zigaretten, attraktive Frauen und schnulzige Schlager mochte. Nie wäre es Uma eingefallen, ihn herauszufordern und seine Autorität in Frage zu stellen – selbst seine Angestellten zitterten vor der Wut und der Macht ihres Vaters.

Rückblickend war ihre Beziehung zu ihrem Vater nicht von Liebe, sondern von einer tiefen, beinahe existentiellen Angst geprägt. Ihre Mutter hatte sich ein zweites Kind gewünscht und war gegen seinen Willen mit Uma schwanger geworden. Wochenlang hatte ihr Vater versucht, Umas Mutter zu einer Abtreibung zu zwingen, aber sie blieb stur und stand die Schwangerschaft mit ihr durch, obschon ihr Vater sie in der gesamten Zeit links liegen ließ. Als ihr Bauch wuchs, weigerte er sich, mit ihr auszugehen und sich in der Öffentlichkeit zu zeigen, und zog stattdessen allein los. Uma nahm an, dass er auch in dieser Zeit ihre Mutter betrog. All dies beeinflusste Uma bis auf die Zellebene. Die Überzeugungen, die sich ihr einbrannten, unbewusst wirkten und später ihr Leben lenken würden, lauteten in etwa: »Ich werde nicht gewollt«, »Ich gehöre nicht dazu«, »Ich habe keinen Platz«.

Umas Bemühungen, ihrem Vater und später den Männern überhaupt zu gefallen, gründeten sich auf die Urangst, einfach ausgelöscht zu werden, wenn sie es nicht verstand, sich ihren Platz durch Charme, gutes Aussehen, Gefälligkeit und Ja-Sagen zu sichern.

Und nun wandte sie die gleiche Strategie bei Vimal wieder an. Obwohl beide nicht unterschiedlicher hätten sein können, ihr Vater durch und durch Kaufmann, realistisch, materiell, gottfern, Vimal dagegen gesotten in der Sannyas-Szene, ein nimmermüder Pilger zur Erleuchtung, gab es auf rein energetischer Ebene durchaus Ähnlichkeiten zwischen ihnen. Beide waren männlich, herrisch, mächtig, ihr anscheinend überlegen und dabei hungrig nach Körperlichkeit, Zärtlichkeit, Sex. Diese männliche Energie war ihr aus ihrer Kindheit zutiefst vertraut, und sie sehnte sich danach, denn ihr Vater hatte oft mit ihr geschmust. Doch schon als Teenager hatte Uma gelernt, genau dieser Art Mann aus dem Weg zu gehen. Solange sie denken konnte, hatte sie sich immer für »weiche« Männer entschieden. Wie jede Frau war sie für die Anziehungskraft eines »testosterongesteuerten Alpha-Männchens« durchaus empfänglich, aber im Ernstfall wandte sie sich immer jenen Männern zu, vor denen sie keine Angst zu haben brauchte. Männer, die sie liebten, verehrten und bewunderten – und nicht umgekehrt.

Mit Vimal war Uma zum ersten Mal in ihrem Liebesleben ein Risiko eingegangen, hatte sich auf einen Mann eingelassen, der dem energetischen Muster ihres Vaters ähnlich war, und die Bomben explodierten bereits in ihrem ersten gemeinsamen Sommer auf Korfu. Nächtelang lag sie wach und lauschte dem Ruf der Eule. Was hatte sie getan? Wie hatte sie ihren sanften, liebevollen, sie stets unterstützenden Sebastian für diesen Mann verlassen können? Einen Mann, mit dem sie wie auf Dynamit lebte. Und wo war Osho eigentlich? Durch Vimals Erzählungen rückte er immer weiter in die Ferne, wie eine Figur aus der Vergangenheit, ein Jimi Hendrix der spirituellen Szene, längst tot. In der Vergangenheit konnte sie Osho nicht finden. Zudem vermisste Uma ihre Kinder, ihre Familie, ihr Leben im Jetzt. Lara kehrte in diesen Tagen von ihrem Auslandsjahr in Südafrika zurück, und sie war nicht zuhause.

Allerdings musste sie auch arbeiten. In diesem Sommer, als wolle das Schicksal sie auf die Probe stellen, war die Gruppe ihrer Seminarteilnehmer größer als sonst. Von ihren Seminaren über die »Weisheit des Herzens« fühlten sich oft Frauen angezogen, und auch in diesem Jahr hatte sie eine rein weibliche Gruppe.

Umas Zusammenbruch erfolgte mit beeindruckender Symbolik am »Venus-Tag«. Dieser Tag in ihrem Korfu-Seminar war immer ein besonderer Tag der Sinnlichkeit und des Spiels, den sie gemeinsam am Strand verbrachten. Die Felsen an ihrem »Haus«-Strand waren mit einer grauen, tonartigen Erde bedeckt, die als heilsam galt. Man brach ein Stück von dem grauen Lehm aus dem Felsen und vermischte es in einer Schale mit Meerwasser und Massage-Öl, bis daraus eine streichbare, weiche, duftende Schlammpaste entstand. Aus all den Jahren Seminarerfahrung in Korfu wusste Uma, dass der Venus-Tag immer auch Verkrustungen im Inneren aufbrach, einen frischen Wind ins Seminar trug, die Seele weit machte. Der Magier, der all dies zustande brachte, war allein die Natur.

Und sie ließ Uma auch diesmal nicht im Stich: Der Wind, die Sonne, der Strand, das Meer, die schroffen Felsen um sie herum öffneten ihnen das Herz.

Es war ein heißer Tag, aber jetzt am späten Morgen ging noch ein wenig Wind, und das Wasser war erstaunlich kühl. Wie immer leitete Uma die Frauen an, sich nackt auszuziehen und sich gegenseitig liebevoll mit der Heilpaste zu bestreichen. Manche Frauen kämpften mit Scham und inneren Widerständen, aber Uma wusste, dass sie das Spiel immer gewann. Die Natur war ihr Verbündeter. Ihre Teilnehmerinnen wurden zu Kindern, versunken ins Spiel, mit beiden Händen im grünen, schmatzenden Matsch wühlend, nackt, unschuldig, wild, natürlich. Alle Probleme, Einengungen, Identifikationen schienen in diesem Augenblick unwirklich zu sein, bedeutungslos.

Uma blickte über das Wasser, wo acht nackte Frauenpaare sich liebevoll die trocken gewordene Schlammkruste im Meerwasser abwuschen. Für einen Moment wirkte es, als habe man ein türkisches Hamam ins Freie versetzt. Es herrschte ein Einvernehmen, eine weibliche Zärtlichkeit, aber auch Kraft und Solidarität, die Uma bewegte.

Von Anfang an hatte sie es geliebt, mit Frauen zu arbeiten. Als Kind war sie fast nur von Frauen umgeben gewesen. Ihre Großmutter, ihre Mutter, ihre Schwester und die vielen Tanten bildeten ein weibliches Umfeld, in dem sie sich sicher und geborgen fühlte. Die Gespräche, die sie umspülten wie warmes Wasser, ohne wirklich in ihr kindliches Bewusstsein zu dringen, betrafen ausnahmslos weibliche Themen: Geburten, Ehen, Backrezepte, Festivitäten wie silberne Hochzeiten, runde Geburtstage, Beerdigungen, aber auch tragische Unfälle, Scheidungen, Tod und, geflüstert, auch Geheimnisvolles, schwer Verständliches, Impotenz, Kinderlosigkeit und Vergewaltigungen im Krieg.

Von all den weiblichen Kräften, die sie umhegten, fühlte Uma sich ihrer Großmutter am meisten verbunden. Sie war ihre wichtigste Quelle für Liebe und Anerkennung. Ihre kleine Wohnung erschien Uma wie ein sicherer Hafen, in dem sie Schutz und Ruhe fand. Ihre geliebte Omi vermittelte ihr das Gefühl, so geliebt zu werden wie sie war, ohne Bedingungen. In ihrem Elternhaus herrschten die mächtige Kraft ihres Vaters und der scharfe, kritische Geist ihrer Mutter. Zwischen diesen beiden gelang es ihr nicht, ein sicheres Gefühl für ihren eigenen Wert zu entwickeln. Ihre Großmutter dagegen erfreute sich an ihrem *Dasein*, an ihrer bloßen Anwesenheit. Sie musste nichts dafür tun, keine besonderen Qualitäten entwickeln. Großmutters Liebe war sicher.

In genau jenen Stunden, die Uma mit ihren Frauen beim Venus-Tag am Strand verbrachte, starb ihre hundertjährige Großmutter. Uma hätte gern behauptet, dass sie es gewusst oder gespürt hätte, aber dem war nicht so. Allerdings wies sie eine der Teilnehmerinnen, die nach dem Heilerde-Ritual gemeinsam mit ihr vom Strand nach Hause gehen wollte, barsch ab. Sie brauche Zeit für sich und müsse jetzt unbedingt allein sein. Während ihre Großmutter endgültig ihren Körper verließ, wanderte Uma am Strand entlang, versunken in Gedanken, nicht gewahr des ewigen Spiels der Wellen, die sich aus dem Meer erhoben, ihr kurzes schaumgekröntes Leben führten, um sich dann wieder im Ozean zu verlieren.

Uma erfuhr es erst drei Tagen später, da die Familie zu beschäftigt war oder nicht daran gedacht hatte, sie zu informieren. Seit vielen Jahren hoffte die engere Familie auf den Tod ihrer Großmutter – denn die Pflege der demenzkranken, völlig hilflosen alten Frau hatte ihre Mutter und ihre drei Schwestern viel Kraft gekostet und im familiären Gefüge endlose Reibereien verursacht. Magischerweise konnten sich noch während des Sterbeprozesses alle Schwestern und engeren Familienmitglieder bei ihr einfinden, denn sie war und blieb die Königinmutter, der Mittelpunkt der Familie. Nur Uma war nicht dabei! Über Jahre nahm sie es ihrer Großmutter beinahe übel, die Erde zu einem Zeitpunkt verlassen zu haben, da sie nicht bei ihr sein konnte.

Am Abend des Todestages ihrer Großmutter, von dem sie zu diesem Zeitpunkt noch nichts ahnte, brach Uma weinend vor Unterleibsschmerzen und mit hohem Fieber zusammen. Sie hatte wie aus dem Nichts eine schwere Blasenentzündung bekommen, die sich bereits auf die Nieren ausweitete. Vimal musste das Abendprogramm in ihrer Gruppe übernehmen, und die letzten zwei Tage des Seminars hielt sie nur noch mit einer massiven Gabe von Schmerztabletten und Antibiotika durch.

Als Uma drei Tage später vom Tod ihrer Großmutter erfuhr, setzte sie sich unter einen der großen Olivenbäume in ihrem Garten. Sie war berührt, dass ihre Großmutter genau diesen Moment gewählt hatte, um zu gehen. Einen Zeitpunkt, an dem Umas Leben komplett aus den Fugen geraten war. Sie konnte nicht wirklich trauern, denn die Person ihrer Großmutter, die sie so sehr geliebt hatte, war ihr durch ihre schwere Demenzerkrankung schon lange entglitten. Und doch, jetzt, da sie ihre physische Hülle endgültig verlassen hatte, leuchtete noch einmal die Erinnerung an ihr wahres Wesen auf, an die himmelblauen Augen, wach und voller Lebenslust, an ihre Bereitschaft zu helfen, zu lachen, an ihre Liebe zum Reisen, zu Kindern, zur Familie, an ihr ganzes warmes, positives und großzügiges Wesen.

Uma schloss die Augen und versuchte eine Verbindung mit ihr herzustellen. Schon oft war ihr so etwas gelungen, die Hinübergegangenen hatten ihr Zeichen hinterlassen, Nachrichten überbracht, manchmal in ungewöhnlich kreativer Form. Dieses Mal war die Verbindung jedoch blass, weit entfernt.

Sie sah ein Bild von ihrer Großmutter auf einem riesigen Ozeandampfer. Sie winkte ihr von der Reling aus mit einem Taschentuch zu wie in einer Filmszene. Das Schiff legte ab und entfernte sich, während Uma im Hafen zurückblieb. Danach sah und hörte sie nichts mehr von ihr. Sie bat sie um ein Zeichen, erwartete, ihr in einem ihrer Träume zu begegnen, doch nichts geschah. Obwohl sie ihre Mutter und ihre Tanten mehrfach um ein kleines Andenken von ihrer

Großmutter bat, ein Schmuckstück, eine Brosche, irgendetwas, das sie getragen hatte und das ihre Schwingung enthielt, wurde ihr kleines Erbe verteilt, ohne dass Uma etwas bekam. Schon immer hatte sie geglaubt, dass etwas, das zu ihr kommen sollte, seinen Weg auch fände, manchmal über Umwege und unter merkwürdigen Umständen. Und so fügte sie sich in das Nichtbekommen, das Loslassen, bereits ahnend, dass dies für sie die Zeichen der nun anbrechenden Zeit sein würden.

Erst viele Jahre später am Ende jenes tiefgreifenden Prozesses, der zu diesem Zeitpunkt gerade erst begann, träumte Uma zum ersten Mal wieder von ihrer Großmutter. Im Traum setzte sie sich auf ihren Schoß, wie ein kleines Mädchen, obwohl sie eine erwachsene Frau war. Sie spürte, wie eine starke Energie vom Schoß ihrer Großmutter in ihren eigenen überging. Uma sagte zu ihr: »Du hast mich immer willkommen geheißen.« In einer späteren Szene dieses Traumes nahm sie ihre Großmutter Huckepack und zeigte ihr ein Dorf in Indien. »Sieh mal, Großmutter«, wiederholte sie wieder und wieder. »Weißt du, wo du bist? Du bist in Indien!«

Manchmal fragte Uma die Teilnehmer in ihren Seminaren, was in diesem Leben ihre Segnungen seien. Einige hatten Probleme mit dieser Frage. »Was ist denn eine Segnung?«, wollten sie wissen. »Nun, es ist ganz einfach etwas, was man auch im Nachhinein als eine Unterstützung, ein göttliches Geschenk für sein Leben empfindet«, sagte Uma dann.

Ihre Großmutter, das wusste Uma, war eine der großen Segnungen in ihrem Leben. Sie schloss die Augen und sah den Wohnzimmerschrank vor sich, in dem ihre Großmutter die Mokkatassen aufbewahrt hatte. »Geh, meine Kleine, schau mal, ob du irgendetwas für dich dort drinnen findest.« Dieser Satz war ein wichtiger Teil ihres gemeinsamen Rituals bei Umas Besuchen gewesen. Uma drehte den Schlüssel um, und die Tür öffnete sich mit einem vertrauten Knarren. Im Inneren befanden sich Kristallschüsseln und Gläser, bunte Plastikspieße, Eiscremeschirmchen und Servietten sowie Salzstangen, Erdnüsse und diverse Likörflaschen. Der Schrank besaß einen ganz besonderen Geruch, eine Mischung aus Holzpolitur und Eierlikör, aus Schokoladenpralinen und Chips, aus Staub und Sonne und Vergangenheit. Dort bewahrte ihre Großmutter auch die Schokolade für Uma auf, nicht irgendeine, sondern immer eine teuere, besondere, aus dem Fachgeschäft in der Innenstadt, die sie extra für die Enkelin besorgt hatte. Und dann saßen sie zusammen, tranken Kaffee, schwarz und stark wie Gift, schnuckerten Süßigkeiten und plauderten über dies und jenes. Der Inhalt war ohne Belang, denn es ging nur darum, zusammen zu sein und einander zu genießen. In der Zeit ihrer großen Verluste sehnte sich Uma nach ihrer Großmutter wie ein Kind. Doch nun wanderte die Ahnin durch ferne Gefilde. Manchmal strahlte sie über ihr wie ein Stern vom Himmel. Oder sie umfing sie in der Nacht und durchdrang den Schleier von Umas Schlaf mit ihrer Güte. Würden sie sich jemals wiedersehen? Mahindra behauptete stets, dass man all seine Liebsten wiederträfe – »auf der anderen Seite des Berges«.

Die nun folgende Zeit auf Korfu blieb überschattet von ihrer Blasenentzündung, die trotz Antibiotika nicht ausheilen wollte – und den Konflikten zwischen Vimal und ihr. Uma hatte begonnen, Vimals Launen, sein ganzes ungebärdiges Wesen zu fürchten. In ihrer Beziehung zu Sebastian war sie diejenige gewesen, welche die Gefühle ausdrückte, während er für Ruhe und Kontrolle sorgte. Diese Rollenverteilung klappte mit Vimal überhaupt nicht. Er lebte seine Gefühle voll aus, lachte, weinte, geriet in Wut, machte heiße Liebeserklärungen, schrie, fluchte oder flippte aus – und genoss es. Doch das machte Uma nervös. Sie hatte das Gefühl, sich neben ihm nie ganz entspannen zu können. Es kam ihr vor, als sei sie plötzlich auf ein hochtouriges Auto umgestiegen, von einem verlässlichen Jeep auf einen kapriziösen Ferrari. Sebastian war immer ihr Fels in der Brandung gewesen. Vimal hingegen erschien ihr wie ein leichtes Segelboot, dessen komplizierte Technik sie nicht verstand.

Oft war er einfach nur ungerecht. Sie fühlte sich dann hilflos und unverstanden wie ein Kind. Einmal entschloss sie sich, ihm eine Freude zu machen und etwas Besonderes für ihn zu kochen, aber da sie nur zwei Kochplatten besaßen, dauerte das Essen ein wenig länger. Vimal wurde sehr ärgerlich mit ihr, weil sie zu einem gemeinsamen Filmabend bei Freunden eingeladen waren, und er fürchtete, sie würden sich verspäten. Wortlos schlang er das Essen in sich hinein, sie selbst brachte kaum einen Bissen hinunter. Bei ihren Freunden hatte die Gastgeberin einen simplen Nachtisch zubereitet, und den lobte Vimal unzählige Male über den grünen Klee. Uma hingegen hatte er nur ausgeschimpft. Sie machte alles verkehrt.

Jeden Tag ergaben sich neue Streitigkeiten. Uma versuchte, ihn mit viel Sex bei Laune zu halten, was ihrer Blase schlecht bekam, und mit Nachgiebigkeit, in der irrigen Hoffnung, auf diese Art Frieden und Harmonie zwischen ihnen zu erschaffen. Doch das funktionierte nicht. Tatsache war, dass sie Angst vor ihm hatte, ohne es sich wirklich eingestehen zu wollen.

Was war aus der starken Frau geworden, für die sie sich immer gehalten hatte? Neben ihm war sie zu einem kleinen Mädchen geschrumpft, ein blasses, dünnes Ding, das zu oft »Ja« sagte und nicht wirklich zu ihrem Körper, ihrer Seele, ihren Bedürfnissen stand. Sie hatte den perfekten Vaterersatz gefunden!

An einem Abend, an dem sie wieder einmal gestritten hatten, überredete Vimal Uma zu seinem Lieblingsspaziergang. Es war ein Felsweg, hoch über dem Meer, von dem aus man die ganze Bucht überblicken konnte, die zu ihrem Strand gehörte. Über ihnen spannte sich der Sternenhimmel. Immer wieder blieben sie am Rand der steil abfallenden Felsen stehen, um auf das tief unter ihnen liegende Meer zu schauen. Der Mond zeichnete eine silberweiße Lichtstraße auf die dunkle Oberfläche des Wassers. Das Himmelsgestirn über ihnen, die sich ausdehnende Dunkelheit des Meeres jenseits der Mondstraße unter ihnen erzeugten in Uma nicht wie sonst eine Empfindung von Glück und Ausdehnung, sondern ein Gefühl von abgrundtiefer Verlorenheit. Ihre Kinder und Sebastian waren irgendwo da draußen auf der anderen Seite der dunklen Wasser. Ihren Meister hatte sie verlassen. Osho war für sie nicht greifbar. Vimal erschien ihr unkontrollierbar, gefährlich. Nicht einmal auf ihren Körper konnte sie sich mehr verlassen. Ihre beständig schwelende Blasenentzündung vermittelte ihr ein Gefühl von brennender Schärfe, Unrast und Nervosität.

Während Vimal über die Schönheit des Ausblicks schwärmte und sie fest im Arm hielt, blickte Uma die steile Felswand hinab und dachte: »Am liebsten möchte ich mich jetzt sofort hier hinunterstürzen. Es wäre ganz leicht. Es ginge ganz schnell.« Der Gedanke erschreckte sie. Schon lange hatte sie nicht mehr mit dem Gedanken gespielt, sich umzubringen. In ihrer ersten harten Lehrzeit mit ihrem Meister Mahindra tauchten öfter Todessehnsüchte in ihr auf. Sie fühlte sich derart müde von der ständigen Arbeit an sich selbst, dass sie sich wünschte zu sterben – einfach nur um endlich ihre Ruhe zu haben. Damals war es tiefe Erschöpfung gewesen, die sie zu solchen Gedanken trieb. Diesmal verblüffte Uma das Scharfe, Gewaltsame, Radikale ihrer Empfindung. Monatelang sollte sie nun vor ihrem inneren Auge immer wieder das Bild einer Frau sehen, die unaufhaltsam einen tiefen Abgrund hinabstürzte. Es wurde für sie zum Sinnbild der nächsten Zeit, der folgenden Jahre. Erst viel später erkannte Uma, dass es Osho war, der sie von der Klippe stieß, um ihr zu beweisen, dass sie fliegen konnte. Doch falls sie solche Fähigkeiten besaß, war sie sich dessen nicht bewusst. Im Moment befand sie sich einfach nur im Schock.

Nach diesem Abend sehnte Uma nur noch den Termin ihres Abflugs herbei. Sie wollte nach Hause, sich verkriechen, ihre Wunden lecken, ihre Entzündung ausheilen und so viel räumlichen Abstand wie möglich zwischen sich und Vimal bringen. Mehrmals erwog sie, zu Sebastian zurückzukehren, ihr altes Leben wieder aufzunehmen, aber in ihrem Inneren spürte sie, dass dies nicht möglich war. Uma hatte sich mit ihrem ganzen Herzen etwas Größerem verschrieben, das sie nicht einmal recht benennen konnte.

War es der Weg zu Osho, der sie zwang, die alten ausgetretenen sicheren Pfade zu verlassen und nie wieder dorthin zurückzukehren? Osho sagte:

Wenn deine Suche nicht von großer Leidenschaft geprägt ist, von gewaltiger Hingabe, von äußerster Verbundenheit, dann wird es dir nicht gelingen, die Geheimnisse deines Seins zu ergründen – weil dazu viel Arbeit erledigt werden muss. Die neugierige Person kann so viel Arbeit nicht leisten. Neugier allein reicht nicht aus, ihre Energie ist zu gering, zu klein. Nur die aufrichtige Leidenschaft zu wissen kann dir über all die Schwierigkeiten hinweghelfen, die dazu erforderlich sind. Du wirst bergan gehen müssen. (6)

Wochen, bevor sie Vimal traf, hatte sie von ihrer besten Freundin Alima ein Gebet bekommen. Es hieß *Das Gebet des Jabez*[3] und bestand nur aus drei Sätzen:

Segne, o segne mich, Herr.
Erweitere mein Gebiet.
Lass deine Hand bei mir sein und halte Unglück und Schmerz von mir fern.

Eine Zeit lang widmete sie sich diesem Gebet, wobei ihr besonders die Zeile »Erweitere mein Gebiet« gefiel. Viele Monate später, als Umas altes Leben wie ein vertrockneter Pilz zu Staub zerfiel, kam ihr das Gebet wieder in den Sinn, und sie fragte sich, ob die Worte des Jabez, mit Inbrunst gesprochen, nicht wirklich gefährlich seien – ganz im Sinne von Osho:

Love. Nichts im Leben ist sicher – außer dem Tod.
Ansonsten ist Leben nur ein anderes Wort für Unsicherheit. (7)

Als sie endlich in ihr bekanntes Zuhause zurückkehrte, war nichts wie früher. Sebastian, der sie vom Flughafen abgeholt hatte, setzte Uma mit ihrem Koffer in der Wohnung ab und verschwand. Sie ging langsam, bestürzt, im Schock, wie eine greise Frau von Zimmer zu Zimmer. Die alte Ordnung war bereits verweht. Die Räume wirkten leer und seltsam, als habe Sebastian nicht nur seinen Schreibtisch, seine Sachen und ein paar Möbel mitgenommen, sondern auch die Energie und Wärme seines Wesens von der Wohnung abgezogen. Helen weilte noch in den Ferien, Lara reiste mit ihren alten Schulfreunden durch Ungarn. Uma war allein.

Und dies bildete nur den harmlosen Beginn einer langen, äußerst schmerzhaften Lektion, die das Alleinsein zum Inhalt hatte und die Osho ihr wieder und wieder vorsetzte.

Alleinsein heißt einfach vollständig sein. Du bist schon ganz, du brauchst niemanden, der dich ergänzt. Versuche dein innerstes Zentrum zu finden, wo du immer allein bist, immer allein warst. Im Leben, im Tod – wo immer du bist – du wirst allein sein. (8)

Immer beschrieb er das Alleinsein in höchsten Tönen, als einen Zustand nicht etwa der Leere und der Einsamkeit, sondern der Fülle, der überfließenden Säfte des Lebens, der Schönheiten und Segnungen der göttlichen Existenz.

Doch an jenem Tag, allein in ihrer nun zu großen Wohnung, fühlte es sich einfach nur an, als hätte sie mutwillig zerstört, was sie am meisten liebte.

Innehalten

1

Uma verbrachte die Zeit nach Korfu auf ihrer Wohnzimmercouch, meditierend, Tagebuch schreibend, nachdenkend, weinend. Da saß sie nun. Hatte ihr ganzes Leben aus den Angeln gehoben. Warum? Sie wusste es nicht und würde es auch die nächsten Jahre nicht wissen. In diesen Tagen begab sie sich in den dunklen Tunnel, den Winter ihrer Seele.

Die Sommerferien waren vorbei, die Kinder gingen wieder zur Schule. Das gab Umas Tagen eine Struktur, sie musste Frühstück machen, einkaufen, Butterbrote streichen. Doch sobald Lara und Helen die Haustür hinter sich zugeschlagen hatten, sank Uma zurück auf die Couch, faltete ihre Beine zum Schneidersitz unter sich zusammen wie ein Yogi, wiegte den Oberkörper sanft vor und zurück, wie der Meister es immer getan hatte, und lauschte in sich hinein.

In ihr pochte die Blasenentzündung aus Korfu, die sich mit nichts beruhigen ließ, weder Homoöpathie noch schwere Antibiotika hatten ihre Beschwerden gelindert. Die Blase gehörte zur Basis, zum Wurzelchakra, und dies hatte immer mit Angst zu tun, existentieller Angst. Wie wollte sie ohne Sebastian überleben? Er war es, der das meiste Geld von ihnen verdiente. Welche intelligente Frau und Mutter von zwei Kindern gab ernsthaft und ohne Grund den Mann auf, der ihr Versorger war? Sie handelte gegen alle Programme und Urinstinkte der Frau.

Osho bot ihr an, ihr Unterstützer zu sein. Es war nur so eine Stimme in ihrem Inneren. Doch sie glaubte ihr, auch wenn sie sich selbst inzwischen für komplett durchgeknallt hielt. Was sollte sie in ihren Seminaren den Menschen vermitteln? Was sollte sie vermitteln ohne den Meister im Hintergrund und in einer Phase wachsender Orientierungslosigkeit? Und ihre Beziehung zu Vimal? Daran wollte sie gar nicht erst denken. Die Zeit auf Korfu war ein einziges Fiasko gewesen. Wenn sie ehrlich mit sich selbst war, musste sie sich von ihm trennen. Mit ihrer Blasenentzündung hatte ihr Körper versucht, eine winzige Barriere, eine Grenze aufzurichten, gegen seinen Sexdrive, seine teenagerhafte Lust auf sie, gegen seine Männlichkeit, die keine Auflehnung duldete ... Wann immer Uma die Augen schloss, sah sie eine Frau einen tiefen Abgrund hinunterstürzen. Am Anfang hatte sie noch geschrien, aber nun war sie still. Trudelte den Abhang hinunter, mit weit geöffnetem Mund, ohne einen Ton von sich zu geben ...

Die Kinder und auch Sebastian fanden Uma angespannt, dünnhäutig, blass. Lara moserte zuweilen herum: »Du weinst so leicht, du verlierst dauernd die Nerven, nimm doch mal Vitamin B oder so was.« Was sollte Uma ihrer Achtzehnjährigen darauf antworten, die immer beschäftigt war? Mit ihrem Führerschein, ihrer Facharbeit, ihrem Abitur, ihrem jungen, aufregenden, gerade erst beginnenden Leben da draußen in der Welt? Dass sie nicht wusste, wer sie war, wohin sie ging, welchen Sinn ihr Leben überhaupt noch hatte?

»Ich habe meine Wurzeln verloren«, dachte sie auf der Fahrt im Auto ans andere Ende der Stadt, wo Sebastian jetzt wohnte. Und sofort antwortete eine Stimme aus ihrem Innern: »Wie, glaubst du, fühlt sich eine Pflanze, die gerade erst umgetopft worden ist?« Immer noch sahen Sebastian und sie sich häufig, telefonierten jeden Tag. Wenn es überhaupt eine Trennung war, vollzog sie sich schneckenlangsam, so verwoben waren sie noch. Doch Sebastian hatte eine neue Freundin, und diesmal war es etwas Ernsteres. Sie hieß Irene, eine schöne, ältere, wohlhabende Frau, eine Erdmutter, die Sebastian guttat, ihn heilte und »hutschte«, wie man im Bayrischen sagte. Sie wollte ihren reichen Mann nicht für Sebastian verlassen, betrachtete ihn nur als Liebhaber, und ihm kam das gerade recht. Er war noch zu verletzt, zu schwach, um sich einer neuen Beziehung zu stellen. Uma war glücklich, ja, dankbar, dass es Irene gab, auch wenn diese sie nicht mochte, viele Vorbehalte gegen Uma hatte, aber das machte nichts. Hauptsache, es ging ihm besser und sie musste sich nicht so schrecklich schuldig fühlen. Auch dies war ein Puzzleteil ihrer nie ausklingenden, abheilenden Blasenentzündung: Schuldgefühle!

Eine nette Apothekerin, mit der sie sich länger unterhielt, meinte, Blasenentzündungen seien nach unten geweinte Tränen und hätten oft auch mit dem Tod eines nahestehenden Menschen zu tun. Dieser nahestehende Mensch, der starb, das war das Paar Sebastian und Uma, aber auch die heile, fröhliche, ungewöhnliche Familie Sebastian, Uma, Lara und Helen. Und Uma selbst hatte diese Tode veranlasst! Sie hatte die Ändervögel gesehen und gehandelt. Sie war ihrer inneren Stimme gefolgt. Aber um welchen Preis? War sie verrückt? War es verrückt, auf sein Herz zu hören? Oder war sie nur verführt? Wie konnte sie das herausfinden?

Osho hatte gesagt:

Liebe bedeutet, dass es eine Frage von Leben und Tod ist. Liebe bedeutet Intensität, Totalität. Und die großen Geschenke des Lebens sind nur für diejenigen, die bereit sind, sich etwas total hinzugeben, ob es Stille ist oder Freiheit oder Wahrheit, das hat keine Bedeutung. Alle ultimativen Werte verlangen von dir, dass du ein Liebender wirst. (9)

Etwas, was sie zu Vimal hinzog, war sein Herz und ihr Herz. Wenn sie sich umarmten und sie sich seiner Brust näherte, wurde sie eingelassen. Da war eine Durchlässigkeit, eine Öffnung, die sie von anderen Männern nicht kannte. Fast alle Männer, einschließlich Sebastian, trugen vor ihrer Brust einen Panzer. Man konnte ihn nicht sehen, aber sofort spüren, wenn man so fühlte wie Uma. Damals am Ende ihrer drei Lehrjahre bei Mahindra war etwas in Umas Herzen passiert, etwas hatte aufgemacht und war nie wieder zugegangen. Und seither fühlte sie vieles, wusste mehr über das Herz, nahm mehr wahr als andere. An Vimals Brust zu liegen und völlig ungehindert in ihn einzuströmen, löste in Uma Gefühle von Glückseligkeit, Frieden und Einssein aus, die sie mit Sebastian trotz all ihrer Verbindung nie gehabt hatte. Es schien, als sei es Vimal und Uma möglich, sich noch auf einer ganz anderen Ebene miteinander zu vereinen, einer Ebene, auf der sie nie zuvor mit einem Mann verbunden gewesen war.

Umso absonderlicher, dass sie im praktischen, alltäglichen, irdischen Leben ständig aneckten, einander verletzten und sich gehenseitig auf die Füße traten. Wenn sie Oshos Eingebungen glaubte, dann würde ihre Beziehung zu Vimal sie durch alle Höhen und alle Tiefen führen, aber ein Aspekt davon wäre immer ihr totales Einssein und ihre totale Unabhängigkeit. Ein Füreinanderdasein, wie sie es sich vorstellte und mit Sebastian auch schon gelebt hatte, konnte es in einer solchen Beziehung nicht geben.

Uma musste also lernen, damit zu leben, sich in Vimal aufzulösen und dann wieder allein zu sein, unabhängig von ihm oder sonst irgendeinem Partner, und bei all dem glücklich zu sein und bei sich zu bleiben. Vorerst gelang ihr das überhaupt nicht. Sie saß auf der Couch und zählte ihre Verluste, nicht ahnend, dass die Liste noch länger werden würde.

Ihre Hinwendung zu Osho hatte Uma in eine Art Vakuum geführt. Sie verlor, aber die Verluste wurden durch nichts ersetzt. Und sie war hellfühlig genug, um zu begreifen, mehr mit dem Herz als mit dem Verstand, dass darin ein tieferer Sinn verborgen lag.

Und so versuchte sie nicht zu ersetzen, was sie verloren hatte, und wann immer sie es doch einmal probierte, funktionierte es nicht. Das Universum sagte »Nein«. Es gebot »stopp, warte, halt« oder »du stehst an einer roten Ampel«. »Entspann dich doch«, meinte es auch zuweilen, aber das konnte Uma schon gar nicht.

Bisher hatte sie sich nur über das Tun und Handeln definiert. Man musste helfen. Eingreifen. Gut sein. Fleißig sein. Und wenn man das nicht war? Wenn man wie gelähmt auf der Couch saß und nichts tat? Wer war man dann überhaupt? Welchen Sinn und welche Berechtigung besaß das Leben dann noch?

Bisher hatten ihre Familie, der Meister und ihre Arbeit für ihn ihrem Leben einen tiefen Sinn verliehen. Einige Jahre nach der harten Lehrzeit im Vogelsberg wuchs in Uma der Eindruck, der Meister habe sie auf ein Gleis gesetzt, ein Zuggleis, das sie in die richtige Richtung führte. Auch wenn sie manchmal über die Menge der Arbeit haderte, erschien ihr das, was sie tat, höchst sinnvoll und im Einklang mit dem großen Ganzen. Nun war sie entgleist. Ihre innere Stimme behauptete: »Du musst lernen, dir selbst zu vertrauen und ungewöhnliche Wege zu gehen.« Diese innere Stimme hatte gut reden. Das waren flotte, süffige Sprüche, die man gern bei anderen las. Aber wie das leben?

Nun, sie war aus dem Käfig geflogen. Sie saß nicht einmal mehr auf dem Dach des Käfigs. Sie war jetzt ein freier Vogel, der irgendwo in der wilden Natur kläglich auf einem Ast hing, während der Regen unerbittlich auf ihn hinabrauschte. »Freebird«, wie Uma sich ironisch nannte, war durchnässt, krank und deprimiert. Er besaß noch nicht die robuste Natur der freifliegenden Vögel, er war an das Wohlleben im trockenen Käfig gewöhnt. Er musste noch lernen, frei zu sein; vor allem frei im Kopf, denn alle Unfreiheit entstand im Geist.

In diesen Tagen kehrte Vimal aus Korfu zurück. Er blieb nur wenige Tage, legte eine Art Zwischenstopp in München ein auf seinem Weg nach Japan. Nichts – das lernte Uma mit der Zeit – änderte sich in Vimals Leben, während das ihre an seiner Seite zerfledderte und sich langsam auflöste wie ein zu oft gewaschener Stoff. Das musste sie hinnehmen. Sie standen nicht am gleichen Scheideweg. Vimal befand sich offenbar nicht nur auf einer geraden, sicheren, ruhigen Strecke, sondern steuerte auf eine Zeit der Fülle und der glücklichen Fügungen zu wie kaum eine andere in seinem Leben. In den darauffolgenden Jahren würde die Schere immer weiter auseinanderklaffen, Vimal mehr und mehr empfangen, während Uma immer mehr hergeben musste, bis zu dem Punkt, an dem sie glaubte, ihn schon deshalb verlassen zu müssen, weil sie den Unterschied nicht mehr aushielt.

Doch die herbstlichen Tage in München versöhnten sie beide. Sie spazierten durch den Park, gingen einkaufen, kochten für die Kinder und für sich. Lara und Helen fanden in Vimal einen väterlichen Freund und Berater, der sich außerhalb der Familiendynamik bewegte und durch die vielen Gruppen und Selbsterfahrungsprozesse in der Sannyas-Welt geschult war, ihnen neue und interessante Einsichten über sich selbst zu vermitteln. Die ganze Familie lernte das Enneagramm kennen und seinen Platz in diesem Gefüge zu finden.

Uma hatte sich bereits vor Jahren mit dem Enneagramm beschäftigt. Niemand wusste so recht, woher es kam, manche behaupteten, von den Sufis, den Mystikern des Islam. Der russische Meister Gurdjieff hatte es benutzt, um seinen Schülern den Spiegel der Selbsterkenntnis vorzuhalten, und auch in Sannyas-Kreisen war die Beschäftigung mit dem

Enneagramm weit verbreitet. Es bestand aus neun Zahlen, von denen jede einem bestimmten Persönlichkeitstypus entsprach. Jeder der neun Enneagrammtypen hatte den Zugang zu seiner göttlichen Natur verloren und versuchte nun, auf unterschiedliche Art und Weise dorthin zurückzukehren. Doch diese Rückkehrversuche zur Essenz, obwohl im Kern verständlich und richtig, waren verzerrt. Jede Enneagramm-Nummer nutzte andere Strategien, um das zurückzuerlangen, was sie anscheinend verloren hatte. So hielt einem das Enneagramm einen schmerzlichen und doch heilsamen Spiegel vor, in dem man die Strategien des eigenen Egos erkennen und eines Tages vielleicht hinter sich lassen konnte.

Uma vernahm mit Staunen, dass sie, die sich jahrelang für eine Nummer Vier, die Künstlerin und Melancholikerin im Enneagramm, gehalten hatte, nach Vimals Kenntnissen und Dafürhalten wahrscheinlich eine Zwei war. Und je mehr sie von dem Enneagramm hörte, darüber las und sich damit beschäftigte, umso klarer erkannte sie, dass Vimal Recht hatte. Die Zwei, genannt »die göttliche Mutter«, aber auch die Helferin, identifiziert sich damit, anderen zu helfen. Sie war die Mutter, die Ratgeberin, die Therapeutin, die Lehrerin, die treu sorgende Ehefrau. Sie half, ermunterte, inspirierte, therapierte, machte Komplimente und baute auf. Sie erinnerte andere an ihren Wert, obschon sie größte Zweifel an ihrem eigenen Wert hegte. Sie glaubte nicht, dass sie um ihrer selbst willen geliebt werden könne. Und dies war auch der eigentliche Grund für ihre enorme Hilfsbereitschaft. Die Nummer Zwei liebte, um geliebt zu werden. Sie war nur eine halbe, eine Fünfzig-Prozent-Heilige, wie Uma oft scherzhaft über sich selbst sagte. Denn der innere, vollkommen unbewusste Wahlspruch der Nummer Zwei lautete: »Ich liebe dich mit all meiner Kraft. Aber wehe, du liebst mich nicht zurück!«

Uma besaß einen detektivisch ausgeprägten Spürsinn und die Schärfe eines Schneidbrenners, wenn es darum ging, sich selbst auf die Schliche zu kommen. Während sie das Enneagramm noch einmal mit akribischer Gewissenhaftigkeit studierte und alle Bücher darüber las, derer sie habhaft werden konnte, beschlich sie eine erschütternde Erkenntnis. Sie musste einsehen, dass all ihr Lieben, ihr Bemühen, ihr Arbeiten ganz offensichtlich nicht aus einer wirklich reinen Quelle kamen. Solange hinter all dem noch der Wunsch stand, etwas zurückbekommen zu wollen, eine Art »liebe mich, anerkenne mich, halte mich für wertvoll«, war das, was sie tat und wofür andere sie bewunderten, auch nur ein kaum verbrämter Kuhhandel. Sie gab, um etwas zu bekommen, vielleicht nicht direkt von ihren Klienten, aber doch zumindest vom Universum oder von Gott selbst.

War es das, was der Meister ihr zeigen wollte an jenem denkwürdigen Wochenende im Haus von Frau von Mühlenscheidt? Uma hatte monatelang über die Ereignisse an dem Wochenende gegrübelt, meditiert, Seiten ihres Tagebuchs gefüllt – um herauszufiltern, wie sie die Geschehnisse einordnen sollte ...

Nachdem sie ihre drei Lehrjahre im Vogelsberg bei Mahindra absolviert hatte, zog sie zurück nach München. Für die nächsten sieben Jahre organisierte sie Seminare oder Vorträge für ihn, schrieb die Werbung, begleitete ihn auf seinen Reisen, entwickelte sich zur strahlenden Lichtfrau, die in der Öffentlichkeit an seiner Seite saß. Doch neben diesen offensichtlichen Privilegien hatte sie auch viele Pflichten, holte ihn mit dem Auto ab und brachte ihn wieder zurück, trug sein Gepäck, kochte für ihn, kümmerte sich um sein Wohlergehen und seine Wünsche.

An diesem besonderen Wochenende hatte Uma einen Vortrag für Mahindra in einer größeren Buchhandlung in München organisiert und ihn mit dem Auto aus dem Vogelsberg abgeholt. Seit Neuestem wollte er nicht mehr bei ihr wohnen, sondern im Haus einer gewissen Frau von Mühlenscheidt, einer älteren Adligen, die etwas außerhalb von München ein eigenes Haus besaß. Wie und wo er sie aufgetrieben hatte, blieb ein Geheimnis, eines Tages war sie da und bildete von nun an einen festen Bestandteil in Umas Organisation, denn wann immer Mahindra jetzt nach München kam, wollte er in ihrem Haus untergebracht werden.

Frau von Mühlenscheidt stellte eine von Umas großen Hindernissen auf dem Weg zur Befreiung dar. Sie war naiv, gutgläubig, redselig, schwätzte unentwegt über Heilige und Wunder, bombardierte Mahindra mit Fotos von Leuten, die er heilen sollte, und obwohl Uma wusste, dass Mahindra praktisch alles, was sie von ihm wollte, vehement ablehnte, ließ er sie gewähren wie ein Kind, verwöhnte und verhätschelte sie.

An jenem Vortragswochenende ging es Uma nicht gut. Sie hatte Mahindra bei strömenden Regen aus dem Vogelsberg abgeholt und zu Frau von Mühlenscheidt gebracht. Während der Fahrt entwickelte sie eine heftige Migräne, ein Zustand, der ihr wohlbekannt war. In der Zeit mit Mahindra hatte sie oft Kopfweh, stand unter Druck, einem gänzlich hausgemachten selbstfabrizierten Druck aus Forderungen an sich selbst, um angesichts seiner, wie ihr schien, immens hohen Ansprüche auch nur halbwegs zu bestehen. Frau von Mühlenscheidt konfrontierte sie bereits im Eingangsbereich ihres Hauses mit zahllosen unausgepackten Einkaufstüten, sichtlich begeistert von sich und ihrem selbstlosen Einsatz für den Meister. Während sie Mahindra in sein Schlafzimmer brachte, war es Umas Aufgabe, die Einkaufstüten in die Küche zu schaffen, auszupacken und ein warmes Abendessen vorzubereiten. Kochen für Mahindra hieß für Uma mehr, als nur ein bisschen Gemüse in den Topf zu werfen. Er hatte, viele Jahre bevor dies ein Trend wurde, eigene ayurvedisch ausgerichtete Ernährungspläne ausgearbeitet und zahllose Menschen beraten.

Das Essen musste rein und ausbalanciert sein, seinem Körper guttun. Der Reis sollte trocken sein, das Gemüse frisch, ein wenig Rohkost, ein paar gehackte Chillies im Extraschälchen, falls möglich ein Chutney, aber nicht aus dem Glas. Kein Eiweiß mit Kohlehydraten kombinieren, keine sauren Früchte mit süßen mischen, morgens ein Porridge, aber nur mit Wasser, nicht mit Milch angerührt. Kochen für Mahindra bedeutete für Uma Stress pur.

Frau von Mühlenscheidts Küche war ihr obendrein fremd, es gab nicht die indischen Gewürze, die sie brauchte, sie fand keine geigneten Töpfe, keine scharfen Messer, die Hausherrin erwies sich nicht gerade als Hilfe, sondern eher als ständige Behinderung. Frau von Mühlenscheidt war fest entschlossen, Gutes zu tun, aber es durfte nicht anstrengend sein, es sollte Spass machen und sie befriedigen. Sie lud Mahindra gern zum Essen in ein Restaurant ein, aber mit Küchenarbeit wollte sie sich nicht belasten.

In den folgenden Tagen entwickelte sich eine seltsame Dynamik zwischen Uma und Frau von Mühlenscheidt. Je »egoistischer« Frau von Mühlenscheidt sich in Umas Augen benahm, umso kämpferischer nahm Uma ihren Dienst auf. Sie kochte, nicht nur für Mahindra und seine Gastgeberin, sondern auch noch für deren Sohn und eine vorbeischauende Nachbarin. Sie fuhr Mahindra und Frau von Mühlenscheidt zur Buchhandlung, hielt selbst die Einführung zu seinem Vortrag, kümmerte sich um all seine Belange, chauffierte die beiden zurück und fiel dann selbst am anderen Ende der Stadt ins Bett. Am nächsten Tag stand sie auf, versorgte ihre Kinder und zog los, um wiederum in Frau von Mühlenscheidts Haus zu kochen. Sie hatte ihre Periode bekommen und kämpfte jetzt nicht mehr nur mit Kopfschmerzen, sondern auch noch mit Unterleibskrämpfen. Zwischen zwei Kochgängen schlich sie sich ins Badezimmer und weinte. Uma gewann den Eindruck, eine Art Dienstmagd, ein Aschenputtel zu sein, während Frau von Mühlenscheidt zu Mahindras Gesellschafterin avancierte. Die Adlige blühte auf. Sie war keine bösartige Frau, aber hin und wieder warf sie Uma triumphierende Bemerkungen zu, bevor sie wieder ins Wohnzimmer entschwand zu einer wichtigen Besprechung mit Mahindra. Der Meister kümmerte sich kaum um Uma, nur ein einziges Mal, als sie ihr Essen als nicht besonders gelungen empfand, lobte er ihre Kochkünste über die Maßen. Am Ende des dritten Tages erbot sich Sebastian, ihr Retter, Mahindra zurück in den Vogelsberg zu fahren, während Uma sich erschöpft in ihr Zimmer zurückzog.

Doch die Lektion war noch nicht zu Ende. Kaum hatte Uma sich hingelegt, rief Frau von Mühlenscheidt an. Ob Mahindra ihr, Uma, jemals etwas über ihre früheren Leben erzählte habe? Uma verneinte. Frau von Mühlenscheidt traf einen wunden Punkt. Von anderen Schülern wusste Uma, dass der Meister ihnen Auskünfte über ihre vergangenen Leben gegeben hatte, aber bei hielt er sich immer bedeckt. Dabei hatte sie sich so sehr gewünscht, auch etwas über ihre Vorleben zu erfahren. Sie empfand es als ungerecht und fühlte sich ausgeschlossen. Ohnehin vertrat Mahindra seit einigen Jahren die Ansicht, seine Schüler könnten mit den Informationen nicht richtig umgehen, es würde sie in ihrer Entwicklung eher behindern als fördern. Von Reinkarnationstherapien, Rückführungen und dergleichen hielt er gar nichts. Zu Uma sagte er, sie solle versuchen, ihr jetziges Leben zu meistern, damit habe sie schon genug zu tun. Ach, er konnte so streng sein mit ihr!

Obendrein berichtete Frau von Mühlenscheidt Uma nun atemlos, brühwarm und begeistert, was er ihr über eines *ihrer* früheren Leben erzählt hatte. Sie sei einer der Apostel gewesen! Uma verschlug es die Sprache. Hatte er ernsthaft zu Frau von Mühlenscheidt gesagt, sie habe ein Leben als Apostel geführt? Sollte das ein Scherz sein? Die Anruferin brüstete sich noch eine ganze Weile am Telefon mit ihrer Vergangenheit, bohrte das Messer noch mehrmals in Umas Brust, indem sie sich darüber wunderte, dass Uma nie etwas Ähnliches von ihm gehört hatte, »wo gerade Sie ihm doch so nahe stehen!« – und legte dann auf.

Uma sank betäubt auf ihr Bett zurück. Was sollte das nun wieder? Frau von Mühlenscheidt hatte er umgarnt, sogar von ihren vergangenen Leben erzählt, etwas, wonach Uma sich immer gesehnt hatte. Obwohl sie nicht das Geringste für ihn getan hatte. Im Gegenteil. Uma hatte all die wirklichen Arbeiten erledigt, sich für ihn abgerackert, ihm gedient, und als Belohnung hatte er sie mehr oder minder links liegen lassen. Frau von Mühlenscheidt, von allen denkbaren Kandidaten auf der Welt, sollte einer der Apostel gewesen sein? Und Uma? Vielleicht die heilige Putzfrau! Es war so unfair. Sie fand nichts, um diese himmelschreiende Ungerechtigkeit zu beschönigen. Wie so oft in ihren Lehrjahren mit Mahindra musste sie die Sache einfach hinnehmen. – Osho hätte es *Surrender* genannt, nicht Niederlage, sondern eher Hingabe, sich einlassen, etwas hinnehmen, sich einverstanden erklären mit dem, was der Verstand nicht klären kann ...

Jetzt, viele Jahre später, im Licht des Enneagramms und des Wissens um die Strategien ihres Egos ergab für Uma das Wochenende mit Frau von Mühlenscheidt mehr und mehr Sinn. An diesem Wochenende – und nicht nur an diesem – hatte sie für Mahindras Liebe und Anerkennung gearbeitet. Doch Frau von Mühlenscheidt hatte die Liebe des Meisters erhalten, ohne auch nur einen Finger krumm zu machen. Für nichts, vollkommen umsonst.

Es gab drei Strategien, mit denen Uma seit ihrer Kindheit hantierte, wenn sie unbedingt Liebe und Anerkennung bekommen wollte – beides aber nicht eintraf. Im schlimmsten Fall erstarrte sie und zog sich zurück. In weniger schlimmen Fällen war sie charmant, verführte, buhlte um Liebe. Oder sie leistete enorm viel und versuchte, möglichst perfekt zu sein. »Die fleißige kleine Uma ...« An jenem Wochenende hatte sie sich bemüht, mit letzterer Strategie durchzukommen. Aber das war ihr nicht bewusst gewesen, zumindest damals nicht.

Mahindra hatte ihr einfach zeigen wollen: »Schau, Uma, du kannst dir Liebe nicht erarbeiten, nicht verdienen. Alle deine Strategien sind zwecklos. Denn die Liebe ist immer da. Du musst nichts dafür tun – außer dein Herz zu öffnen, um sie zu empfangen.« Oder noch einfacher: »Es gibt nichts, was ich dir geben kann, was du nicht selbst bereits hast.« Aber er zog es vor, sie hineinrasseln zu lassen in Lebenssituationen, aus denen sie weiser wieder hervorging – oder auch nicht.

Kaum hatte Uma sich an Vimals Anwesenheit in ihrer Wohnung gewöhnt, entschwand er nach Japan. Immerhin, er war in diesen Tagen in Umas eigenem Reich zurückhaltender und sanfter gewesen, und sie hatten nicht so viel gestritten wie auf Korfu. Uma beschloss, abzuwarten, die Trennung nicht zu überstürzen. Offensichtlich war Vimals und ihre Beziehung eine Lernbeziehung, während sie ihre Liebe zu Sebastian immer als ein Geschenk empfunden hatte. Sie hatten sich nicht um eine gute Beziehung bemühen, keine Verletzungen hinnehmen, sich nicht anstrengen müssen. Zwischen Sebastian und Uma war immer alles einfach gut gewesen. Vimal meinte, der Grund sei einzig und allein, dass Sebastian alles getan hätte, was Uma von ihm verlangte. War es so? Vimal selbst hatte sich im Resort in alle nur denkbaren Gruppen und Selbsterkenntnissprozesse gestürzt, und seine Aussagen besaßen eine gewisse Berechtigung, zum einen, weil er sich auskannte, zum anderen, weil er die Dynamik zwischen Sebastian und Uma und auch ihren zwei Töchtern aus einer gewissen Distanz sehen konnte. Vimal nahm Zusammenhänge wahr, die Uma nicht sah, weil sie so nah dran war. Es war *ihre* Familie. Die Menschen, die ihr am meisten am Herzen lagen. Sie versuchte sich und Sebastian, vor Vimals scharfem

Urteil zu verteidigen, doch vielleicht war es gut, den Schleier ein wenig zu lüften, genauer hinzusehen. Auch wenn es manchmal wehtat.

Die Vorweihnachtszeit rückte näher, mit früher Dunkelheit, Kerzen und sich weihnachtlich rüstenden Geschäften. Die Menschen liefen schneller durch die Stadt, kauften mehr und schauten noch unglücklicher aus. Uma hatte ein fast seismographisches Gespür für das Leid anderer entwickelt. Sie sah in die Gesichter, entdeckte zu viel Fernsehen, Computer, Betäubung, Unbewusstheit und daraus entstehenden dumpfen Schmerz, und ihr Herz krampfte sich zusammen vor Mitgefühl und Liebe.

In dieser dunklen Zeit erkrankte Umas Vater, wurde ins Krankenhaus eingeliefert und erholte sich nur schwer. »Il Patrone« würde an Weihnachten 85 Jahre alt werden. Einige Jahre zuvor, als ihr Vater mit einer schweren Lungenentzündung dem Tod gerade noch einmal entronnen war, hatte Uma die seltsame Eingebung gehabt, dass ihr Vater sterben würde, wenn ein großes Erdbeben die Welt erschütterte. Sie erinnerte sich auch, in letzter Zeit einige bedeutungsschwere Träume gehabt zu haben. In einem davon stand sie mit einem Rucksack in einer Schnellbahn, die sich über der Erde und in einem asiatisch anmutenden Land befand. Sie wandte sich an einen Freund neben sich und sagte laut: »Mein Vater, der ist schon lange tot.« Doch da war ihr Vater noch quicklebendig. Monate später, als die Wirklichkeit sie einholte, erkannte sie, dass der Schnellzug, in dem sie sich befunden hatte, der Skytrain in Bangkok war, den sie und Vimal viele Male nehmen sollten. Doch als sie den Traum hatte, war sie noch nie in Bangkok gewesen.

Und auch, was sie gesagt hatte, beinhaltete eine traurige Wahrheit: Für Uma war ihr Vater schon lange gestorben. Sie besaß kaum eine oder nur eine sehr schwache Beziehung zu ihm, so als hätte sie ihre Liebe schon vor langer Zeit begraben. Ihr Vater hatte nicht die geringste Ahnung, wer sie war, auf welchem Weg sie ging, und das war auch gut so, denn er hätte es nie gebilligt. Ihr Vater hielt Menschen, die einen Guru hatten, für Schwachköpfe, mehr noch, für Idioten, die ihr Geld an Scharlatane vergeudeten, die von der Dummheit der anderen lebten. Der Tod, so sagte er zu ihr, dass sei so, wie wenn man das Licht ausknipst. Danach gäbe es nichts. Uma konnte nichts dagegen einwenden, denn ihr Vater sprach mit großer Autorität. Er wusste alles, kraft der ihm innewohnenden Macht, und niemand widersprach ihm. Also blieb sie still, behielt alles für sich – die vielen Eingebungen und Geschichten, von denen ihre Seminarteilnehmer nie genug bekommen konnten.

Einmal im Auto hatte sie Mahindra nach dem Tod gefragt. »Meister, hast du die Angst vor dem Tod einfach nur überwunden, oder wie denkst du darüber?« Sie sprachen immer englisch, wenn sie zusammen waren. Er sah sie erstaunt an: »Why? We never die.« Warum? Wir sterben nie. Mehr sagte er nicht. Aber die Art, wie er es sagte, flößte Uma tiefen Respekt ein. Er sprach nicht wie jemand, der sie trösten oder aufmuntern wollte. Er wusste. Deshalb gab es auch nicht mehr dazu zu sagen. Mahindra ließ sich nicht zu esoterischen Aussagen hinreißen, spach nie über die Hierarchie der Engel, über Tunnel oder Licht, und wenn Menschen ihn danach fragten, antwortete er brüsk, woher solle er das wissen, er sei schließlich nicht die Sekretärin Gottes. Nur einmal, als Uma ihn genauer fragte, da sagte er: »Engel gibt es.« Mehr nicht.

Später hatte Uma eigene Eingebungen zu dem Thema. Eine lautete: »Es gibt nichts als Leben. Wo immer du hinblickst oder hingehst, nichts als Leben. Der Tod ist weder da noch nicht da, er ist eine Art Illusion. Er ist ein Übergang, aber es gibt nur Leben.«

Vimal kehrte aus Japan zurück, und sie bereiteten sich darauf vor, gemeinsam nach Indien zu reisen. Sie hatten einen Linienflug nach Bombay gebucht. Diesmal wollte Uma länger in Asien bleiben. Die Nomadin war wieder in ihr erwacht und beglückt. Sie hoffte, auch so ein Leben zu führen wie viele Sannyasins. Vimal hatte versprochen, ihr einen Kontakt nach Taiwan zu verschaffen, so dass sie auf der chinesischen Insel wie er in einem Osho-Zentrum arbeiten könnte. Noch waren die Kinder nicht aus dem Haus, aber Sebastian plante, die Wintermonate mit seinen Töchtern in ihrer gemeinsamen Wohnung zu verbringen. Er vermisste seine Familie, liebte sie ebenso wie Uma. Das gab ihr den Freiraum, sich neu auszuprobieren, ihre Grenzen zu erweitern, mehr im Ausland zu leben, so wie sie es sich immer erträumt hatte.

Am Vortag ihres Abflugs von München nach Frankfurt und dann weiter nach Bombay begann es heftig zu schneien. Am frühen Morgen lag eine hohe Schneedecke auf den Bürgersteigen und Straßen. Vimal und Uma hatten schon am Abend ein Taxi für den frühen Morgen bestellt, das sie zum Bahnhof bringen sollte. Als es nicht zur verabredeten Zeit eintraf, gingen sie auf die Straße und warteten mit ihren schweren Koffern vor dem Haus. Uma war nervös. Die Stadt hatte etwas Behäbiges, Schweres, als wolle sie sie nicht fortlassen. Als das Taxi zwanzig Minuten später immer noch nicht da war, rannte sie wieder nach oben in die Wohnung, um ein anderes zu rufen. Der Anrufbeantworter blinkte mit einer neuen Nachricht. »Egal«, dachte Uma, »ich bin drei Monate fort.« Doch etwas zwang sie, die Nachricht abzuhören. Sie bereute es augenblicklich. Ihre Mutter sprach mit Grabesstimme. Umas Vater gehe es schlechter. Sein Bruder, Umas Onkel, sei bereits eingetroffen und rate ihr dringend, nach Hause zu kommen. Umas Herz sackte in den Keller. Nicht nach Indien fliegen. Nach Leutenstett fahren. »Gehen sie ins Gefängnis, begeben Sie sich sofort dorthin.« Sie hatte die falsche Karte gezogen, wie beim Monopoly-Spiel.

Bedrückt kehrte sie zu Vimal auf die Straße zurück. Das Taxi war inzwischen eingetroffen. Am Bahnhof hatten alle S-Bahnen, die zum Flughafen gingen, Verspätung. Sie beschlossen, ein Taxi zu nehmen, das im zunehmenden Schneegestöber kaum vorankam. Uma fühlte sich wie in einem Film, alles erschien unwirklich. Nach und nach reifte in ihr der Plan, bis Frankfurt zu fliegen, von dort noch einmal ihre Mutter anzurufen und sich notfalls in den nächsten Zug nach Leutenstett zu setzen. Am Münchner Flughafen checkte Vimal seinen Koffer bis nach Bombay durch, Uma nur bis Frankfurt. Sie musste sich zusammennehmen, um ihren Neid im Zaum zu halten. Vimal war frei – wie immer. Nichts hielt ihn auf, durch die Welt zu ziehen. Keine Verpflichtungen, keine Kinder, kein sterbender Vater, ein ewiger Hans-im-Glück ohne Verantwortung und Sorgen. Uma wurde immer wieder ausgebremst. So wie jetzt. Das Universum sagte: »Halt. Stopp. Er darf. Du nicht.«

Am Air-India-Schalter in Frankfurt begegnete ihr ein Engel. Er hatte die Gestalt eines älteren, schmächtigen Inders angenommen, der sich Umas kompliziertem Fall annahm. Gab es mitten in der Weihnachtzeit noch einen späteren Flug, in drei oder vier Tagen? Endloses Herumtippen im Computer. Tatsächlich: Heiligabend. Wie schnell musste sie buchen? Möglichst gleich, es war der letzte Platz. Er reichte ihr ein Air-India-Telefon direkt am Schalter, um ihre Familie anzurufen. Ein möglicherweise sterbendes Familienoberhaupt war für jeden Inder ein klarer Notfall. Diesmal kam ihr Onkel an den Apparat. Man könne nichts mit Gewissheit sagen, vielleicht schaffe ihr Vater es noch einmal. Doch was, wenn nicht? Wäre es nicht besser, sie käme nach Hause? Der Air-India-Beamte nickte. Ihr Herz wusste es längst. Es gab kein Entrinnen.

Vimal brachte sie zur Bahnhofsstation am Flughafen. Sie stieg in einen überfüllten Zug und fuhr tiefer in das graue, dunkle Deutschland hinein, während Vimal sich auf den Weg nach Indien machte, nach Bombay und dann ins Resort des Meisters, ins lichte sonnige Indien.

Noch am Spätnachmittag traf Uma in Leutenstett ein. Ihre Mutter war wie eingefroren. Klein, dicht, bekümmert. Eine ganz andere Welt. Wenn Uma nach Leutenstett kam, wurde die Welt schwerer, materieller, kompakter. Hier wusste man nichts von den Lehren der Meister. Hier sagte niemand, das Leben sei ein Fest. Es war so, wie der Meister seine Zuhörer manchmal ironisch fragte: »Was willst du anfangen im Himmel mit den Engeln, die vor Freude toben? Du bist nicht daran gewöhnt.« Das Leben war Leid, und man hatte sich darin eingerichtet. Aus Gewohnheit, aus Angst, aus Unwissenheit, aus Bequemlichkeit.

Jetzt zur Weihnachtszeit gab es selbstgebackene Plätzchen und Adventgestecke und schöne Filme im Fernsehen und natürlich die Nachrichten. Die Nachrichten waren wichtig in Umas Familie. Man versammelte sich vor ihnen am Abend wie zum Beten. Ihre Mutter stellte immer wieder neu fest, wie grausam und schlecht die Welt war, und es zementierte ihren Glauben an die Angst und das Leid. Aber so war nun einmal die Realität. Niemand konnte das bestreiten. Uma versuchte es erst gar nicht.

Umas Mutter war eine gute Mutter, ein tapferer weiblicher Ritter, der einen zähen und erbitterten Kampf mit dem eigenen Schicksal ausfocht. Ihr Mann, Umas Vater, hatte sie immer wieder betrogen, und sehr spät im Leben, als sie bereits über sechzig war und er in den Siebzigern, zog Umas Mutter die Notbremse und trennte sich von ihm. Seither lebte ihr Vater mit seiner Freundin zusammen, die nur zwei Jahre älter war als Uma. Ihre Mutter jedoch blieb allein. Die beiden ließen sich nie scheiden und begegneten sich hier und da im Kreis der Familie. Uma war erstaunt, wie sehr ihre Mutter von der Krankengeschichte ihres Vaters erschüttert war. Sie fuhr Uma sofort ins Krankenhaus der nahegelegenen Kreisstadt.

Als Uma das Krankenzimmer betrat und unvermutet am Bett ihres Vaters auftauchte, rannen zwei Tränen seine Wangen hinunter. Uma spürte, dass sie nur deshalb gekommen war. Für diese beiden Tränen, die einzigen Zeugen dafür, dass sie wusste und er wusste, dass es zu Ende ging. Und dass ihre Liebe ein ungelebtes Potenzial geblieben war, ein Same, der nie aufging. Aber vielleicht empfand er es nicht so, das würde Uma nun nicht mehr herausfinden ... Sie, die sich immer tiefe Beziehungen gewünscht hatte, die nie mit der Oberfläche zufrieden war, und er, der nicht über seine Gefühle sprach und hinter dem Panzer seiner Macht und Kontrolle ein verstecktes Leben führte ...

Schon als Kind hatte Uma gespürt, dass ihr Vater ihrer älteren Schwester Sandra näherstand. Die beiden verstanden sich auf einer Ebene, die Uma nicht zugänglich war. Familienbande. Unauflösbar. Geheimnisvoll. Vielleicht älter als das Leben, in dem sie gerade agierten. So wie Uma immer die Lieblingsenkelin ihrer Großmutter gewesen war. Uma hatte gelernt, es hinzunehmen, wenn ihr Vater alle sechs Wochen, später nur alle paar Monate, bei ihr anrief und ihr vornehmlich von ihrer Schwester Sandra erzählte. Und natürlich über das Wetter. Worüber sonst hätten sie auch reden sollen?

Jetzt zog sie einen Stuhl an sein Bett. Ihr Vater hing an unzähligen Schnüren. Sie sprachen über Belanglosigkeiten, denn über seine Krankheit würde er niemals reden, das war nicht seine Art. Und über den Tod schon gleich gar nicht. Er kam ihr vor wie ein alter Löwe. Noch zu stark, um zu sterben. Doch zu schwach, um seine Würde, seine Unabhängigkeit weiter zu bewahren. Trat er diesmal seinen letzten Kampf an? Es war vielleicht nur eine halbe Stunde, und wie immer hatten sie sich nicht viel zu sagen, aber es lag eine Zärtlichkeit, eine Weichheit in der Luft, die Uma mit ihrem Schicksal versöhnte. Nie waren sie sich wirklich nahe gewesen, und näher als jetzt würden sie sich nie kommen.

Schon am folgenden Morgen erklärte ihr Vater seiner Freundin, er wolle von nun an keinen weiteren Besuch mehr empfangen. Uma fuhr trotzdem hin, aber die folgenden zwei Tage war er verwirrt. Der junge Pfleger, mit dem sie über seinen Zustand sprach, meinte, das sei normal. Die vielen Medikamente, sein Alter, die Intensivstation, all das würde ihn stark beeinflussen. Uma erzählte ihm, dass ihr Vater im Zweiten Weltkrieg in Nordafrika unter Rommel gekämpft habe. »Ach«, sagte der Pfleger versonnen, »ein alter Wüstenfuchs. Davon hatten wir hier schon einige. Das sind zähe Burschen.« »Panzerspähwagen«, bestätigte Uma, »daher auch die Kugel, die noch in seinem Oberschenkel steckt.« Eine Spitfire hatte sie von oben beschossen. Sie mussten den Panzerwagen verlassen, um nicht darin zu explodieren. Fünf junge Männer zwischen zwanzig und fünfundzwanzig, allein in der endlosen, flachen Steinwüste, unerfahrene Jungen, denen alles nur fremd war. Nie zuvor hatten sie die Wüste gesehen. Ihr Vater kam aus Swinemünde, einem Badeort an der Ostsee. Draußen in der gleißenden Sonne gab es nichts, um sich zu verstecken. Sie legten sich flach auf die Erde, die Arme über den Kopf verschränkt, als die Spitfire zurückkehrte. Zwei Männer starben sofort, drei wurden verletzt. Doch sie hatten Glück, ein Sanitätslastwagen, ein »Sanka«, fand sie und brachte sie zum nächsten Stützpunkt. Ihr Vater wurde nach Italien ausgeflogen. Im Lazarett hatte sich die Kugel schon verkapselt. Eine Operation kam ohnehin nicht in Frage, es gab kaum Betäubungsmittel. Nie sprach ihr Vater über den Krieg. Sie hatte ihm all diese Informationen mühsam abgerungen, in dem Versuch, ihn besser zu verstehen.

Das Lebensthema dieser Generation hieß materielle Sicherheit. Innerhalb von wenigen Kriegsjahren waren ihr Vater und ihre Mutter, die beide aus vermögenden Elternhäusern stammten, vollkommen verarmt. Das Sägewerk, die Ziegelei, die Fabriken, zerbombt, zerstört oder übernommen. In den elterlichen Villen hatten sich die russischen Besatzungsmächte eingerichtet. Nichts gehörte ihnen mehr, sie litten Hunger, stahlen Kartoffeln vom Acker. Aber sie waren noch jung. Als der Krieg vorbei war, gab es wieder Arbeit, neue Chancen, die Aussicht auf ein eigenes Geschäft, ein eigenes Haus. Sie stürzten sich in die Arbeit – sie wollten all das zurückhaben, was ihnen weggenommen worden war, als sie gerade erst zwanzig waren und nicht wussten, wie ihnen geschah. Weder Umas Vater noch ihre Mutter hatten Zeit für Gefühle. Wer überleben wollte, musste seine Gefühle verdrängen, die Angst, das Trauma, den Verlust, denn Gefühle behinderten, machten schwach. Später, als es möglich gewesen wäre, hinabzutauchen in jene Zeit, den verdrängten Schmerz ans Licht zu holen, da hatte sich eine ganze Generation stillschweigend darauf geeinigt, zu vergessen.

Uma war in der materiellen Sicherheit aufgewachsen, die ihre Eltern zurückerobert hatten. »Erst wenn dein Bauch voll ist, kannst du dich um Gott kümmern«, sagte man in Indien. Und das tat Uma. Sie hatte es nie als ihre Aufgabe verstanden, den bereits vorhandenen Wohlstand weiter auszubauen, was ihr Vater, ihre Mutter ganz selbstverständlich annahmen. War dies nicht ein gutes, vernünftiges Ziel? In ihren Augen und aufgrund ihrer Erfahrungen schien es richtig zu sein. Aber Uma träumte nicht von einem eigenen Haus, sondern von einem ganz anderen Leben – einem Leben, in dem die Arbeit Sinn machte und erfüllend war, einem Leben, in dem Gefühle wie Schmerz, Glück, Ekstase einen Platz hatten, einem Leben, das wie ein Fest war und in dem die wichtigste Verbindung, die es gab, die Liebesbeziehung zu Gott war. Dem Gott, der im eigenen Herzen wohnte. Dem Buddha im Inneren.

Später würde Osho Umas Sehnen Ausdruck verleihen, in der ihm eigenen poetischen Sprache:

Setze alles aufs Spiel. Riskiere alles, denn der nächste Augenblick ist ungewiss, also warum sich darum scheren? Warum sich darum sorgen? Lebe gefährlich, lebe freudig. Lebe ohne Furcht, lebe ohne Schuldgefühle. Lebe ohne irgendeine Furcht vor der Hölle und ohne irgendwelche Gier nach dem Himmel. Lebe einfach. (10)

Und so sehr Uma auch begriff, dass solcherlei Ansinnen für ihre Eltern nichts als Narreteien waren, so spürte sie doch auch, dass sie nicht völlig im Unrecht war. Es brauchte die Kaufleute, sicherlich, aber auch die heiligen Narren, die Mystiker, die sich auflösen wollten im Tanz mit Gott. Ohne sie wäre die Welt dumpf, grau und dicht. Sie waren das Herz und der Gesang, der sich als Loblied auf die Schöpfung und den Schöpfer erhob. Sie manifestierten das Licht, das man nicht greifen konnte und das doch die Dunkelheit erhellte.

Den Weg der heiligen Narren zu nehmen, führte nicht zwingend zum Eigenheim oder zu einer Karriere im bürgerlichen Sinne. Aber es war ein guter Weg. In Umas Augen der einzige Weg.

Uma verbrachte noch drei Tage in Leutenstett. Sie kümmerte sich um ihren Onkel und um ihre Mutter. Sie lenkte die Gespräche beständig weg von Kummer und Gram, sorgte für Heiterkeit und positive Erinnerungen, brachte Leichtigkeit und Lachen in ihre Mitte. All das hatte Mahindra sie gelehrt.

Der ungeschulte Geist war immer bereit, neue düstere Gedankenschlösser zu bauen. Sie entsprachen so gut wie nie der Wirklichkeit, sondern waren ein Konstrukt, das der Geist für wahr hielt, weil er es selbst fabriziert hatte. Es war seine Story. Dabei blieb er nie in der Gegenwart, sondern bewegte sich ausschließlich zwischen Vergangenheit und Zukunft. Es bedurfte Jahre der geistigen Disziplin, der Meditation, der Wachheit, um sich dieses Mechanismus bewusst zu werden und dem Geschichtenerzähler im Kopf nicht beständig nachzugeben.

Uma hatte sich dieser Schule unterworfen, es wäre ihr an der Seite von Mahindra auch nichts anderes übrig geblieben. Er las all ihre Gedanken, und wenn sie negativ, urteilend oder sorgenvoll waren, gab er einen Kommentar dazu ab oder zeigte sich unwirsch. Nichts entzog sich seiner Wahrnehmung, es schien, als sehe er durch sie hindurch.

Uma war selten in Leutenstett und hielt sich meist nur wenige Tage dort auf. Der Sog alter Gewohnheiten, das Zurückfallen in Muster aus der Kindheit waren hier viel stärker als irgendwo sonst auf der Welt. Leutenstett erwies sich immer als ein Prüfstein für ihre Entwicklung. »Wenn du glaubst, dass du schon so erleuchtet bist, dann geh und verbring eine Woche mit deinen Eltern«, hatte Ram Dass, ein amerikanischer Lehrer, seinen Schülern geraten. Uma gab ihm Recht. Zuhause bei ihrer Mutter zu sein, das hieß, wieder einzutauchen in eine alte Welt, die sie längst hinter sich gelassen zu haben glaubte. Es hieß aber auch, weder ihre Mutter noch deren Welt abzulehnen, sondern in ihr Herz zu nehmen, ohne dagegen anzukämpfen, ohne sich zu verstellen, ohne sich verletzen zu lassen. Es war ein Tanz. Und Uma, selbst Mutter, ahnte, dass es ihrer ältesten Tochter Lara ebenso erging. Sie mussten alle lernen, zu tanzen und zu lieben – und frei zu werden von der Angst, nicht wertvoll, nicht Kind Gottes zu sein. »Sie sind die Liebe selbst, wenn sie keine Angst haben«, hatte ein großer indischer Heiliger, Ramana Maharschi, einer Besucherin, versichert. Warum war das so schwer?

Nach drei Tagen durfte Uma wieder fahren. Sie nahm den Zug in die umgekehrte Richtung, zurück nach Frankfurt. Sie konnte nicht umhin, darüber nachzusinnen, wie die Existenz oder das Schicksal, wie immer sie es nennen wollte, sie geführt, beinahe geschubst hatte, zu ihrem kranken Vater zu fahren und nicht nach Indien auszubüchsen. Wäre das bestellte Taxi am Morgen ihres Abflugs pünktlich erschienen, dann hätte sie nicht noch einmal in die Wohnung hochlaufen müssen und der blinkende Anrufbeantworter mit der neuen Nachricht ihrer Mutter wäre ihr entgangen. So jedoch konnte sie nicht umhin, ihre Abreise zu überdenken, dem Bitten ihres Onkels und ihrer Mutter nachzugeben und nach Leutenstett zu fahren. Ob ihr Vater nun wirklich seinen letzten Kampf antrat, blieb ungewiss.

Der Flug nach Bombay verlief problemlos. Im Inlandsflughafen aber herrschte ein heilloseres Chaos als üblich. Viele Inder benutzten die Weihnachtsfeiertage, um Verwandte zu besuchen. Als Uma ihren Abflugschalter aufsuchte, war ihr Name für den ebenfalls umgebuchten Inlandsflug von Bombay nach Goa nicht auf der Passagierliste. Der Air-India-Engel aus Frankfurt hatte seine Aufgabe erfüllt, für die Weiterreise in Indien schien er nicht mehr zuständig zu sein. Der Flug war ausgebucht, hatte ohnehin drei Stunden Verspätung und Uma wurde auf die Warteliste gesetzt. Die Schalterbeamtin machte ihr wenig Hoffnung. Uma, die sich in Indien sonst immer zuhause fühlte, kam sich vor wie ein verlorenes Kind.

Es war der Vormittag von Heiligabend. Sebastian und die Kinder waren bereits seit einigen Tagen in Goa. Sie hatten einen gemeinsamen Familienurlaub dort geplant, zumal in ein paar Wochen die Seminarteilnehmer der Goa-Gruppe eintreffen würden. Noch hatten Uma und Sebastian nicht gewagt, sich auch wirtschaftlich zu trennen, und ohne ihn als Reiseleiter konnte sie die Gruppe nicht anbieten. Ruhelos streifte Uma durch die überfüllten Schalterräume des Flughafens. Was sollte sie tun, wenn sie diesen Flug nicht bekam? Zu Vimal ins Resort fahren?

Sie sah in die fremden und doch so vertrauten indischen Gesichter. Wie immer in Indien bewegten sich die Menschen in Gruppen, Familien mit Kindern, Tanten, Großeltern. Alleinreisende, zumal weiblichen Geschlechts, gab es nicht, und falls man eine Frau allein sah, so war es eine Westlerin. Umas Familie, Sebastian und die Töchter, befanden sich wahrscheinlich gerade am Strand von Colva. Vimal war bei seiner Wahlfamilie, den Sannyas-Freunden im Resort. »Die übliche kleine Weihnachtsfeier bei Meera«, hatte er gesagt. Und sie? Saß auf dem Inlandsflughafen von Bombay fest, allein, müde, überfordert, genervt. Wenn alle Stricke rissen, musste sie sich ein Hotel in Bombay suchen und bis zum nächsten Tag warten. Wohin gehörte sie eigentlich? »Du wirst niemals irgendwo hin gehören, bis du lernst, in deinem eigenen Herzen zuhause zu sein«, sagte ihre innere Stimme. »Ach was«, murmelte Uma erschöpft. Sie hatte all die Weisheiten so satt! Sie war dabei, alles zu verlieren. Sie gehörte nirgendwo hin. Uma hätte gerne geweint, aber die vielen Fremden hielten sie zurück, und sie verstaute die Tränen irgendwo in der Tiefe ihrer Brust.

Sie bekam den Anschlussflug und erreichte irgendwann am Spätnachmittag das vertraute Haus von Natty. Villa Rebello, wie das zweistöckige goanische Haus ein bisschen großspurig genannt wurde. Ihre goanische Vermieterin war wie eine Freundin für sie. Sie hatten sich in dem Winter gefunden, als Uma zum ersten Mal für drei Monate mit der damals erst vier Jahre alten Helen nach Goa kam. In dieser Zeit arbeitete Mahindra besonders heftig mit ihr. Nattys Haus war Umas Zufluchtsort geworden. Sie bewohnte immer das Schlafzimmer im Obergeschoss, das eine eigene große Terrasse besaß. Dort nahm sie ihr Frühstück ein, unter den schattenspendenden Ästen der Kokospalmen, während unten in Nattys Hof die kleinen goanischen Schweine herumrannten und auf die Papaya und Bananenschalen warteten, die sie ihnen von oben hinunterwarf.

Jetzt fand sie das Zimmer leer vor. Umas Familie war noch am Strand. Sie fühlte sich angespannt, ausgehöhlt, zerrissen. Nicht glücklich, ja ekstatisch wie sonst, wenn sie bei Natty ankam, und sogleich Turnschuhe und Strümpfe auszog, über den warmen Boden der Terrasse spazierte, ihre weißen Winterfüße betrachtete und horchte, was die Krähen ihr dieses Mal zu berichten hatten ... bis Natty mit dem Tee hochkam in den alten angeschlagenen, vertrauten Tassen. Wo waren alle? Wie konnten sie sich am Strand vergnügen und nicht einmal zu ihrer Begrüßung da sein, nachdem sie eine Odysee durch Krankenhäuser, Intensivstationen, überfüllte Züge und chaotische indische Flughäfen hinter sich hatte?

Als die drei endlich eintrafen, machte sie ihnen schwere Vorwürfe und bereute es sofort. Sebastian war kühl und so hart mit ihr wie noch nie zuvor. Zum ersten Mal konnte sie das ganze Ausmaß seiner Verletzung erkennen. Vor ihr stand nicht mehr der ewig verständnisvolle, unterstützende Sebastian. Dies war ein Mann, der sich gepanzert hatte und ihr irgendwie etwas Schmerzliches gönnte, um wettzumachen, was sie ihm angetan hatte. Es erfüllte sie mit tiefer Trauer. Die Kinder hingen an ihr wie Hundewelpen. Vor Jahren hatten sie ein Spiel gespielt, wer von ihnen symbolisch welches Tier verkörperte. Die Kinder meinten damals, Uma sei eine Wolfsmutter, die ihr Rudel anführt und um sich schart. Sebastian, so befand der Familienrat, glich einem Bären, Lara war ein Delfin und Helen eine Giraffe. Helen war nicht zufrieden damit, einer Giraffe zu gleichen, aber Uma wollte gern eine Wolfsmutter sein. Und auch jetzt scharte sie ihre Töchter um sich, verknäulte sich mit ihnen, fand ebenso viel Trost bei ihnen wie sie bei ihr. Die Kinder standen unter Schock, sie kannten nicht die geringste Streitigkeit zwischen ihren Eltern. Es war das erste Mal, dass es eine ernste Unstimmigkeit zwischen ihnen gab, und das an Heiligabend. Irgendwie retteten sie den Abend, gingen ein scharfes indisches Curry essen, ließen den warmen Meereswind in ihren Haaren spielen. Aber der Zusammenstand zwischen Uma und Sebastian erwies sich als schwierig. Er konnte seine Wut, seinen Schmerz nicht wirklich ausdrücken. Auf gewisse Art und Weise hasste er Uma jetzt, so wie man einen Zerstörer hasst. Später würde er zu ihr sagen, er fühle sich, als habe sie ihn aus dem Paradies vertrieben.

Am folgenden Tag geschah, während sie am Strand saßen, etwas Seltsames. Eine große Welle überschwemmte den Boden des gesamten Strandrestaurants, ließ nassen, klebrigen Sand zurück und ebbte wieder ab. Wenige Stunden später hörten sie, dass sich vor Sumatra ein Erdbeben ereignet und es daraufhin eine gewaltige Flutwelle an der Ostküste Indiens und auf den thailändischen Inseln gegeben habe. Hier im Westen Indiens bekamen sie kaum etwas davon mit. Das volle Ausmaß der Tsunami-Katastrophe erfasste Uma erst nach Monaten, als sie wieder in Deutschland war. Aber die Nachrichten über das Erdbeben alamierten Uma und erinnerten sie an die Eingebungen, die sie über den Todeszeitpunkt ihres Vaters erhalten hatte. Sie rief sofort zuhause an. Am Tag des Erdbebens ging es ihrem Vater besonders schlecht, und alle glaubten, dass er den Tag nicht überleben werde. Doch dann berappelte er sich noch einmal und wurde bald darauf in eine Reha-Klinik verlegt.

Irgendwann fing Indien Uma wieder ein und versetzte sie ein weiteres Mal in jenen Zustand, den sie so gut kannte und liebte. Eine Gemütsverfassung, in der Dinge unwichtig wurden, die tatsächlich unwichtig waren, und Dinge, die Bedeutung hatten, ihren Raum fanden: Gespräche mit Sebastian, während sie den endlosen Strand hinunterwanderten bis zum Nachbarort Benaulim, Momente der Stille, des Einvernehmens. Kaffee im *Furtado,* einem kleinen Strandrestaurant, das nur von Indern aufgesucht wurde, in dem es kleine Tafeln Schokolade gab, die sie sich teilten. Innehalten. Aufs Meer schauen. Das silberne Glitzern der Nachmittagssonne auf dem Wasser, so wie immer, so besonders. Die Fischer, die vor ihnen ihre Netze einholten. Die Obstfrauen, die vorbeizogen wie Segelschiffe, aufrecht, in leuchtenden Saris, mit ihren geflochtenen Bastkörben auf dem Kopf. Da sein. Sich spüren.

Sich einschwingen auf dieses Land, in dem die Uhren langsamer liefen, die Zeit sich hinzog und zuweilen, mit ein wenig Glück, einfach stehen blieb.

Zwischendurch redeten sie, über die Vergangenheit, die Zukunft, das Neue in ihren Leben. Und waren sich wieder so nahe wie immer.

Als die Weihnachtsferien zu Ende gingen, flogen die Kinder zurück. Dieses Mal wollten sie die zwei Wochen, bis das Seminar zu Ende war und Sebastian wieder nach Hause kam, allein verbringen.

Die Gruppe kam und Uma hatte Glück. Nicht alle Gruppen erwiesen sich als einfach, schon gar nicht in Indien. Für manche Menschen war Indien einfach nicht das geeignete Land. Es weckte zu viele Ängste in ihnen, war zu arm, aber auch zu fremd. Aber diese Gruppe erschien ihr abenteuerlustig, aufgeschlossen, hoch motiviert, an sich zu arbeiten, alles, wovon sie als Seminarleiterin nur träumen konnte.

An einem der ersten Abende nahm Uma ihre Teilnehmer mit nach Palolem, einem weiter südlich gelegenen Strand. Palolem, auch liebevoll »Paradiesstrand« genannt, bildete eine halbmondförmige Lagune, was dem Strand etwas Geschütztes, Zauberhaftes, Romantisches verlieh. Als Uma vor fünfzehn Jahren zum ersten Mal hierherkam, war es ein einsamer Strand gewesen, mit ein paar Hütten ohne fließendes Wasser, die man für wenige Rupien mieten konnte. Nur die wirklich hartgesottenen Hippies blieben über Nacht. Inzwischen war auch am Paradise Beach eine milde Form von Massentourismus ausgebrochen. Doch als die Sonne unterging und die Farben ins Rosa-violett-orange zerflossen, war alles wieder da – wie beim ersten Mal.

Das erste Mal lag Jahre zurück. Es geschah in jenem Winter, als sie drei Monate in Goa blieb und der Meister besonders hart mit ihr arbeitete. An einem Abend fuhr sie mit dem Fahrrad am Strand entlang, auf dem Gepäckträger ihre kleine Tochter, die versonnen vor sich hin sang. Sie wollten eine Freundin und deren Tochter besuchen, die in Benaulim, südlich von Colva, wohnten. Die Sonne ging gerade unter und Uma genoß die Farben des verglühenden Lichts um sie herum. Doch plötzlich war alles anders als sonst, als wirke ein Zauber in ihr, den es vorher nicht gegeben hatte. Alles wurde eins. Das Meer, die Farben, ihr Fahrrad, die Luft, die Krähen, die Menschen, die Kokospalmen, die Strandkrabben, sie selbst, alles war vernetzt, bildete eine Einheit, gehörte untrennbar zusammen. Noch nie hatte sie die Welt so wahrgenommen. Diese Verbundenheit, das Einssein von allem mit allem, erzeugte in ihr ein niemals gekanntes Glücksgefühl. Ihr schien, als habe ihr die Existenz für einen Moment ein Fenster geöffnet, durch das sie etwas sehen konnte, was ihr sonst verborgen blieb. Nichts war getrennt oder allein oder existierte nur für sich. All das war Illusion, Täuschung. Es gab nur das Eine, das Millionen unterschiedliche Formen annahm.

Uma war sich bewusst, dass gerade etwas Großes, Außerordentliches in ihrem Leben geschah. Es schien, als habe Gott oder die Existenz selbst sie geküsst. Doch nach dem Kuss trennte Gott seine Lippen wieder von den ihren, als sei sie noch zu jung, zu unerfahren für mehr als dies. Sie blieb noch eine ganze Weile in diesem Zustand, den die Inder als *ananda*, Glückseligkeit, bezeichnen, doch irgendwann ebbten die ungewöhnliche Sichtweise und die damit verbundenen Empfindungen langsam ab.

Als Uma längst wieder ganz normal war und alles um sie herumso wie immer, behauptete der Meister, sie sei nun erleuchtet. Aha, der alte Zauberer war wieder zugange! Eine neue Finte. Er prüfte sie gern und immer wieder. Uma zeigte sich empört. Sie hatte immer noch zuweilen Wut, schlechte Gedanken, traf Urteile über andere, darunter auch ihn. Sie konnte nach wie vor abgehetzt, konfus, verzweifelt, beleidigt, verletzt oder voller Angst sein. Erleuchtet? Pffff! Also wirklich nicht.

Doch von nun an geschah es immer wieder. Uma wusste nicht wann, wie oder wo. Es war eine Gnade. Plötzlich öffnete sich ein Fenster, und dieser besondere Zustand stellte sich ein: Ausdehnung, Glückseligkeit, *bliss*. – Und dieses Mal erwischte es sie in Palolem mit der Gruppe. Sie schaute auf das Meer, die Felsen, das Licht und wurde eins mit der gesamten Existenz. Sie schwamm in Glückseligkeit. Uma setzte sich ein wenig abseits, um nicht reden zu müssen.

Die Mitglieder ihrer Gruppe fotografierten wie wild die untergehende Sonne. Uma spürte ihr Getrenntsein von dem Sonnenuntergang, den Farben, dem Meer, der Welt um sie herum und sogar von sich selbst. Es schien, als müssten sie diese Trennung durch Unruhe und Beschäftigung kompensieren. Fotografieren, trinken, essen, herumwandern, einkaufen, reden. Sie beobachtete zärtlich die Menschen, die sich ihr für eine kleine Weile anvertraut hatten. In der Zeit des Seminars waren alle Gruppenmitglieder für sie wie ihre Kinder, und sie liebte und sorgte sich um sie wie eine Mutter. Auch deshalb bekümmerte es sie, dass keiner von ihnen diesen Zustand kannte oder mit ihr teilen konnte, nicht einmal ihr geliebter Sebastian. Offenbar gab es irgendeine geheime Brücke, über die man gehen musste, um den Zustand des Nicht-Getrenntseins zu erfahren. Der Meister, so sah Uma es, war immer auf der anderen Seite der Brücke. Er lebte an diesem Ort, war tiefer und tiefer dort drüben eingedrungen, während Uma nach mehr oder minder kurzen Aufenthalten wieder zurückkehren musste, in die »Normalität« auf der hiesigen Seite.

Gott ist in jedem Baum, jedem Tisch, jedem Stein, jedem Hund, hatte Mahindra ihr erklärt. Alles ist Gott! Aber der Stein und der Baum haben nur ein begrenztes Bewusstsein, um das Göttliche zu empfangen. Ein Hund hat schon ein wenig bessere Antennen und ein Mensch noch bessere. Darum sei es so wichtig, sein Bewusstsein zu entwickeln.

Uma stellte es sich folgendermaßen vor: Die göttliche Matrix verwob alles miteinander, wie ein unsichtbares Spinnennetz. Sie war alles, und alles war Teil von ihr. Niemand blieb je ausgeschlossen, denn die Matrix befand sich überall, durchflutete alles und jeden. In jedem Menschen war der Sternenhimmel, das gesamte Universum! Aber inwieweit jemand oder etwas die höchste göttliche Intelligenz, die höchste Liebe und Weisheit wirklich empfangen konnte, das hing davon ab, wie fein seine Antennen, wie hoch sein Bewusstsein entwickelt war. Vielleicht glichen die Antennen auch Toren in ihrem Inneren, wie Satellitenschüsseln, dachte Uma bei sich. Und bei ihr waren bereits drei oder vier oder fünf Tore geöffnet, und es mochte Hunderte oder Tausende geben oder noch mehr.

»Gott ist unendlich«, hatte Mahindra immer zu ihr gesagt. Und gleich darauf gefragt: »Wie kann er endlich sein? Dann ist er nicht Gott.« Er behauptete auch, dass die Erleuchtung, einmal erreicht, keineswegs das Ende sei, sondern ein stets voranschreitender Prozess. »Auch Jesus entwickelt sich noch weiter«, meinte Mahindra, der für Grenzen nicht viel übrig hatte. »Ihr Glück hat nach oben hin keine Grenze, Sie können immer noch glücklicher werden«, informierte er seine konsterniert dreinschauenden Zuhörer bei seinen Vorträgen. Diese wussten nicht, ob sie verletzt, beleidigt oder einfach nur verwundert sein sollten. Aber immer gingen sie verjüngt nach Hause, mit Hoffnung, mit einem Leuchten.

Die Tage in Goa verstrichen mit dem Abhalten des Yoga-Unterrichts, Meditationen, Seminararbeit und Reisen. Zum ersten Mal brachten Sebastian und sie eine Gruppe nach Hampi, eine Stadt im angrenzenden Bundesstaat Karnataka.

Sie hatten Hampi vor Jahren mit den Kindern entdeckt und waren berauscht von seiner Schönheit. Unzählige alte Tempelanlagen, kostbar, zerfallend, über eine Flusslandschaft verstreut. Zwischen den Tempeln auf verschlungenen Pfaden lagerten Kühe und Kokosnuss- oder Zuckerrohrsaft-Verkäufer sowie Sadhus in weißer, safrangelber oder orange leuchtender Kleidung mit ausgestreckter Hand. Ein Mantra, ein Segen, ein Foto für ein paar Rupien. Nie wusste Uma so recht, ob sie in ihnen wirklich Heilige sehen sollte, oder ob es sich nicht einfach nur um bettelnde Obdachlose handelte. Den Indern, in ihrem karmischen Gleichmut, war dies einerlei. Sie gaben ein paar Rupien, egal ob Heiliger oder Herumtreiber. In Indien nahm man die Dinge nicht so genau – denn man hatte ja doch keine Kontrolle. Alles war schon vorherbestimmt. Und alles war gut, vollkommen, perfekt. So wie es in dem überall in Indien gesungenen Sanskrit-Mantra hieß:

Om purnam-adah purnam-idam,
purnaat purnam-udacyate.
Purnasya purnam-aadaaya,
purnam-eva-avashishyate.

Dies ist vollkommen, das ist vollkommen,
aus dem Vollkommenen entspringt das Vollkommene.
Nimm das Vollkommene vom Vollkommenen,
und nur das Vollkommene bleibt übrig.

Es war in Indien schwer vorstellbar, dass es vielleicht ein Feld von Möglichkeiten gab und somit Wege und Lösungen jenseits aller zementierten Standpunkte und Konditionierungen. Und für die Westler blieb es unbegreiflich, ja empörend, dass man nicht alles kontrollieren konnte und möglicherweise lernen musste, mitzufließen, einzutreten in den großen Strom des Universums und sich dem Fluss hinzugeben. Irgendwo dazwischen, zwischen den Auffassungen von Ost und West, lag die Wahrheit. Und doch ging das Mantra tiefer, lotete die Wahrheit jenseits des Verstandes aus: Die göttliche Schöpfung war total. Alles war in ihr enthalten, und alles war vollkommen. Uma wünschte, sie könnte dies auf der tiefsten Ebene erkennen, nicht einzig mit dem Verstand, sondern mit ihrem ganzen Sein.

Mit der Gruppe erkundeten sie die alten Tempelanlagen, liefen am Fluss entlang, kletterten, von Affen verfolgt, den Berg zum Hanuman-Tempel hinauf, der ein wenig außerhalb der Stadt lag, und blickten von dort über das weite Land. Am Nachmittag, wenn die Hitze zu groß wurde, lagerten sie gemeinsam in Cafés am Fluß, aßen scharfen Dal und nahmen viel zu süßen Chai im Schatten großer Mangobäume ein. Die Gruppe bekam eine Ahnung von der Magie des alten Indiens, jenseits der goanischen Touristenstrände. Eine Teilnehmerin träumte, Uma sei Lakshmi, die indische Göttin des Reichtums und des Überflusses. Sie stand in einem Bottich aus Milch und Rosenöl und fütterte ihre Teilnehmer mit einem Nektar aus Honig. Die Gruppe verlor jedes Zeitgefühl, es schienen nicht nur zwei Wochen, sondern Monate vergangen zu sein seit ihrem Aufbruch, so anders war die Welt, in die sie eingetaucht waren.

Doch irgendwann, wie bei einer Sanduhr, war auch das letzte Körnchen aus dem Glas gerieselt und der Tag der Abreise brach an. Uma begleitete die Gruppe zum Flughafen und überließ sie an der Eingangstür zur Abflugshalle ihrem Schicksal, um sich ihrem eigenen zuzuwenden. Es war der 4. Februar. Noch am selben Nachmittag ging ihr Flug nach Indien. Zu Osho, zu Vimal. Uma hatte sich entschlossen, offiziell Sannyas zu nehmen.

2

Diesmal war sie entspannter im Osho Meditation Resort. Sie kannte sich ein wenig aus, wusste um die Aufnahmeprozedur, den Aids-Test – lediglich ein Piekser in den Finger –, der von einem indischen Arzt direkt vor Ort durchgeführt wurde und dessen Ergebnis man zehn Minuten später erfuhr. Falls Uma große Zeichen erwartet hatte, Rosen, die vom Himmel fielen, oder weiße Engelsfedern, so wurde sie enttäuscht. Stattdessen begegnete ihr gleich am Eingangstor eine Gruppe Sannyasins, welche die Leiche einer alten Inderin, geschmückt mit orangeroten Blüten und Blumenketten, singend und tanzend auf einer offenen Bahre aus dem Resort trugen. Uma blieb respektvoll stehen und sandte ein Gebet ins Universum.

Sie konnte nicht wissen, dass der Tod auch sie erwartete, dass Teile ihrer Persönlichkeit sterben und Schichten ihres Egos abblättern mussten, wenn sie diesem Meister folgte. Sie hielt einfach nach ganz anderen Zeichen Ausschau. Und doch hatte Osho einmal gesagt:

Liebe bringt dich Auge in Auge mit dem Tod. Meditation bringt dich Auge in Auge mit dem Tod. Zu einem Meister gehen heißt, in deinen eigenen Tod gehen. (11)

Im Willkommenscenter, wo sie ihren Eingangsausweis abholte und ihr Blick zum Resort hinüberschweifte, traf sie plötzlich ein Satz aus ihrem Inneren mit voller Wucht: »Du wirst nicht nur jeden lieblosen Gedanken bereuen, den du je über den Meister hattest. Du wirst jeden lieblosen Gedanken bereuen, den du jemals über irgendein menschliches Wesen hattest. Warum? Weil es nicht die Wahrheit ist.« Es schien, als gäbe Osho ihr dies mit auf den Weg, bevor sie das Haifischbecken des Resorts betrat.

Sannyas zu nehmen, dreizehn Jahre nachdem der Meister seinen Körper verlassen hatte, glich mehr einem bürokratischen Akt denn einer Liebeserklärung. Uma zögerte, bevor sie das schwarze Gebäude betrat, in dem sie sich anmelden sollte. Sie machte wieder kehrt und setzte sich auf das Mamorpodest der ehemaligen Buddha Hall, in der Oshos Sessel gestanden und er seine Vorträge gehalten hatte. Damals war dieser Ort das Herz der Gemeinschaft gewesen. Hier hatten Oshos Vorträge und alle Meditationen stattgefunden. Inzwischen besaß die Buddha-Halle, nun »Buddha Grove«, kein Dach mehr und wurde für andere Zwecke benutzt. Alles war im Wandel, nichts blieb. Uma kreuzte die Beine unter ihrer weiten dunkelroten Robe und genoss die Wärme des Mamors unter sich. Sie schloss die Augen und versuchte irgendetwas zu fühlen. Dies war ein bedeutender Moment, denn wenn sie Sannyas nahm, verließ sie endgültig ihren Meister Mahindra und »heiratete« einen anderen.

Als Mahindra und sie bei einem ihrer letzten Zusammentreffen in dem Luxusresort Leela Beach saßen und gemeinsam etwas tranken, rief Uma aus: »Dies ist der beste Cappuccino, den man in ganz Goa bekommt.« »Das hättest du mir früher sagen sollen«, entrüstete sich der Meister, der niemals Kaffee trank. »Das Beste behältst du für dich.« Der Satz hallte noch tagelang in ihr nach. »Das Beste behältst du für dich.« Was meinte er damit?

Am Abend vor ihrem Abflug von Goa hatte sie Mahindra noch einmal getroffen und war mit ihm in der Abenddämmerung am Meer entlangspaziert. So, wie sie es viele Jahre getan hatten. Und auch jetzt nutzte er die Gelegenheit, ihr eine skurrile Geschichte zu erzählen. Vor langer Zeit sei er von afrikanischen Menschenfressern gefangen worden. Um sie abzulenken, habe er ihnen einen Bumerang gebastelt. Die Kannibalen waren verblüfft und begeistert von dem Spielzeug, das ganz von allein zurückkam. Danach habe er einen Bumerang gebastelt, der nicht wiederkehrte. Er bat um Erlaubnis, ihn holen zu dürfen und kam brav mit dem Wurfgerät zurück. Beim dritten Mal warf er jenen Bumerang noch einmal, und erneut ließen ihn die Kannibalen ziehen, um ihn zu holen, aber dieses Mal kam er nicht zurück. »Sie warten immer noch auf mich«, behauptete er lachend. Uma schwieg. Die Geschichte handelte von ihr. Sie würde also nie wieder zurückkehren zu ihm? Nie wieder nach Goa kommen? Die Sonne versank im Meer, die magische Stunde begann. Aber ihr Herz war schwer.

Jetzt fühlte sie nichts. Die Würfel waren längst gefallen. Innerlich hatte sie schon lange Sannyas genommen. Alles andere war nur eine Formalität. Sie kehrte zu dem Büro zurück, und man händigte ihr einen Schnellhefter mit Namenslisten aus, aus denen sie sich ihren neuen Namen aussuchen sollte. Uma wusste, dass dieser Name, wäre Osho noch am Leben und hätte er ihn für sie ausgesucht, eine Bedeutung gehabt hätte, die weit jenseits von Klang und Schönheit lag – eine mystische Bedeutung. Er wäre ein Hinweis auf die Art gewesen, wie sie ihren spirituellen Weg zu gehen hatte. Und daher konnte sie ihn nicht selbst aussuchen. Sie konzentrierte sich einen Moment und ließ den Schnellhefter auf den Boden fallen, so dass sich eine Seite von selbst aufschlug. Dann schloss sie die Augen und tippte mit dem Finger wahllos auf eine Stelle der aufgeschlagenen Seite. Sie öffnete die Augen: *Uma*. »Das Licht« oder auch »Tochter der Berge«. Ein Jahr später fand sie in einem verstaubten Laden im alten Delhi ein Buch über indische Mythologie, in dem Umas Geschichte genauer erzählt wurde. Dort stand, dass Uma ein anderer Name für Parvati war, die Frau von Shiva, dem wilden Gott mit dem Dreizack, der im Himalaya hoch oben auf dem Berg Kailash lebte und für Zerstörung und Askese, allerdings auch für Geburt, Neubeginn und sexuelle Kraft stand.

Und Umas Geschichte ging so: Parvati liebte Shiva, doch er ignorierte sie, da er immer noch um seine verstorbene Frau Sati trauerte. Nachdem sie erfolglos alles probiert hatte, um ihn für sich zu gewinnen, entschloss sie sich, in die Berge zu gehen, zu fasten und strenge Enthaltsamkeitsrituale auszuführen. Sie schlief auf dem Boden und ernährte sich von Wurzeln und Gräsern. Im Hochsommer entzündete sie Feuer und verharrte neben der Gluthitze, um zu meditieren. Bei Regen und Sturm suchte sie keinen Unterschlupf, sondern setzte sich den Mächten der Natur aus. Die Weisen und Asketen, die sie aus der Ferne beobachteten, waren verblüfft. »Hat sie nicht gestern noch mit Puppen gespielt?«, fragten sie. Als ihre Mutter sie besuchen kam und sah, wie ihre schöne Parvati abgemagert war, gezeichnet von ihrer Askese, durchglüht vom Feuer ihres Willens und der unerfüllten Sehnsucht ihrer Liebe zu Shiva, rief sie schmerzvoll aus: »U-ma, U-ma!« Die Weisen und Asketen glaubten, dies sei Parvatis neuer Name, und nannten sie von nun an Uma.

Eines Tages kam ein junger Asket und redete freundlich auf sie ein. Dies sei kein Weg für eine Frau, sie zerstöre ihre Schönheit und natürliche Anmut. Sie verdiene es, im Wohlstand zu leben. Als er erfuhr, dass es Shiva war, den Uma liebte und um dessentwillen sie sich der Askese verschrieben hatte, begann der junge Mann über Shiva herzuziehen. »Er beschmiert sich mit Asche und reitet auf einem alten Stier statt auf einem Elefanten. Wie kann eine schöne Frau so einen primitiven Kerl lieben?« Uma schlug erbost zurück: »Die Liebe schaut nicht auf Äußerlichkeiten, sondern sieht das Herz. Und Shivas Herz ist stark, großzügig, rein und voller Hingabe. Und nun verschwinde!« In diesem Moment löste sich der junge Asket in Luft auf und Shiva stand vor ihr mit seinem Dreizack. Uma hatte die letzte Prüfung bestanden, um Shivas Liebe zu gewinnen. Von nun an waren die beiden in der indischen Mythologie ein unzertrennbares Paar.

Parvati wurde offenbar nur Uma genannt in der härtesten Phase ihres Lebens, als sie Qualen litt, um Shivas Liebe zu erlangen. War es das, was Uma erwartete?

Die zuständige Sannyasin erklärte ihr, sie brauche noch ein Präfix zu ihrem Namen, und zeigte ihr eine andere Liste. Diesmal wählte Uma selbst aus: *Prem*. Die Liebe. »Ma Prem Uma« war jetzt ihr offizieller Name. Sie sollte am Nachmittag wiederkommen, um zusammen mit anderen Neulingen Einzelheiten zu der Sannyas-Feier am folgenden Tag zu erfahren.

Ma Prem Uma schritt aus dem kühlen Gebäude hinaus in die strahlende Sonne. Erst als sie draußen in der Mittagshitze stand und nicht wusste, was sie als Nächstes tun sollte, spürte sie, dass sie wie betäubt war. Ein Gefühl, als sei alles zu viel. Sich selbst einen neuen Namen zu geben! Sannyas zu nehmen. Die Verantwortung für so eine Kehrtwendung in ihrem Leben zu schultern. Alles zuviel. Nur wenige Schritte entfernt war der Buchladen mit allen Osho-Büchern in Hindi und Englisch, und sie flüchtete sich in diese Räumlichkeiten, denn Bücher hatten ihr immer ein Gefühl von Sicherheit und Ordnung gegeben. Im Laufe der nächsten Jahre würde Uma allerdings erkennen müssen, dass sie Worten nicht mehr vertraute. Worte würden dünn werden, nicht mehr ausreichen und ihr auch nicht mehr erlauben, ihre tiefsten Regungen und Erfahrungen im Herzen mitzuteilen. Osho, der große Poet, hatte es geschafft, mit Worten bis in die Tiefen der Herzen vorzudringen, aber Uma würde verstummen. Es war ein durchaus positives Verstummen, in dem sie allein blieb, wie auf einem Pfad, der so schmal geworden war, dass niemand mehr neben ihr gehen konnte.

Sie schlug eine Seite in ihrem Lieblingsbuch *A Cup of Tea* auf, das einzige, dass sie hin und wieder benutzte, um Nachrichten von ihrem Geliebten zu empfangen, wenn ihr Inneres nicht still genug war, um irgendetwas zu vernehmen.

Love.
Meditiere, bete und warte.
Führe nichts willentlich herbei,
denn in dir ist eine Kraft,
die größer ist als jede eigene Kraft.
Doch sie wirkt nur, wenn dein Wille ruht. (12)

Warten. Nichts mehr wollen. Alles Gott überlassen. Nichts davon war einfach, und keine dieser Eigenschaften gehörte zu Umas Stärken.

Sie traf Vimal zum Mittagessen. Er war gerührt über ihren neuen Namen und die bevorstehende Sannyas-Feier und schlug ihr vor, gleich am Abend in die Innenstadt zu fahren und von Shree Juweler ihre neue Kette mit dem Osho-Marmor anfertigen zu lassen. Shree Juweler hieß der Juwelier, zu dem alle Sannyasins gingen, man vertraute ihm, er kannte sich aus mit Osho-Mamor und war den Umgang mit Westlern gewöhnt. Vimal wollte die Kette bezahlen und sie ihr zu ihrem Sannyas-Geburtstag schenken.

Am Nachmittag fand Uma sich zur Besprechung der Sannyas-Feier wieder im Ashram ein. Viel mehr Menschen, als Uma erwartet hatte, versammelten sich im Raum, die meisten waren jünger als sie. Jetzt kam sie sich klein und unwichtig vor. Ein Neuling unter anderen Neulingen. Niemand wusste, und es hätte auch niemanden interessiert, dass sie bereits zehn Jahre lang einem Meister gedient hatte, dass sie nicht einfach irgendeine Schülerin gewesen war, sondern seine Vertraute. Ach ja? Ein tieferer und weiserer Teil von Uma erkannte, dass sich einfach nur ihr Ego aufplusterte wie ein eitler Gockel. Und dieser Teil war auch vertraut mit dem schmerzhaften Vorgang, dem die Meister sie alle unterzogen, mochte es Mahindra oder Osho sein, indem sie ihr Ego beschnitten, so wie man einen Rosenstrauch im Frühjahr stutzt, damit er später üppiger blüht.

Die Besprechung begann. Ein älterer Sannyasin, den Uma sofort mochte, erklärte ihnen, wie die Feier in etwa ablaufen würde. Die Kleiderfrage wurde des Längeren erörtert, aber für Uma war bereits klar, dass sie sich zu dem Anlass eine neue dunkelrote Robe zulegen würde. Wie konnte sie anders zu Osho kommen als in den Farben, die er seinen Schülern am Schluss, kurz vor seinem Tod, vorgeschlagen hatte? An irgendeinem Punkt der Besprechung überfielen Uma wieder jene Gefühle der Verlorenheit, Einsamkeit und Fremdheit, die nun so oft ihre Begleiter waren. Tat sie wirklich das Richtige? Und wer oder was, zur Hölle, sagte ihr, was richtig war? Verriet sie nicht ihren Meister Mahindra und alles, wofür er stand? In den letzten Jahren hatte er sie so viel über Jesus gelehrt, seine Weisheit und Liebe lebendig werden lassen, jenseits von kirchlichen Doktrinen und vom konventionellen Christentum. Mit der Zeit hatte sie Jesus wieder in ihr Herz geschlossen wie ein Kind, mit der gleichen Liebe, Süße und Unschuld. Immer noch stand die kleine cremefarbene Christusstatue aus Plastik, die Mahindra ihr geschenkt hatte, mit ausgebreiteten, segnenden Armen auf ihrem Hausaltar. Wo blieb ihr Jesus jetzt? Im Umfeld des Osho Meditation Resorts war immer nur von Buddha die Rede, auch wenn Osho selbst in den Siebzigerjahren wundervolle Vorträge über Jesus gehalten hatte, deren gedruckte Fassung Uma schon vor Jahren verschlungen hatte. Längst verfolgte sie nicht mehr den Fortgang der Besprechung, sondern verlor sich in ihren traurigen Gedanken, die – Mahindra hatte sie unzählige Male auf den Zusammenhang hingewiesen – natürlich sofort die entsprechenden Gefühle hervorriefen.

Mit tränenerfüllten Augen starrte sie in den Raum. Ihr Blick blieb auf dem tätowierten nackten und muskulösen Oberarm eines jungen Italieners hängen. Jesus schaute sie an. Er prangte als Tätowierung mit einem ausgepägt roten Herzchakra auf dem Oberarm des frischgebackenen Sannyasin und flüsterte Uma zu: »Siehst du? Ich bin hier. Ich bin überall da, wo du bist.« Sie konnte es nicht fassen. Lachen, Freude und Tränen der Rührung stiegen gleichzeitig in ihr auf, wie immer, wenn Gott ihr Zeichen sandte. Wenn es irgendetwas gab, woran Uma nicht den geringsten Zweifel hegte, dann daran, dass Gott einen ausgeprägten Sinn für Humor besaß. Niemand hätte in dem Sannyas-Büro den Faux-Pas begangen, eine Christusstatue aufzustellen, aber hier war er, lebendiger denn je. Auf dem Arm eines Italieners! Also waren sie einander noch nahe, sie war keine Abtrünnige. »Gib alles auf und folge mir nach«, hatte Jesus gesagt. Auf ihre Art tat Uma genau das. Sie folgte der Stimme ihres Herzens, die sie auf seltsame und verschlungene Pfade führte.

Am Abend fuhren Vimal und sie mit einer Motorrad-Rikscha in die Stadt. Die Luft war so abgasgeschwängert und schlecht, dass Uma sich wie die Einheimischen ein Tuch um den Kopf knotete, aus dem nur noch ihre Augen hervorschauten. Die dreirädrige Motor-Rikscha fuhr draufgegängerisch und gleichzeitig elegant durch den mörderischen Verkehr. Die indische Straßenordnung bestand aus einer Art reibungslosen Regellosigkeit. Es gab nur ein Gesetz, das des Stärkeren. Lastwagen und Busse hatten Vorrang vor Autos, diese vor Rikschas und diese wiederum vor Fahrrädern. Ganz am Schluss kamen die Fußgänger. Sie besaßen überhaupt keine Rechte. Königin in all dem Geschehen waren die Kühe. Gleichmütig thronten sie mitten auf der Straße, umtoste Inseln, die knapp aber sorgsam umschifft wurden. Uma hatte ein tiefes, möglicherweise unlogisches Vertrauen in das Können indischer Rikschafahrer. Auch jetzt lehnte sie sich entspannt zurück, ließ sich durch das Chaos chauffieren und staunte darüber, wie alles zusammen- und wieder auseinanderfloss, wie die Fahrzeuge auf Haaresbreite aneinander vorbeischossen, ohne dass etwas passierte. Obwohl sie, wenn sie alle ihre Aufenthalte zusammenzählte, wahrscheinlich bereits Jahre in Indien verbracht hatte, war sie immer noch fasziniert von dem Chaos, der Fremdheit, der Improvisationsfähigkeit in diesem Land. »Indien ist einzigartig auf der Welt«, sagte Vimal oft, »gäbe es dies Land nicht, müsste man es erfinden.«

Das kleine Juweliergeschäft lag in einer belebten Straße des alten Viertels und unterschied sich in Nichts von den vielen anderen in der Umgebung. Shree Juweler thronte auf einem Hocker hinter einer tischhohen Glasvitrine mit Schmuck. Er besaß das distinguierte Aussehen und Verhalten eines indischen Geschäftsmannes der Mittelklasse. Edle Kurta – ein längeres Oberhemd mit Stehkragen –, Goldbrille, gepflegte Nägel, teure Uhr. Er würde sie ein wenig übers Ohr hauen, aber nicht all zu sehr, denn er wusste, dass er einen guten Ruf in der Sannyas-Szene genoss. Viele Sannyasins machten Geschäfte mit ihm, ließen Schmuck bei ihm anfertigen und verkauften ihn dann im Westen.

Wie alles Geschäftliche in Indien, besonders wenn die Summen, um die es sich handelte, fünfzig Euro überstiegen, brauchte man Zeit und Geduld. Chai und Limonade wurden gebracht. Shree Juweler war noch mit anderen Kunden beschäftigt. Aber schließlich wandte er sich Vimal und Uma zu. Er inspizierte lange das Stück Osho-Mamor, das einem kleinen runden Stab glich, hob es ins Licht und prüfte die Maserung, als handele es sich um einen Rohdiamanten. Nur ein Inder, vertraut mit den Eigenheiten und Geheimnissen, die sich um einen Guru rankten, konnte sich mit solcher Hingabe und Ernsthaftigkeit um ihren Osho-Stein bemühen. Uma hatte lange über das Design nachgedacht und sich schließlich entschlossen, dem Stein eine Goldfassung zu geben, die sich wie eine Schlange um den Stab wand. Die Schlange, so empfand sie es, stand für ihre Transformation und ebenfalls für Weisheit. In ihrem Auge sollte ein Diamantsplitter sitzen, als Zeichen für Klarheit und Erwachen. Shree Juweler zeichnete bedachtsam mehrere Entwürfe auf Papier. Er vermaß die Kette, suchte die Diamantsplitter mit einer Pinzette aus einem Kästchen heraus und wog sie auf einer winzigen Waage. Ebenso wog er das Gold für die Fassung des Steines und zeigte ihr mehrere Ketten und Verschlüsse. Alles dauerte. Zwei Mal wurde einer der jungen Laufburschen losgeschickt, um neuen Chai zu holen. Wieder einmal verlangsamte sich die Zeit.

Ein warmer Wind wehte von der offenen Tür herein. Umas Blick fiel auf die Straße, auf Obstkarren, streunende Hunde, Bettler, Hausfrauen in Saris und blieb dann schräg gegenüber an einem kleinen blauen Verschlag hängen, in dem ein alter Mann mit einem altmodischen Wasserkessel Chai kochte. Indien. Immer wieder diese Farben, diese Armut, diese Gerüche. Räucherstäbchen, Jasminblüten, Patchouli, Chai und Mango. Aber auch Abwasserkanäle, Exkremente, Schmutz, Staub und Abgase. »Schweif doch jetzt bitte nicht ab.« Vimal holte sie grob zurück. Er mochte es nicht, wenn sie in diese Art Trance verfiel, einer gedankenlosen Faszination von dem Leben, das sich vor ihren Augen entfaltete. Sie hatte noch nie einen Mann gehabt, den so vieles an ihrem Verhalten störte. Manchmal war sie verletzt, manchmal ließ sie ihn einfach gewähren, denn all zu schnell konnte zwischen ihnen ein Streit aufflammen, und dann war der ganze Abend verdorben.

Schließlich war das komplexe Geschäft abgeschlossen. Uma verabschiedete sich erleichtert von Shree Juweler, und

Vimal steckte den Zettel zur Abholung ein, denn es war sein Geschenk an sie, und er wollte die Kette bezahlen.

Am nächsten Abend zog Uma ihre neue dunkelrote Robe an, die sie sich bei *Meera*, einer Boutique in der German Bakery Lane, gekauft hatte. Der Rock war viel weiter geschnitten als bei den Kleidern, die man im Resort kaufen konnte, und schwang tellerartig um sie herum, wenn sie sich drehte. Auch der Ausschnitt ging etwas tiefer und wäre perfekt für ihre Osho-Kette gewesen, die aber nicht schnell genug fertig werden würde. Das Kleid war für indische Verhältnisse teuer gewesen und kam ihr vor wie ein Hochzeitskleid. Sie sann über ihre Brautkleider nach. Zwei Mal hatte sie geheiratet. Das erste Mal, als junge Frau in einem weißen bodenlangen Brautkleid mit Schleier. Wie hätte sie diesem Traum widerstehen können? Ihre Ehe mit ihrem ersten Mann, dem Vater ihrer Tochter Lara, währte jedoch nur drei Jahre. Ihre zweite Hochzeit fand in Irland statt, genau drei Tage vor der Niederkunft ihrer Tochter Helen. Die Hebamme war Umas Trauzeugin gewesen. Uma schob einen riesigen Babybauch vor sich her und musste sich mit einem altgedienten Kleidungsstück, einem kaftanähnlichen Seidenumhang begnügen, das einzige einigermaßen festliche Teil, das ihr noch passte. Aber ihre Ehe mit Sebastian hielt sechzehn Jahre.

Später hatte sie häufig das Gefühl, auch eine von Mahindras Ehefrauen zu sein, von denen es allerdings mehrere gab – Schülerinnen, die vertrauter mit ihm waren, sich um ihn kümmerten, für ihn kochten, bei ihm saubermachten oder auch seine Bücher verlegten. Und Osho? Osho, der sich so oft gegen die Ehe ausgesprochen hatte, war nicht der Typ zum Heiraten. Trotzdem genoss sie das Gefühl der Aufregung um die Feier, ihr neues Kleid und Vimals Nervosität, der sich hatte anstecken lassen von ihrer kindlichen Vorfreude.

Die Sannyas-Feier selbst enthielt keine großen Höhepunkte, aber Uma blieb sehr bei sich und ihrer Entscheidung. Jede Gruppe der frischgebackenen Sannyasins bekam eine Stelle aus Oshos Reden vorgespielt. Bei der Einspielung ihres Zitats drehte sich alles um Dankbarkeit:

Und man ist dankbar dafür, dass es das Universum gibt. Man ist dankbar dafür, dass die Sonne aufgeht und die Vögel singen und die Blumen blühen und die Wolken ziehen und in der Nacht der Himmel voller Sterne ist. Man ist einfach dankbar dafür, dass es Berge und Flüsse und Ozeane und Wüsten gibt. Man ist einfach dankbar dafür, dass es Tiere und Menschen gibt. Solch eine unglaubliche Existenz, so weit reichend. Eine solche Feier, so psychedelisch, so farbenprächtig. Ein solcher Tanz der Energie. (13)

Seine Worte streichelten sie, umgarnten sie, beruhigten sie. Immer empfing sie seine Worte tief im Herzen wie eine Liebeserklärung. Und auch das schien er ihr zu sagen: »Jetzt kannst du es noch nicht sehen. Und vielleicht wirst du es noch lange Zeit nicht sehen können. Aber der Tag wird kommen, an dem du mir einfach dankbar sein wirst.« Sie ahnte, dass er Recht hatte. Und es stimmte auch, dass sie jetzt noch keine Dankbarkeit fühlte. Alles war zu neu, zu verwirrend, zu fremd, und alles schien sie immer nur kleiner zu machen – befand zumindest ihr Ego.

Vimal bewegte sich im Resort, das Uma »den Fischteich« getauft hatte, unter seinen alten Sannyas-Freunden in gewohnten Gewässern. Alle waren miteinander verbunden aus jenen intensiven Zeiten vor Jahrzehnten, als man alles geteilt hatte. Die Partner, die Gruppen, die nachhaltigen Erfahrungen, die Arbeit, die Vision, vor allem aber die Liebe zum Meister. Es war, als wären sie gemeinsam durch den Vietnam-Krieg gegangen – einer positiven, hoch spirituellen Version davon –, und die Erinnerungen an diese Zeit schweißte sie zusammen. Uma war nicht mit in Vietnam gewesen, und so gab es zunächst keine Verbindung. Manche Männer fanden sie anziehend, hielten aber wegen Vimal Abstand. Und die Frauen, abgesehen von einigen warmherzigen, leuchtenden Ausnahmen, schienen Uma entweder zu ignorieren oder schlichtweg abzulehnen. Sie war unbekannt in der Szene, offensichtlich ein Frischling, ein Neuling auf seinem Weg. Jemand, der Jahre nach dem Meister kam und keine Ahnung hatte. So blieben Uma nur zwei Möglichkeiten – entweder sie schritt an Vimals Hand durch das Resort, wobei sie sich vorkam wie eine hübsche Handtasche an seiner Seite, oder sie streifte allein umher, trank hier einen Cappucino, ließ sich dort nieder, wich den allzu offensichtlichen Anmachversuchen fremder Männer aus und ließ die Zeit verrinnen, bis sie Vimal wiedertraf.

Noch konnte sie nicht erkennen, und sie wäre auch nicht bereit zu dieser Erkennntnis gewesen, dass alles im Buddhafeld ihr nur Aspekte des eigenen Inneren widerspiegelte. Die Angst vor Menschenansammlungen, das Gefühl, nicht dazuzugehören, und auf dem Grund all dessen die Befürchtung, nicht geliebt zu werden, so wie sie war ... All das hatte sie schon ein paar Mal durchlaufen, in der Anfangszeit mit Mahindra. Damals hatte sie doch gelernt, verstanden, in sich geschürft und an sich gearbeitet! Für nichts und wieder nichts? Es war noch zu früh und die Veränderungen wogen zu schwer für Uma, um sich erneut einer schonungslosen Innenschau zu stellen und den Grund für ihr Unbehagen ganz allein in sich selbst ausfindig zu machen.

Jetzt blieb auch keine Zeit mehr dafür. Am nächsten Tag flogen sie von Bombay aus nach Bangkok und von dort weiter nach Taiwan.

Das war es, was Uma immer gewollt hatte! Schon vor Jahren, als sie wegen Mahindra in dem kleinen Dorf im Vogelsberg gelandet war, hatte sie sich geschworen, eines Tages die Winter in Asien zu verbringen und überhaupt internationaler zu leben und zu arbeiten.

Uma liebte die Fremde, das Ungewohnte und Neue. Fern von Routine und Gewohnheit blühte sie auf, wurde lebendiger, wacher und fand sich dem Göttlichen mehr verbunden. Seltsamerweise fühlte sie sich gerade in fremden Bussen, Städten, Umgebungen oft unendlich behütet und geführt und stand dann in tiefem Kontakt mit dieser Kraft, die alles lenkt und jeden Winkel des Universums erfüllt. Das Leben in anderen Teilen der Welt mit all den neuen Eindrücken, Farben und Gerüchen ließ in ihr Wellen von Glück, Aufregung und Lebensfreude aufsteigen, die alles aufwogen, was das Reisen an Unbequemlichkeit und Desorientierung mit sich brachte.

Vimal hatte eine seiner chinesischen Organisatorinnen, die ein Osho-Seminarcenter im Norden Taiwans führte, davon überzeugen können, Uma die Chance zu geben, ihre Arbeit anzubieten. Die Organisatorin hieß Arpita, und nun begaben sie sich auf jene Reisepfade, die für Vimal, den Nomaden, beinahe schon Routine waren, während in Umas Innerem allein beim Aussprechen der Zielflughäfen schon kleine Glückbomben explodierten. »B-a-n-g-k-o-k«, »T-a-i-p-e-i«, fremde Städte, deren eigenartige Betonung ihr auf der Zunge zerfloss. Doch in Bangkok, wo sie ein paar Tage blieben, um ihr Ticket nach China zu kaufen, hatten sie auch ihren ersten großen Streit.

Sie wohnten in einem gemütlichen kleinen Hotel in der Soi 8, die von der Thanon Sukhumvit abzweigte, einer der Hauptverkehrsadern im neueren Bangkok. Die Soi 8 entpuppte sich, ebenso wie die anderen Sois in der Nachbarschaft, als eine sehr lebendige enge Straße mit Massagesalons, Garküchen, Hotels, Tätowierläden, Reisebüros und Kaffeeketten. Ihr Zimmer hatte einen Balkon, und wenn sie hinaustrat, schaute sie auf Hochhäuser, aber auch kleinere Gebäude, überschattet von tropischen Bäumen. Die Luft war weich und warm. Uma wachte in aller Frühe auf und wollte sofort mit dem Boot den Chao Praya hinunterfahren, der mitten durch die Stadt führte, sämtliche Tempel und einige der alten Viertel Bangkoks erkunden. Draußen herrschten satte 32 Grad und eine hohe Luftfeuchtigkeit. Aber Vimal hatte die Absicht, seinen Tee zu trinken, Zeitung zu lesen, am Pool zu sitzen und später, vielleicht nach dem zweiten Frühstück, noch einmal aufs Hotelzimmer zu gehen, um Liebe zu machen. Uma fühlte sich kontrolliert, gezügelt und in ihrer übersprudelnden Lebensfreude gestoppt. Sie gelangten zu einem Kompromiss, doch Vimal versauerte ihr die halbtägige kleine Tempeltour, auf die sie sich geeinigt hatten, mit einer gewissen Missmutigkeit darüber, dass er Tourist spielen musste und mit Belehrungen über Tempel in Japan, die er bei seinen dortigen Aufenthalten kennen gelernt hatte.

Uma hätte schreien mögen. Wieder einmal bewegte sich Vimal in Geschichten aus seiner eigenen Vergangenheit, die ihr fremd waren und die nichts mit dem gegenwärtigen Augenblick zu tun hatten. Aber wieder einmal erzeugte die Gegensätzlichkeit zwischen ihnen auch eine Reibung und ein Feuer, die sie beide zurück ins Hotel führten, wo sie leidenschaftlichen Sex hatten, der sie beide erlöste, erfüllte und befriedigte. Und nach dem Liebemachen, als hätten sie alle Brände gelöscht und alle Teufel ertränkt, trafen sie sich ein weiteres Mal im Herzen, lagen still beeinander und genossen den unendlich weiten Raum, der zwischen ihnen entstand und sie mit höheren Gefilden verband.

Den zweiten Tag in Bangkok nutzten sie für einen Gesundheitscheck im Bumrungrad International Hospital. Untersuchungen in ausländischen Kliniken gehörten in Vimals Nomadenleben zum Alltag. Seine Zähne ließ er in Indien machen, wo es am Günstigsten war, doch für Ultraschalluntersuchungen bevorzugte er das hochmoderne Bumrungrad in Bangkok. Uma hatte ihre deutsche Gesundheitsvorsorge auf ein Minimum reduziert, um nach der Trennung von Sebastian finanziell über Wasser zu bleiben. Nun war sie ebenfalls auf Untersuchungen im Ausland angewiesen. Aber anders als Vimal war sie an Thai-Ärzte und Schwestern nicht gewöhnt, und für eine gynäkologische Untersuchung hätte sie sich eine vertrautere Umgebung gewünscht. Während sie im Wartezimmer saß und die arabischen, indischen, thailändischen und auch einige westliche Patientinnen betrachtete, fühlte sie sich verloren wie ein Kind. Wo war ihr früheres Leben geblieben? Ihre Frauenärztin in München war eine alte Freundin, die sie aus der Kindergarten- und Grundschulzeit ihrer beiden Töchter kannte. Was um alles in der Welt tat sie hier?

Eine alte Thai-Ärztin untersuchte sie und stellte fest, dass sich in ihrer linken Brust ein Stück Gewebe befand, das ihr nicht gefiel und das sie für Krebs hielt. Sie schickte Uma in eine andere Abteilung zum Ultraschall. Vimal kam vorbei und gestand ihr, dass vor sieben Jahren der Brustkrebs seiner Exfreundin genau hier entdeckt worden sei. Uma verfiel in einen seltsamen Zustand. Gerade erst hatte sie Sannyas genommen, und hier war schon der erste große Test. Die Möglichkeit, Krebs zu haben und zu sterben.

Sie ging tiefer und tiefer nach innen, um zu schauen, was auf sie wartete und was hochkommen würde. Als Erstes waren die Kinder da, die sie nicht mehr aufwachsen sehen würde. Das schmerzte. Als Nächstes überfiel sie ein heftiges Bedauern, dass sie nicht noch mehr Frauen inspirieren und helfen würde, so wie sie es sich immer gewünscht hatte. Lange Jahre hatte sie gehofft, etwas zu erfinden, eine bestimmte Methode oder Meditation, welche die Menschheit bereichern könnte. So etwas wie »Quantum Light Breath«, eine wunderbare Meditation des amerikanischen Lehrers Jeru Kabbal, die sie in ihren Seminaren oft benutzte. Sie dachte auch an Sebastian und an Vimal, aber das erzeugte weder Bedauern noch Schmerz. Aus dieser Perspektive konnte sie erkennen, dass die Liebe zu Männern in ihrem Leben erfüllt und gelebt worden war.

Fürsorgliche Thai-Schwestern kamen vorbei und boten Wasser in kleinen Papierbechern an. Irgendwann wurde sie in eine der Ultraschallkabinen geführt, wo sie noch einmal lange warten musste. Sie ging tiefer nach innen, bis sie zu einem »Ja« kam. »Ja« zu allem, was war, was auch kommen würde, »Ja« zum Sterben, falls es das war, was Gott jetzt für sie bereit hielt. Kaum hatte sie dies getan, tauchten gleich zwei Ärztinnen auf, untersuchten sie lange mit dem Ultraschallgerät – und konnten absolut nichts finden.

Nach den klimatisierten Klinikräumen umfing sie die heiße feuchte Luft draußen auf der Straße, als beträte sie eine Sauna. Jetzt erst spürte sie, dass sie sich im Schock befand. Sie zitterte am ganzen Körper und konnte kaum laufen. Sie landeten in einem offenen Restaurant, das seltsamerweise *Frankfurter Hof* hieß, Würstchen und kaltes Bier anbot und von einigen Westlern mit jungen Thaimädchen frequentiert wurde. Uma trank eine Cola und ließ das gerade Erlebte langsam von sich abperlen. Aber der Schock löste sich erst auf, als sie am Abend in einen der vielen Salons ihrer Soi ging und sich von einer alten Thailänderin die Füße massieren ließ. Die Frauen sahen beim Massieren fern und unterhielten sich gedämpft. Uma versank in einem zurückgestellten Fernsehsessel, schloss die Augen und sog das angenehme Klok-Klok und Plok-Plok des Thai in sich auf, während einer ihrer Füße bearbeitet wurde und der andere, straff eingewickelt in eine weiße Windel, ruhte. Obwohl sie die Sprache nicht kannte, fühlte sich Uma kindlich aufgehoben in dieser fremden, weiblichen Welt, die nicht ihre war und sie dennoch willkommen zu heißen und zu trösten schien.

Wann immer sie später nach Bangkok kam, verliebte sie sich erneut in diese tropische Stadt mit ihren sanftmütigen Frauen, den Räucherstäbchen vor jedem Geschäft und Restaurant, den buddhistischen Tempeln, den Blumen und Früchten und Garküchen mit ihren Gerüchen, welche die ganze Straße erfüllten. Obwohl auch hier der Asphalt hart war und sich hinter dem Lächeln, dem freundlichen »sawaadii kha«, ein Kampf ums Überleben verbarg. Auch das konnte Uma wahrnehmen und in ihr Herz fließen lassen.

Sie studierte immer die Gesichter derer, die ihr die Füße massierten oder ihre Koffer trugen, vergaß weder ein Trinkgeld noch ein Gebet für sie, ihre Familie, ihren Wohlstand. Je verwundbarer sie wurde, umso mehr rührte sie das Leid der Fremden.

Nach drei Tagen verließen sie Bangkok und flogen nach Teipei, der Hauptstadt von Taiwan. Schon auf dem Flughafen wurde Uma klar, dass dies eine ganz andere Welt war. Nüchtern, hart und zutiefst fremd. Taiwan war nicht auf Tourismus eingerichtet, und sie sahen kaum noch Westler. Im Flughafengebäude trugen die chinesischen Schilder noch englische Übersetzungen, aber sobald sie es verließen, hörte dies auf. Sie konnte nichts mehr lesen und sich kaum noch verständigen. Weder die Taxifahrer noch die Geschäfts- oder Restaurantbesitzer sprachen Englisch. Vimal, der seit Jahren nach Taiwan kam, war all dies gewohnt. Uma ließ sich ihre Verunsicherung nicht anmerken. Und das war noch längst nicht alles. Natürlich war ausgerechnet ihr Koffer auf dem Flug von Bangkok nach Taipei verschwunden. Ohne ihre Sachen, nur mit ihrer kleinen Handtasche auf dem Schoß, fühlte sie sich noch verlorener im fernen China.

Später stellte Uma fest, das bei fast allen Meistern ein Muster auftrat, wenn sie ernsthaft mit einem Schüler arbeiteten. Die erste und wichtigste Bedingung, um etwas zu erkennen und zu lernen, schien immer zu sein, dass alle gewohnten Markierungen sich auflösten. Alles, was vertraut, bekannt und sicher war und eine gewisse Geborgenheit, Routine und Orientierung versprach, musste aufgegeben werden. Für Uma sollte Taiwan dieses Niemandsland werden, ein perfektes Lernumfeld, in dem sie sich an nichts und niemandem mehr festhalten konnte – nicht einmal an Vimal, wie sich alsbald herausstellen würde.

Ihre Träume unterrichteten sie bereits im Vorfeld darüber. Jedes Mal, bevor Uma zu neuerlichen Lektionen nach Taiwan kam, hatte sie Träume, in denen sie Menschen beobachtete, die von sechzig, siebzig Meter hohen Klippen ins Meer sprangen, noch höher als in Accapulco. Zwischen diesen Bildern sah sie einen Buddha, der zu ihr sagte: »Man muss sich konzentrieren, wenn man so etwas tut.« Und sie wachte auf mit der Sorge, dass sie die nächste war, die springen sollte.

Vielleicht ahnte sie all dies bereits, als sie im Taxi das erste Mal durch Taiwan fuhr, aus dem Fenster blickte, die Landschaft, die Menschen, die Geschäfte und die chinesischen Schilder auf sich wirken ließ und spürte, worauf sie sich eingelassen hatte. Sebastian und die Kinder waren so weit weg, dass sie ihr beinahe unwirklich vorkamen.

Bei ihrem ersten Aufenthalt sah Uma das kleine Osho-Zentrum im Norden Taiwans nur kurz. Sie zogen in dem Büro ihre Schuhe aus, setzten sich auf Bastmatten um einen niedrigen Tisch herum und tranken Oolong-Tee. Sannyas-Plätze, das hatte Uma schon bemerkt, waren immer geschmackvoll eingerichtet und besaßen eine gewisse einfache Anmut und Ästhetik, als sei der Spirit Oshos noch wirksam. Hier und da gaben eine Pflanze, eine Buddhafigur, ein Bild von Osho oder ein kleiner Brunnen gerade das richtige Flair, um sich wohl zu fühlen und auch das Gefühl zu haben, an einem besonderen Ort zu sein.

Arpita, die Organisatorin des Zentrums, wollte Uma erproben, und auch, weil sie immer sehr experimentierfreudig war, hatte sie beschlossen, dass Umas Seminare nicht im Osho-Zentrum außerhalb der Stadt, sondern in Taipei City stattfinden sollten, wo ihre Klientel bislang noch dünn gesät war. Leider hatten Uma und Arpita von Anfang an Schwierigkeiten miteinander. Es fing bereits damit an, dass Uma das kuriose Englisch der anderen Frau, ein selbsterlerntes Englisch, das mit Sannyas-Ausdrücken durchsetzt war und eine höchst seltsame Intonierung besaß, kaum verstand. Aber es war nicht nur die Sprache, die sie trennte. Es schien, als kämen sie von zwei unterschiedlichen Planeten und konnten nicht begreifen, dass es so ein fremdartiges Wesen wie das andere überhaupt gab.

Uma liebte Weiblichkeit, Schönheit, Anmut, Tanz, Körperlichkeit, Berührung und die Hinwendung zum Herzen. Sie versuchte, mit anderen Frauen zu kooperieren und eine Atmosphäre von Leichtigkeit, Wärme und Harmonie herzustellen. Ihre größten Schwächen waren, dass sie Konflikte nicht klar und offen austrug, ihre Macht nicht behauptete und ihren Platz auch gegen äußere Widerstände nicht unbedingt behauptete. Arpita hingegen liebte Macht, Geld, Stärke und Durchsetzungsvermögen. Sie machte sich nichts aus ihrem Körper oder ihrem Aussehen. Sie kam mit männlichen Seminarleitern besser zurecht als mit weiblichen, und wenn sie schon mit anderen Frauen arbeiten musste, bevorzugte sie willenstarke und machthungrige Personen, die ihr ähnlich waren, selbst wenn sie mit ihnen oft heftige Auseinandersetzungen hatte. Die einzige Möglichkeit, bei Arpita zu punkten, bestand darin, mit Osho zusammen gewesen oder in seinem näheren Umfeld gearbeitet zu haben. Vor solchermaßen Erwählten hatte Arpita großen Respekt, denn sie selbst war, wie Uma, erst nach Oshos Tod Sannyasin geworden. Mit nichts von all dem konnte Uma aufwarten.

Schon sehr bald würde die kleine, ein wenig plumpe Taiwanesin zu Umas strengster Lehrerin werden. Es schien, als hätte Osho eine seiner vielen Mas aus den frühen Zeiten der Gemeinschaft speziell für sie aus dem Ärmel gezaubert. Im Zentrum war eine Italienerin namens Deeksha sehr gefürchtet gewesen. Sie hatte die Küche unter sich gehabt und dort reihenweise Geschirr und menschliche Gemüter zerschmettert. Anscheinend hatte Uma jetzt ihre eigene, chinesische Deeksha bekommen. Sie sollte sich noch tief vor ihr verbeugen, doch davor lagen eimerweise vergossene Tränen, Demütigungen – und Umas Sterben.

Zunächst einmal zeigte die eine der anderen ihren Schatten auf. Schatten-Lehrer! Nur ein Meister hätte es so einfädeln können! Was Uma am meisten ablehnte war, ihre eigene Macht, ihr Ego, ihre Stärke und ihr Durchsetzungsvermögen in sich zu entdecken und zu leben, lauter Eigenschaften ihres Vaters, die sie an Vimal abgetreten hatte. Arpitas größter Schatten war Umas Weiblichkeit und Fähigkeit zur Hingabe, die ihr erlaubten, mit anderen zu verschmelzen und ins Herz zu gehen. Dies hätte Arpita ein Gefühl von Kontrollverlust gegeben, den sie fürchtete und um alles in der Welt zu vermeiden suchte.

Für Uma sollte die Taiwanesin eines der wichtigsten Werkzeuge ihrer inneren Entwicklung werden, aber sie fand nie heraus, ob Arpita etwas von ihr lernte. Was die Organisatorin jedoch von Umas Seminaren mitbekam, in die sie nur kurz hineinschnupperte, gefiel ihr nicht. Und auch die Einzelbehandlungen waren nicht nach ihrem Geschmack. Uma konnte zu diesem Zeitpunkt nicht herausfinden, ob sie – im Vergleich zu anderen Sannyasins – tatsächlich schlechte Arbeit leistete, noch nicht in die andere Kultur hineingefunden hatte oder es ganz einfach daran lag, dass die Chemie zwischen ihr und Arpita nicht stimmte. Es mochte gut und gern eine Kombination all dieser Faktoren sein, das würde sich nie richtig klären lassen und war letztlich für Umas eigene innere Transformation von keinerlei Bedeutung. Aber sie brauchte lange, um dies wirklich und auch mit dem Herzen zu verstehen.

Uma gab in Taiwan immer ihr Bestes. In späteren Jahren, als die Lektionen fordernder wurden, zeigte sie sich noch gewissenhafter als am Anfang. Wenn sie nicht vor der Welt gut dastehen konnte, wollte sie zumindest vor sich und ihrem Herzen bestehen können. Und die Taiwanesinnen, die zu ihr kamen, machten es ihr leicht. Uma mochte die Arbeit mit diesen Frauen, die anders waren, kindlicher, fröhlicher und tief in ihrem Inneren auch wieder härter und leidgeprüfter als die Frauen in Europa. Dennoch fand Uma hier die gleichen Sorgen und Probleme vor wie bei allen anderen weiblichen Wesen auf diesem Planeten. Als sie irgendwann entschieden hatte, dass alle Lektionen gelernt waren und sie nie mehr nach Taiwan zurückkommen musste, tat es ihr am meisten leid, »ihre« Frauen zurückzulassen.

Bei ihrem ersten Aufenthalt in Taiwan regnete es vierzehn Tage lang ohne Unterbrechung. Ihre Kleidung trocknete nie. Alles war immer grau und feucht und kalt. Es gab keine Heizungen. Um sich zu trocknen, stellten die Taxifahrer, die Restaurants, der Spa, in dem sie ihre Behandlungen gab, die Air Condition an, so dass Uma zusätzlich zur Feuchtigkeit auch noch fror. Vimal und sie wohnten in dem Apartment einer Freundin von Arpita, schliefen in deren Bett, in gebrauchter Bettwäsche, was Uma besonders zu schaffen machte.

Abends fuhren sie völlig erschöpft von Behandlungen und Seminaren mit der MRT, einer hochmodernen öffentlichen Bahn, nach Xinpu Station, ihrer Endstation entlang der Linie. Im strömenden Regen nahmen sie dann ein Taxi. Arpitas Helfer hatten ihnen einen Zettel für den Taxifahrer geschrieben, auf dem ihre Adresse stand – auf Chinesisch. Einmal, als Vimal den Zettel verlegt hatte, mussten sie den Taxifahrer, der keine andere Sprache verstand, allein durch das Gewirr der Straßen dirigieren. Das war eine ganz eigene Erfahrung.

Uma hatte manchmal das Gefühl, ins alte China zurückversetzt worden zu sein, besonders zu später Stunde, wenn es dunkel war. Die vielen Menschen, die unzähligen Restaurants mit ihren eigenartigen Gerüchen ... Sie konnte nicht herausfinden, woran es genau lag, vielleicht an den verschiedenen Pilz- oder Glasnudelsorten oder fremdartigen Gewürzen, die Ausdünstungen waren einfach anders und durchdringender als irgendwo sonst auf der Welt. Sie ließen sich in einem Teil von Umas Gehirn nieder und funkten beständig: »Du bist in China! Dies ist China!« Selbst mit geschlossenen Augen würde sie immer wissen, ob sie in Taiwan, in Bangkok oder in Indien war – so speziell, so unterschiedlich waren die Gerüche.

Vimal und sie kamen weder dazu, sich zu streiten, noch Liebe zu machen. Jeder Tag brachte neue Herausforderungen. Eines Abends kam Arpita in die Stadt und lud Vimal und Uma zum Abendessen ein. Uma hatte den ganzen Tag Behandlungen gegeben und sollte in weniger als einer Stunde einen Vortrag mit kleinen Event-Einlagen vor etwa fünfzig Chinesinnen halten. Arpita erklärte stolz, dass auch jemand von der Zeitung dabei sein würde. Uma hätte sich gern vorbereitet, aber dazu blieb keine Zeit mehr. Indes saßen sie gemeinsam in einem sogenannten Chop-Chop-Restaurant, die in Taiwan sehr beliebt waren. Auf jedem Tisch befand sich ein Kochtopf, in den man selbst die bestellten Speisen gab, die auf Tellern herbeigebracht wurden. Das Restaurant, das Arpita ausgesucht hatte, war auf Pilze spezialisiert. Etwa zehn verschiedene Teller mit Pilzen jeder Form und Größe und Farbe erschienen auf ihrem Tisch. Arpita, die das Essen liebte, tat sie nacheinander genüßlich in die Suppe, die vor sich hin köchelte und sie alle in einen dieser seltsamen chinesischen Essensdüfte einhüllte. Uma wurde schlecht. Sie kam sich vor wie in einem jener alten Fellini-Filme, in denen alles unwirklich und komisch und ein wenig absurd war.

Zwei Minuten, bevor die Veranstaltung begann, betrat Uma mit Arpita den Raum, die neugierigen Augen von fünfzig Taiwanesinnen auf sich gerichtet. Sie war weder gewaschen noch umgezogen noch geschminkt, in ihrer Kleidung waberte der Dunst von Küche, Suppe und Pilzen. Sie musste Englisch sprechen und darauf achten, dass ihre chinesische Übersetzerin sie verstand. Noch während sie vor die Menge trat, hatte sie keine Ahnung, was sie eigentlich sagen sollte. Uma schloss die Augen und verband sich mit ihrem Meister. War es Osho oder Mahindra oder ihr innerer Meister? Sie wusste es selbst nicht. Aber sie musste lächeln, denn auf genau solche Situationen hatte Mahindra sie vorbereitet.

Oft, wenn sie mit ihm in Goa war, brachte er sie in eigenartige, fremde Situationen, in denen sie sich bewähren musste, ohne die geringste Vorbereitung. Einmal nahm er sie unter irgendeinem windigen Vorwand mit zu einer Schule, stellte sie vor eine Klasse von dreißig indischen Kindern im Teenageralter, die sie erwartungsvoll ansahen, und forderte sie auf, einen Vortrag zu halten. Das Thema sei egal, Hauptsache, sie sei positiv und inspirierend, er habe bereits alles mit dem Direktor abgesprochen. Uma war schweißgebadet, als sie aus der Klasse kam, aber da klingelte schon die Schulglocke, und Mahindra führte sie in den Raum nebenan zu einer Klasse mit wesentlich jüngeren Kindern. So ging es den ganzen Vormittag und den halben Nachmittag, bis ihre Nervosität verflogen war und ihr die Worte von irgendwoher zuflossen und sie begann, mit den Kindern zu scherzen und sie tatsächlich aufzubauen und zu inspirieren. Dann war er zufrieden, und sie fuhren nach Hause, während er ihr etwas von Sokrates oder Aristoteles oder Thomas von Aquin erzählte.

An ihrem vorletzten Arbeitstag in Taiwan hatten sie unerwartet einen Nachmittag frei. Uma bat Vimal, mit ihr zum Longshan Temple zu fahren, welcher, wie Uma gelesen hatte, der buddhistischen Göttin Kuan Yin geweiht war. Während ihrer Behandlungen hatte sie sich immer wieder an Kuan Yin, die buddhistische Göttin des Mitgefühls, gewandt, wohl ahnend, dass sie im Osten auch mit den hiesigen Göttern und Energien in Verbindung treten sollte. Nun wollte sie sich bei der Göttin bedanken.

Uma war entzückt von den vielen chinesischen Figuren, den Drachenköpfen, den seltsamen Mandarin-ähnlichen Figuren in den kleinen Nebentempeln, den goldenen Kupferbecken, in denen Kohle glühte. Vimal zeigte ihr, wo man die großen Packen mit Räucherstäbchen bekam, die hier anstelle von Kerzen angezündet und in die Becken mit Kohle geworfen wurden. In die von Weihrauch geschwängerte Luft mischte sich der Geruch der feuchten, regennassen Kleidung der vielen Besucher.

Direkt vor der Statue von Kuan Yin standen viele Menschen mit Schirmen und sangen buddhistische Mantras. Auf Bildern war die Göttin meist in weißen, wallenden Kleidern dargestellt, barfuß auf einem Drachen stehend, den sie durch wilde Wolkenstürme lenkte. Im Longshan Temple wurde sie als edle Frauenfigur in Form einer einfachen Statue verehrt. Obwohl Uma ursprünglich vorgehabt hatte, sich nur bei Kuan Yin zu bedanken, überkam sie plötzlich der starke Wunsch, hier für ihren Vater zu beten. Seltsamerweise, sie wusste auch nicht warum, betete sie für ein leichtes Ende, nicht für seine Genesung.

Während sie die Räucherstäbchen in das Kohlebecken warf, schloss eine halbe Erdumdrehung von Longshan Temple entfernt, ihr Vater für immer die Augen. Aber das ahnte Uma nicht. Einige Stunden später rief Sebastian in dem Apartment von Arpitas Freundin an und teilte ihr mit, dass »Il Patrone« gestorben sei. Wie alle Nachrichten von großem Gewicht breitete sich auch diese nur langsam in ihr aus, wie schweres Öl, das durch ihre Venen floss. Doch nach einer Weile wandte sie sich Vimal zu, und das erste Mal, seit sie in Taiwan waren, liebten sie sich wild und gleichzeitig innig. Uma war Magierin genug, um zu wissen, dass Liebe und Tod und Geburt eng miteinander verwoben waren und dass man sowohl das eine als auch das andere feiern musste.

Später am Abend gingen sie essen und redeten und redeten. Uma konnte den Tod ihres Vaters nicht beweinen und tat es auch später nur ein einziges Mal. Zu fremd waren sie sich gewesen, zu sehr hatte sie ihn gefürchtet. Jetzt war nur zu entscheiden, ob und wie sie nach Hause fahren sollte zu seiner Beerdigung. Sie musste noch einen letzten Seminartag in Taiwan bewältigen, das Ticket nach Bangkok war bereits gebucht. Von dort aus hatten Vimal und Uma geplant, zurück nach Indien zu fliegen und einen Ort aufzusuchen, an dem sie beide noch nie gewesen waren: Laxman Jhula, ein kleines Dorf im Norden direkt am Ganges, dem heiligen Fluss der Inder, der dort, ein paar Tagesreisen von seiner Quelle entfernt, noch ein sauberer, lebendiger Gebirgsfluss sein sollte.

Uma fühlte sich unfähig, eine Entscheidung zu treffen. Wann und warum war ihr Leben so atemlos, so verrückt geworden? Sie schien in einem Sog intensiver Ereignisse gefangen zu sein, in dem sie herumkreiselte und kaum noch den Kopf über Wasser hielt: der Abschied von Sebastian und vom Meister, die Arbeit mit der Goa-Gruppe, ihr Sannyas-Nehmen im Resort, dann Bangkok und die Nachricht von ihrem angeblichen Brustkrebs, schließlich Taiwan und die Herausforderungen einer völlig anderen, neuen Tätigkeit im chinesischen Kulturraum, und jetzt auch noch die Nachricht vom Tod ihres Vaters.

Einerseits hatte sie den Eindruck, auf die äußeren Geschehnisse keinerlei Einfluss zu haben und sich der Strömung, in die sie geraten war, hingeben zu müssen. Andererseits wurde sie doch immer wieder vor grundlegende Entscheidungen gestellt, die sie nicht mit dem Verstand, nicht mit Logik und schon gar nicht aus einem Pflichtgefühl heraus treffen konnte. Jetzt konnte sie nur noch still werden und ganz allein ihr Herz entscheiden lassen – den großen Lehrmeister im Inneren.

stillsein

1

Am Flughafen von Bangkok spitzten sich die Ereignisse zu. Uma glaubte, dass sie so schnell keinen Flug nach Hause bekommen würde, doch es gab einen. Mit einer arabischen Fluglinie über Dubai konnte sie es schaffen, am Morgen seiner Beerdigung in Frankfurt zu landen. Falls sie sofort einen Zug erwischte, würde sie bis zu Beginn der Feierlichkeiten am Mittag in Leutenstett sein.

Vimal blätterte in einer Zeitung und verkündete, dass sie in Frankfurt zehn Grad minus erwarteten. Er wusste, wie sehr sie die Kälte fürchtete. Uma setzte sich in eine Ecke des belebten Flughafens, schloss die Augen und versuchte, Kontakt mit der Stimme ihres Herzens aufzunehmen. Sie erhielt oft Eingebungen, Weisheiten von oben oder aus ihrem Herzen. Die meisten hatten mit ihr selbst zu tun oder mit Kunden aus ihren Seminaren oder ihren Behandlungen. Die Nachrichten waren immer weiser und liebevoller und häufig auch humorvoller als sie selbst, was Uma das Gefühl gab, dass sie aus einer guten Quelle kamen. Früher hatte Uma behauptet, die Nachrichten kämen von Gott, aber von dieser Behauptung kurierte sie der Meister. Noch nie hatte sie ihn so böse erlebt.

Es war in Goa gewesen, wieder einmal gegen Ende eines Seminars, aus dem sie erschöpft und ein wenig erkältet hervorging. Mahindra hatte Sebastian und sie in ein abgelegenes Dorf zum Essen eingeladen, wo es angeblich echtes goanisches Essen gab. Uma wusste, dass Mahindra goanisches Fischcurry liebte, was Sebastian schaudern ließ, und auch sie selbst machte sich nur wenig daraus. Nachdem sie endlos die Speisenauswahl diskutiert hatten, verfielen sie in Schweigen. Es war unmöglich, mit dem Meister eine Konversation zu haben, denn er führte keine normalen Gespräche wie andere Leute. In die Stille hinein berichtete Uma von einer, wie sie fand, ungewöhnlich weisen Eingebung im Bezug auf Frauen, die ihr vor kurzem zugekommen war. Den Meister interessierte der Inhalt ihrer Eingebung überhaupt nicht. Stattdessen fragte er sie scharf: »Wer hat dir das gesagt?« »Gott hat mir das gesagt«, antwortete Uma wie aus der Pistole geschossen. Daraufhin wandte er ihr den Rücken zu und erklärte mit schneidender Stimme, wenn sie so fanatisch sei, dann könne und wolle er sich nicht mehr weiter mit ihr unterhalten. Mit fanatischen Menschen könne man nicht diskutieren. Seine Worte, seine Stimme, die Energie, die er aussandte, trafen sie wie eine Ohrfeige. Sebastian schwieg betroffen. Uma begann zu weinen.

Sie hatte die Lektion nie vergessen, sie würde bis ans Ende aller Tage in ihr schwingen. Und später, viel später, konnte sie auch die Weisheit darin entdecken: Wenn Uma behauptete, sie habe die Nachricht oder Botschaft direkt von Gott empfangen – was konnten die anderen dann noch erwidern? Wo die Nachricht doch von oberster Instanz, von Gott höchstpersönlich kam! Da konnte man schwerlich anderer Meinung sein. Aber »Gott« hatte unterschiedlichen Menschen offenbar auch sehr unterschiedliche Weisungen gegeben – sonst hätte es quer durch die Religionen und Glaubenssysteme kaum ein derart breites und widersprüchliches Angebot seiner Botschaften geben können.

Denn dies war auch Uma klar: Immer durchflossen solche von oben kommenden Nachrichten das Bewusstsein desjenigen, der sie empfing. Und so wie Wasser auf einem Moorboden eine braune Farbe annimmt, musste auch eine göttliche Botschaft gefärbt sein von ihrem Empfänger – seinen Überzeugungen, seinen Konditionierungen, seinen Ansichten, seinen Ängsten und Befürchtungen. Einen vollkommen reinen Kanal gab es nicht. Es gab nur Annäherungen.

Und so betrachtete Uma ihre Eingebungen später und auch aufgrund der Ohrfeige ihres Meisters als etwas sehr Persönliches, Intimes, das nicht unbedingt für den Rest der Welt galt; als müsse sie in einer Art Zwiegespräch zwischen ihrem Herzen und sich selbst ihre eigene Wahrheit finden, wobei der Empfang, je nach ihrer eigenen Befindlichkeit, manchmal sehr klar und dann wieder stark gestört sein konnte.

Ihr Empfang auf dem Bangkoker Flughafen war mit Sicherheit empfindlich gestört, dennoch breitete sich eine beinahe unangebrachte Leichtigkeit und Fröhlichkeit in Uma aus. Anders als am Tag ihres Abflugs nach Indien, als das ganze Universum auf sie eingewirkt hatte, ihren Flug zu stornieren, um ihren kranken Vater zu besuchen, schien sie nun gänzlich frei zu sein. Egal, wie ihre Entscheidung ausfiel, sie würde sich im Einklang mit dem großen Ganzen befinden.

Uma stand auf und folgte Vimal, der bereits am Abflugschalter für ihren Flug nach Delhi stand. Wieder einmal entschied sie sich für Indien, die weise, alte Mutter.

In Delhi telefonierte sie mit ihrer Schwester Sandra. Wenige Tage vor seinem Tod war die Freundin ihres Vaters mit einem Notar an seinem Bett erschienen und hatte sich sein gesamtes Erbe durch eine Schenkung überschreiben lassen. Sandra kannte noch nicht alle Einzelheiten, aber die Familie war im Aufruhr und die Beerdigung drohte von Streitigkeiten überschattet zu werden. Erst später erfuhr Uma, wie viel Geld sie wirklich verloren hatte, denn in seinem offiziellen Testament hatte ihr Vater ihre Schwester und sie je zur Hälfte bedacht.

Uma zahlte und verließ das kleine Telefongeschäft, von denen es unzählige in Indien gab. Sie trat auf die unglaublich schmutzige Akashan Road in Pahar Ganj, dem alten Teil von Delhi, und verlor sich in dem Gewirr von Touristen und Straßenhändlern, Bettlern, Kühen, Motorrollern und Obstkarren. Vimal wartete in einem Restaurant auf sie, wo sie auf harten schmalen Holzbänken einen Chai tranken, die Bettler abwehrten, die Fliegen von dem süßen Tee verscheuchten und den nächsten Schritt ihrer Reise planten. Wie so oft spürte Uma eine tiefe Erleichterung, so weit weg von Leutenstett zu sein, und gleichzeitig ein Bedauern, dass sie nicht dort war, weil etwas anderes in ihr immer stärker wurde – die Wallfahrerin, die Nomadin auf der endlosen Reise zu sich selbst. Aber auch die Pilgernde, die bereits den Duft des Meeres roch und den Schrei der Möwe in ihrem Herzen vernahm.

Gleichzeitig hatte sie wieder einmal das Gefühl, dass ihr alles zuviel wurde, die Hitze, das schmutzige Pahar Ganj, die sich überstürzenden Ereignisse, Vimals jähe und verletzende Schärfe, wenn ihm irgendetwas nicht passte. Als manövriere sie ein kleines Segelboot durch einen nicht enden wollenden Sturm.

Am Nachmittag nahmen sie einen Zug nach Norden. Sobald Uma im Zug saß, ging es ihr besser. Das Reisen beruhigte sie. Es schien ihr jedes Mal, als tauche sie in einen Zwischenzustand ein, die Buddhisten hätten ihn »Bardo« genannt, in welchem sie weder zu dieser noch zu jener Welt gehörte. Den einen Ort hatte sie verlassen, der andere lag noch im Nebel des Unbekannten und der Zukunft. Das Reich dazwischen aber erlaubte ihr, vollkommen im Jetzt zu sein und gleichzeitig ihre Lebenssituation wie aus der Ferne zu überschauen.

Meist sah sie aus dem Fenster und hörte Musik, hin und wieder schloss sie die Augen und überließ sich ganz und gar dem Strom göttlicher Energien, die sie so oft beim Reisen in sich auffing. Diese Energien waren nicht kommunizierbar, ließen sich nicht mitteilen, besaßen ein Eigenleben, das nicht in Worte übersetzbar war. Man musste sie an sich selbst erfahren, um etwas darüber zu wissen. Deshalb hielt Uma sich fern von Menschen, die mit ihr über das Göttliche diskutieren wollten, denn es existierte jenseits der Bereiche von Logik und Verstand und war mit diesem Werkzeug nicht greifbar. Genau genommen war es überhaupt nicht greifbar, Uma konnte sich ihm nur öffnen, und auf Reisen gelang ihr das manchmal am besten.

Nach fünf Stunden Zugfahrt erreichten sie Haridwar, eine der sieben heiligen Städte Indiens. Als sie nach einer weiteren einstündigen Taxifahrt in einem uralten Ambassador endlich in Laxman Jhula eintrafen, einem kleinen Ort am Ganges, war es längst dunkel. Das Dorf lag wie ausgestorben da. Alle Geschäfte waren geschlossen. Ein paar Hunde streiften umher, der Wind wehte alte Zeitungen um eine blaue kitschige Shiva-Statue.

Es war kühler als in Dehli. Uma atmete die Luft ein und roch die nahen Berge. Sie hatten ein Zimmer in einem Ashram namens San Seva bestellt, und der Taxifahrer, der kaum Englisch sprach, bedeutete ihnen auszusteigen und zu Fuß weiterzugehen – er deutete vage in eine Richtung – da er sie mit dem Auto offensichtlich nicht bis dorthin bringen konnte. In der mondlosen Nacht stolperten sie über eine schmale Hängebrücke, die über das dunkle, schnell dahinströmende Wasser des Ganges führte. Alles wirkte geheimnisvoll, seltsam und fremd. Wieder einmal war sie in einer völlig anderen Welt gelandet.

Uma wusste nicht, ob sie lächeln oder weinen sollte, ob der Gang über den Fluss sie froh oder traurig machte. Sie war einfach nur müde, nicht nur vom Reisen und dem schweren

Rucksack auf ihrem Rücken, sondern von ihrem ganzen verdammten Leben. Erst im Laufe der Jahre sollte sich herausstellen, dass sie an einen schicksalshaften Ort gelangt war, an dem ihr so viel Wunder und Segnungen zuteil werden würden, dass sie, hätte sie auch nur die leiseste Ahnung davon gehabt, auf der Mitte der Brücke ihren Rucksack abgesetzt und in die Knie gesunken wäre, um sich zu bedanken.

Schließlich gelangten sie zum San Seva Ashram. Das Zimmer glich, wie so viele einfache Unterkünfte in Indien, einer Gefängniszelle. Es gab nur den nackten, steinernen Fußboden und das Bett mit ein paar dünnen Laken und einer groben Wolldecke von fragwürdiger Sauberkeit. Im Bad befanden sich eine Toilette und ein Wasserhahn mit einem Plastikeimer.

Doch als sie am nächsten Morgen aufwachten und vor die Tür ihres Zimmers traten, waren sie entzückt. Der Ganges schlängelte sich wie eine grüne Jadeschlange durch das enge Tal. Zu beiden Seiten ragten dicht bewaldete Hügel auf. Die Brücke, deren Ausmaße sie in der Nacht nicht recht hatten erkennen können, entpuppte sich im Morgenlicht als eine beeindruckend hohe Hängekonstruktion, die über den Fluss gespannt war und beide Teile des Dorfes miteinander verband. Ein starker Wind kam von den Bergen und wehte Uma die Haare aus dem Gesicht. Von überall her erklang das Geläut von Glocken, kürzer, anders und viel weniger rhythmisch als das Geläut von Kirchenglocken. In den vielen Tempeln und Ashrams, die sie jetzt erst zu beiden Seiten des Flussufers ausmachten, wurden die Glocken in einem schnellen Stakkato von Menschenhand geläutet.

Wann immer Uma später an Laxman Jhula dachte, kamen ihr diese Eindrücke sofort wieder in den Sinn, der Wind, der jeden Morgen von den Bergen her wehte und an den Türen und Fenstern rüttelte, das wilde Geläut der Tempelglocken und der bald darauf einsetzende Mantra-Gesang, der vom Sacha Dham Ashram zu ihnen drang.

Vimal und Uma standen frierend auf der Dachterrasse des Ashrams und konnten sich vom Anblick des Flusses nicht lösen. Die ersten Pilger nahmen bereits ihr heiliges Bad im Ganges. Die Männer zogen sich bis auf die Unterhose aus, aber die Frauen tauchten in ihrem Sari in das eiskalte Wasser. Uma sog die gesamte Szenerie in sich auf und spürte, dass sie sich an einem besonderen Ort befand. Eine ungewöhnliche Schwingung lag in der Luft, als könne man sich hier ganz leicht in die Luft erheben, werde getragen von einem filigranen Netz aus Mantragesängen, Meditationen und Gebeten, der Präsenz des Flusses und der Berge, der sichtbaren und unsichtbaren Meister, aber auch der vielen Pilger, der Tempel, der Glocken und der mächtigen Bodhi-Bäume, deren Äste sich über das Wasser neigten.

Sie hob beide Arme in die Luft und bewegte sie wie Flügel, während der Wind an ihren Kleidern zerrte und die weiten Ärmel ihrer Kurta flattern ließ. Vor ein paar Tagen war sie im Traum über eine weite Landschaft geflogen, den Flusslauf unter sich verfolgend, bis sie sanft auf den Kieselsteinen des Flußbettes abgesetzt wurde, ganz allein in einer großen, beeindruckenden, vollkommen menschenleeren Landschaft. Dann setzte die Dämmerung ein, und sie bekam Angst.

Uma ahnte, dass sie sich in einem Umbruch von erschütterndem Ausmaß befand, der zu einer enormen Ausdehnung in ihrem Inneren führen würde, wenn sie Herrin über ihre Angst wurde.

Vimal und Uma verließen die Dachterrasse, zogen sich noch eine weitere Schicht Kleidung an und machten sich auf die Suche nach einem geeigneten Ort zum Frühstück. Sie saßen bereits am Tisch eines kleinen Restaurants, als Uma unvermittelt aufstand und behauptete, irgendetwas stimme hier nicht. Sie müssten woanders frühstücken. Vimal folgte ihr lammfromm, was ansonsten nicht seine Art war. Die Straße stieg ein wenig an. Von unten sahen sie das Schild für eine »German Bakery«. German Bakeries gab es überall in Indien.

Sie wurden von Nepalesen geführt und vornehmlich von Touristen besucht, weil es dort alles gab, wonach die Westler sich bei ihren langen Aufenthalten in Indien sehnten: dunkles Brot, Nuss-Schnecken, Croissants und Schokoladenkuchen. Aber auch Fruchtsalat und Joghurt, Müsli und Porridge und richtigen Milchkaffee.

Sie ließen sich an einem Fenstertisch der German Bakery nieder mit Ausblick auf den Ganges. Vimal sah sich im Restaurant um und entdeckte am Nachbartisch eine Sannyasin, die er kannte. Sie trug die Haare extrem kurz und war in einen weißen Sari gekleidet. Um der Kälte zu trotzen, war sie anstelle der traditionellen, bauchfreien Sari-Bluse unter dem Gewand mit einem Rollkragenpullover ausgestattet. Auch sie hatte Vimal wiedererkannt und winkte ihm freundlich zu.

Uma war es gewöhnt, dass Vimal überall auf der Welt alte »Freunde« aus jener besonderen Zeit mit Osho traf, als sie alle zusammen in der sogenannten »Commune« gelebt hatten. Aber die Begegnung mit Laxmi würde für Uma immer eine besondere bleiben. Von Anfang an hatte sie das Gefühl, dass die alte Sannyasin eine Botschafterin war, die ihr etwas Wichtiges mitzuteilen hatte. Nachdem sie sich eine Weile lang unterhalten hatten, fragte Laxmi Vimal, ob sie wegen Shanti Mayi oder Maharajji hier seien und ob sie später zum Sacha Dham Ashram kämen. Vimal und Uma schüttelten den Kopf. Sie hatten diese Namen noch nie gehört. Sie waren das erste Mal in Laxman Jhula und wussten nichts von den hiesigen Gepflogenheiten. Laxmi war erstaunt. Die meisten Westler, die hierher kamen, gingen zum Satsang zu Shanti Mayi oder zum Meditieren auf Maharajjis Terrasse im naheliegenden Sacha Dham. Shanti Mayi war eine Amerikanerin, die vor mehr als zwanzig Jahren hier in Laxman Jhula in Maharajji, einem indischen Heiligen, ihren Guru gefunden hatte. Mittlerweile galt sie selbst als erleuchtet und besaß ihre eigene Gefolgschaft, die zum überwiegenden Teil aus Westlern bestand. »Probiert es aus«, sagte Laxmi und erhob sich, als habe sie es plötzlich eilig. »Heute Nachmittag ist Satsang. Sacha Dham liegt nur wenige Gehminuten von hier entfernt die Straße hinunter.«

Sobald Laxmi verschwunden war, beugte sich Uma über den Tisch, nahm Vimals Hand und sah ihn beschwörend an. »Ich will unbedingt dorthin.« Il Patrone sollte am nächsten Tag beerdigt werden, und Uma war nicht dabei. Sie hatte keine Ahnung, wie sie diesen Tag hinter sich bringen und Frieden mit ihrem Vater schließen sollte. Sie musste in einen Zustand von innerer Stille und erweitertem Bewusstsein gelangen und hoffte, dass Shanti Mayis Satsang ihr dabei helfen würde. Es schien ihr, als sei sie genau am richtigen Ort, um Informationen zu bekommen, die in irgendeiner Weise für sie von Bedeutung waren.

Der Satsang fand in einer Halle statt, deren große Fenster mit weißen tuchartigen Vorhängen verhüllt waren. Hier und da wehte der Wind die Tücher auf, und man erhaschte einen Blick auf den Fluss, der direkt vor den Fenstern breit und majestätisch vorbeirauschte. Jemand gebot Vimal und Uma, sich in die erste Reihe zu setzen, direkt vor Shanti Mayis thronähnlichen Sessel. Sie ließen sich im Schneidersitz auf dem Boden nieder. Ein anderer hätte die Umgebung und das nun folgende Prozedere möglicherweise befremdlich gefunden, aber Vimal und Uma waren über die Jahre mit allen Spielarten der spirituellen Szene vertraut geworden. *Satsang* war ein Wort aus dem indischen Sanskrit und bedeutete übersetzt so viel wie das Zusammenkommen einer spirituellen Gemeinschaft, der *Sangam*, um *Sat*, die Wahrheit, zu hören oder zu teilen. Seit vielen Jahren gab es im Westen Lehrer, die Satsang hielten, was früher allein den indischen Meistern vorbehalten war. Der Satsang bestand meist aus einem Teil, in dem Musik gespielt und gesungen wurde, und einem Teil, in dem die Schüler, Anhänger oder auch nur Besucher Fragen stellten, auf die der Lehrer einging. In manchen Satsangs war auch das stille Sitzen ein wichtiger Teil des Ablaufs. Wie hochschwingend, witzig, berührend oder auch langweilig ein Satsang ausfallen mochte, lag zum Teil am Lehrer, zum Teil aber auch an den Fragen und der Aufmerksamkeit der Gemeinschaft. Es handelte sich wie bei jedem Zusammentreffen vieler Menschen und Energien um einen alchemistischen Prozess.

Von einigen Satsangs, bei denen sie zu Gast war, hatte Uma durchaus profitiert, wobei sie es sich zur Gewohnheit gemacht hatte, die Frage nach der Erleuchtung des jeweiligen Lehrers vollkommen fallen zu lassen. Das führte nur aufs Glatteis. Keiner von ihnen glich Mahindra, seinem egolosen, nicht einzuordnenden Wesen, und niemand traf sie mit jener Wucht seiner Worte so ins Herz wie Osho, den sie nie persönlich kennen gelernt hatte. Das war alles, was sie sagen konnte.

Der Satsang begann mit dem Singen von Mantras. Erst nach einiger Zeit bemerkte Uma, dass sich in der Gemeinschaft einige exzellente, wahrscheinlich sogar professionelle Musiker befanden. Sie kannte die Lieder nicht, aber wie bei allen Mantras, die eine einfache Melodie besaßen und deren Text sich beständig wiederholte, konnte sie schon nach wenigen Minuten mitsingen. Uma schloss die Augen und wurde gewahr, dass sie mit etwas Größerem in Kontakt stand. Als habe sich mit Hilfe der Musik über ihr eine Kraft erhoben, die alle im Raum verband. Ihre Gedanken setzten aus, sie gab sich vollkommen den Klängen hin und verfiel in eine leichte Trance. Die Musik schien auf einmal mehr schamanisch als indisch. Der Gesang steigerte sich, die Trommeln wurden schneller, jemand blies durchdringend in ein muschelartiges Horn, Umas Brust öffnete sich, und sie empfing die sich ausbreitende Energie wie einen Mantel aus dunkelblauem Samt, sie einhüllend und haltend. Sie wollte ihn festhalten und ewig so bleiben und spürte doch gleichzeitig, wie schnell der Moment und ihre Gefühle sich veränderten. Sobald sie dies zuließ, kamen neue Empfindungen dazu, anders, vielfältig, tief, changierend – Sehnsucht, Fülle, Liebe, Ausdehnung, Achtung, Verwunderung, Dankbarkeit. Sie hob ihre Arme zum Himmel, weil sie nicht anders konnte, weil ihr Körper sie aufforderte, all dies auszudrücken in einer Geste, einem »Ja« zum Leben, zur Schöpfung, zu jedem einzelnen Moment und jedem Gefühl, zu Schmerz und Ekstase, zum Bitteren und zum Süßen.

Der Höhepunkt war überschritten, die Musik schraubte sich langsam zurück und landete schließlich weich mit den letzten, ausklingenden Tönen wieder in der Stille. Nur die Energie der Menschen und der Tonwellen schwang noch im Raum.

Shanti Mayi betrat die Halle, und ihre Schüler verneigten sich respektvoll. In den folgenden zwei Stunden verfolgte Uma mit gespannter Aufmerksamkeit den Dialog zwischen Shanti Mayi und ihren Besuchern. Aber nichts von allem, was sie hörte, hatte auch nur das Geringste mit ihr und ihrer Situation zu tun. Der Satsang war bereits zu Ende, das letzte Mantra gesungen, als Shanti Mayi, fast schon im Hinausgehen, einigen ihrer engeren Schülern zurief: »Vergesst nicht, Rosen in den Ganges zu werfen für John. Er ist gestern in Australien gestorben.« Das war ihr Stichwort! Darauf hatte Uma gewartet. Sie tauschte bedeutungsvolle Blicke mit Vimal aus. Jetzt wusste sie, was sie zu tun hatte. Ein Ritual für ihren Vater am Ganges, dem heiligen Fluss der Inder. Eine Lebensfeier am Tage seiner Beerdigung.

Am nächsten Morgen erwachte sie mit einer Leichtigkeit und Freude, die sie staunen machte. Alle Schwere, alle Sorgen um die Richtigkeit ihrer Entscheidung hatten sich verflüchtigt. Uma entschloss sich, ihre eigene Feier um zwölf Uhr mittags abzuhalten, genau zu jener Stunde, an der ihr Vater beerdigt werden würde. Da sie der mitteleuropäischen Zeit viereinhalb Stunden voraus war, würde ihre Zeremonie der wirklichen Beerdigung vorauseilen. Dies erschien Uma stimmig.

Vimal und sie nahmen eine Riksha nach Rishikesh, dem einzigen Ort, an dem es Blumen zu kaufen gab. Jemand hatte ihnen geraten, zum Triveni Ghat im alten Basar zu fahren. Nach einigem Suchen fanden sie zwei Blumenstände nicht weit weg von einem der großen treppenartigen Aufgänge zum Ganges, den sogenannten »Ghats«. Hier nahmen die indischen Pilger ihr heiliges Bad oder setzten kleine Blumenboote mit Kerzen und Räucherstäbchen als Opfergabe ins Wasser.

Der Blumenhändler besaß wunderschöne, langstielige Rosen. Uma kaufte sieben, die ganz dunkelrot waren. Dann erstand sie noch zwei volle Plastiktüten Rosenblütenblätter in einem betörenden, kindlichen Rosa, deren Duft, wann immer sie die Nase in die Tüte hielt, sie beflügelte und berauschte. Es war wirklich ein Fest! Der alte Inder nannte ihr einen unverschämt hohen Preis für die Blumen, den Uma ohne Murren bezahlte. Heute war kein Tag zum Feilschen. Ihr Vater war auf seine Art immer ein großzügiger Mann gewesen – der sich nie lumpen ließ, wenn es um ein gutes Trinkgeld ging und auch Uma eine materiell unbeschwerte Kindheit und Jugend geschenkt hatte.

Sie kehrten leichtfüßig und beschwingt zur Hauptverkehrsstraße zurück, um sich eine Riksha zu suchen. Jetzt am Morgen war die Sonne noch frühlingshaft warm, erst am Mittag würde es heiß werden. In der Riksha presste Uma die Tüten voll Rosenblätter fest an ihre Brust. Den Blumen schien eine wundersame Heilkraft zu entströmen, und immer wieder senkte sie den Kopf, um ihren Duft einzuatmen.

Während sie den Berg zum höhergelegenen Laxman Jhula hochratterten, tief unter ihnen das Tal mit dem grünen Fluss, war Uma sich der Magie des Augenblicks bewusst. Sie fühlte sich göttlich beschützt und geführt, als habe eine vorausschauende Mutter bereits alles arrangiert – und Uma, ihre Tochter, müsse nur noch den Markierungen, den Fußstapfen der Mutter folgen, um alles zu finden, was sie benötigte.

Zurück in Laxman Jhula legte sie ihr schönstes Kleid an, ein gemustertes kurzes Blumenkleid mit weiten flatternden Ärmeln, unter das sie eine Hose zog, um ihre Kleidung den Inderinnen anzugleichen. Sie schminkte sich und trug reichlich Lippenstift auf. Ihr Vater hatte schöne Frauen geliebt. Er hatte es auch gemocht, wenn seine Töchter gut aussahen, wenngleich er ihnen nie Komplimente machte und sie höchstens aufzog, wenn ihm einmal etwas nicht gefiel. Aber sie hatten doch gespürt, wenn er stolz war auf sie und sich mit ihnen schmückte, ganz der alte Patriarch, der seine Frauen und Kinder um sich scharte.

»Nimm die Kamera mit«, rief Uma Vimal zu, bevor sie ihr Zimmer verließen. Sie hatte ihn gebeten, Fotos von der bevorstehenden Zeremonie zu machen. Uma wollte diese Feier festhalten, nicht zuletzt, um den Kindern zu zeigen, dass sie nicht einfach nur der Beerdigung ihres Vaters fernblieb, sondern dass sie, wie so oft, ihren eigenen Weg gehen und ihre eigene Wahrheit finden musste, auch und gerade in Bezug auf ihren Vater.

Sie wanderten flussaufwärts und ließen das Dorf schnell hinter sich. Hier wuchsen die Bäume höher, beschatteten die Straße, an deren Rand zu beiden Seiten eine Affenfamilie hockte. Eines der Männchen näherte sich Uma, um ihr die Plastiktüte mit Rosenblättern zu entreißen, aber Vimal verscheuchte ihn mit einem Stock.

Ein schmaler Weg führte zum Flussufer hinunter. Am Ufer des Ganges erstreckten sich weiße Sandbänke, die wie Strandbuchten wirkten. Zwischen ihnen befanden sich Abschnitte voll Geröll, Felsbrocken und runden, vom Wasser polierten Steinen in jeder Form und Größe. Manche Steine besaßen eine ganz eigene Maserung, schroffe Linien, Einbuchtungen, Figuren und Masken, als erzählten sie eine Geschichte, die sich nur denen offenbarte, welche die Sprache der Steine kannten. Shanti Mayi hatte einmal gesagt, viele Urvölker glaubten, dass die Steine eine eigene Sprache und ein eigenes Bewusstsein besäßen. Die Aborigines in Australien etwa verehrten sie als die ältesten »Lebewesen« der Welt, in denen die gesamte Geschichte der Erde gespeichert war.

Während sie Ausschau nach einem geeigneten Platz am Ufer für ihr Ritual hielt, fiel Uma ein runder, eigenartig geformter Stein ins Auge. Ohne nachzudenken hob sie ihn auf und nahm ihn mit. Schließlich fanden sie einen hohen, nach oben abgeflachten Felsbrocken im Wasser, der ihnen perfekt erschien. Die Strömung war schnell, das Wasser rauschte klar und lebendig an ihnen vorbei. Kleine, rotgefiederte Vögel hüpften von Stein zu Stein, Reiher stakten im Wasser, Schmetterlinge und Libellen segelten durch die Luft. Uma zog ihre Schuhe aus und kletterte auf den sonnengewärmten Stein. Sobald sie mit ihren Tüten und Rosen und dem Stein, den sie vor sich legte, auf dem Felsvorsprung saß, fühlte sie sich wie auf einer Insel. Um sie herum befand sich nichts als Wasser, Felsen und Bäume. Die ersten hügeligen Berge erhoben sich vor ihr, und durch den blauen wolkenlosen Himmel glitten zwei große Raubvögel. Es konnte keinen besseren Ort geben.

Sie schloss die Augen, konzentrierte sich auf das Rauschen des Wassers, die Empfindungen in ihrem Inneren und die Verbindung zu ihrem Vater. Sofort kam ihr der Stein in den Sinn, und sie hob ihn an ihr Herz. Er schien tatsächlich ein Bewusstsein zu besitzen und zu lauschen, was sie ihm zu sagen hatte in einer Sprache, die keine Wörter kannte. Uma bat ihn, ihre Schmerzen aufzunehmen und all das in sich einzulassen, was nicht gestimmt hatte zwischen »Il Patrone« und ihr. Die kindliche Liebe, die keine Erwiderung fand. Die Angst, die sie immer vor ihm gehabt hatte. Das tiefe Nichtverstehen, als seien sie Wesen aus unterschiedlichen Welten. Die Unmöglichkeit, eine richtige Beziehung mit ihm zu unterhalten, in der es einen Austausch gab, und schließlich, dass sie letztlich doch unsichtbar geblieben war für ihn – er hatte nie gewusst und auch nicht wissen wollen, wer seine Tochter in Wirklichkeit war.

Und dann ließ sie auch *seine* Schmerzen in den Stein fließen, die zweimonatige Krankheit am Schluss, die Angst vor dem Tod und, ja, auch die Enttäuschung über sie, Uma, dass sie nicht die Tochter war, die er sich vielleicht erhofft hatte. »Il Patrone« hätte es gern gesehen, wenn sie Nachrichtensprecherin geworden wäre oder eine politische Sendung gehabt hätte, denn Politik interessierte ihn. Das hätte ihm imponiert und Freude gemacht. Auch als Geschäftsfrau mit Biss und einem guten Sinn fürs Business hätte sie sein Herz zum Jubeln gebracht. Stattdessen hatte sie für ihn unerklärliche und windige Wege genommen, von denen er lieber nichts wissen wollte, wohl ahnend, dass es ihm den Schlaf rauben würde, wenn er mehr darüber erführe.

All dies ließ Uma in den Stein fließen, nicht so sehr mit Worten als mit Gefühlen, die aus ihrem Herzen strömten. Dann, nach einer langen Weile, warf sie den Stein in weitem Bogen ins Wasser. Endlos würde nun das Flusswasser darüber hinwegspülen und irgendwann auch den letzten Schmerz hinausbefördert haben in die Strömung, die zum Meer ging, wo sich alles auflöste und verlor, was jemals Bedeutung gehabt hatte.

Schließlich breitete sie ihre Arme aus, mit den Handflächen nach oben, und bat ihren Vater um sein Erbe, sein wahres Erbe. Nicht das Geld, sondern seine guten Eigenschaften, von denen sie hoffte, dass sie kraft ihrer gemeinsamen Gene, ihrer doch bestehenden Vater-Tochter-Verbindung, in sie übergehen mögen: sein Mut, sein Kampfgeist, seine Stärke, seine Großzügigkeit und sein unbedingter Wille, frei und unabhängig zu leben und sein eigener Herr zu sein.

Ein leichter Wind vom Fluss her strich ihr über die Wangen, streichelte sie wie ein Kind.

Sie nahm jede Rose einzeln und warf sie zum Gedenken an jede Person, die Teil seiner engeren Familie gewesen war, in die Strömung. Zum ersten Mal quollen Tränen aus Umas Augen, denn dies war nun wirklich der Abschied. Von den Stromschnellen getragen, entschwanden die Blumen eilig ihren Blicken.

Alle Rosen nahmen den gleichen Weg im Wasser, nur die Blume ihrer ältesten Tochter Lara und ihre eigene wählten einen anderen, abenteuerlich anmutenden Weg um einen Felsbrocken im Wasser herum und durch eine leichte Vertiefung hindurch, aus der sie jedoch unversehrt wieder auftauchten. Als seien sie beide, Uma und Lara, als Erneuerer und Reformer gekommen und als läge es nicht in ihrer Natur und sei auch nicht ihre Aufgabe, die gewohnten, verlässlichen Pfade zu nehmen.

Uma stand auf, schüttete Berge von Rosenblütenblättern vor sich auf dem Felsen aus und begann, sie mit beiden Händen und weit nach oben schwingenden Armen ins Wasser zu werfen. Ein Teppich von rosa Blütenblättern breitete sich um den Fels herum aus und wurde von der Strömung nach und nach sanft fortgetragen. In diesem Augenblick, mit nackten Füßen auf dem sonnenwarmen Felsen stehend, durchflutete Uma eine große Freude, ein Gefühl von Freiheit, als sei sie einer engen, bedrückenden Schachtel entkommen.

Der singende, endlos strömende Fluss unter ihr, die hohen Berge und der grenzenlose Himmel über ihr, sie alle flüsterten von Erneuerung und Leben. Nichts als Leben. Zum ersten Mal hatte sie wirklich den Eindruck, eine Verbindung zu ihrem Vater zu haben. Sie spürte nicht nur, dass es ihm gut ging, sondern mehr noch, dass er sich in einer unendlichen Freude, Ekstase und Ausdehnung befand und dass er von dort, wo er nun war, alles überschaute, alles verstand. Und zum ersten Mal in ihrer gesamten Beziehung zollte er ihr Anerkennung: »Du bist die Einzige von uns, die wirklich lebt«, sagte die Stimme ihres Vaters klar und deutlich in ihrem Inneren, während die letzten rosa Blütenblätter aus ihrer Sicht entschwanden. Uma wusste, was er meinte. Und jetzt weinte sie Tränen der Dankbarkeit.

Vimal war die ganze Zeit bei ihr gewesen und hatte sie von einem anderen Felsen aus mit dem Teleobjektiv fotografiert. Sie war so vertieft gewesen in ihr Ritual, dass sie ihn gar nicht mehr wahrgenommen hatte. Jetzt sammelte sie ihre Tüten ein, und sie kehrten gemeinsam zurück ins Dorf.

Im *Ganga View*, einem kleinen Café, dessen Stühle und Tische auf den Ganges hinausgingen, machten sie Halt, und Uma lud Vimal auf einen großen Salat mit Joghurt und Papaya-Früchten ein. So musste es sein. Diejenigen, die noch im Körper weilten, mussten sich stärken für die weitere Reise. Diejenigen, die gegangen waren, lebten nun von anderer Speise, *amrita*, göttlichem Nektar, von dem auch Uma schon Kostproben erhalten hatte. Sie fühlte sich so froh und leicht und weit, dass sie am liebsten angefangen hätte, zu singen.

Am Nachmittag ging sie wieder zum Satsang. Uma konnte es kaum erwarten, das Mikrofon in die Hand zu bekommen. Sie hatte keine Frage, wollte aber unbedingt ihre Erlebnisse mit der Gemeinschaft teilen.

Shanti Mayi war von ihrer Geschichte berührt. Ihr gefiel besonders der Teil, an dem Uma von dem Stein erzählte, den sie an ihre Brust gehalten hatte, um ihre Schmerzen aufzunehmen. »Weißt du, dass du ein altes Indianerritual der Lakota durchgeführt hast?«, fragte sie Uma erstaunt. Uma schüttelte den Kopf. Nein, die Sache mit dem Stein hatte sich einfach so ergeben, sie kannte das Ritual nicht. Shanti Mayi berichtete, dass die Lakota solche Steine »Großmüttersteine« nannten. Man musste sie fragen und mit ihnen kommunizieren, ob sie bereit seien, die Trauer und die Schmerzen eines Menschen in sich aufzunehmen, und wenn sie »Ja« sagten, durfte man sie benutzen. Allerdings sollte man versprechen, dass die eigenen Knochen später auch zu so einem Großmutterstein werden würden. Dann fragte Shanti Mayi Uma nach dem Namen ihres Vaters. Sie wiederholte den für sie seltsamen deutschen Namen zwei, drei Mal mit einem starken amerikanischen Akzent und sagte, sie würden später für ihn singen.

Als sich am Ende des Satsangs der Mantragesang in der Halle erhob, brausend, hochschwingend, herzerfüllend, die vielen Menschen in der Musik vereinend, sandte Uma ihrem Vater in jener fernen Dimension nur einen Gedanken zu: »Siehst, du Väterchen, all das ist für dich. So fühlt es sich an, wenn man das Leben wirklich feiert!«

Es war die schönste Beerdigung, die Uma je erlebt hatte. Sie fühlte sich getragen, versöhnt, voller Liebe und Dankbarkeit.

Die Beerdigung in Leutenstett hatte sich völlig anders gestaltet. Es war bitterkalt, die Fronten zwischen Umas Familie und seiner Freundin hatten sich bereits verhärtet. Auch über die Zeremonie konnte man sich nicht ganz einigen. Umas Vater hatte weder mit der Kirche noch mit den »Pfaffen«, wie er die Pfarrer verächtlich nannte, je etwas am Hut gehabt. Singen verabscheute er. Als Kind war er von seinem Musiklehrer verspottet wurden, und nun hatte er, ganz in der Manier von »Il Patrone«, den Spieß umgedreht. Wann immer sie in die Kirche mussten, aufgrund einer Hochzeit oder Konfirmation, verdrückte Il Patrone sich in die letzte Reihe, wo er statt zu singen wie ein ungezogener kleiner Junge feixte und Witze machte und versuchte, seine Töchter zum Lachen zu bringen. Als er älter wurde und es mehr Beerdigungen als Hochzeiten gab, weigerte er sich, in die Kirche oder zum Friedhof zu kommen, selbst wenn es sich um das Begräbnis seines besten

Freundes handelte. All dies war ihm zuwider, er konnte und wollte sich nicht damit auseinandersetzen.

So hatte seine Freundin, nicht völlig zu Unrecht, entschieden, dass während der kurzen kirchlichen Zeremonie zu seiner Beerdigung nicht gesungen werden sollte. Doch Umas Mutter und Schwester waren empört. Ein Gottesdienst ohne Gesang! Was sollte das werden? Schließlich hatte man sich auf zwei kurze, sehr bekannte und erhebende Kirchenlieder geeinigt. Umas Schwester Sandra vermisste schmerzlich, dass es in dem vorgeschriebenen reibungslosen, ja fast geschäftsmäßigen Ablauf der Beerdigung nicht einen Moment der Stille, der Meditation oder des tiefen Gebets gab und weinte Freudentränen, als Uma ihr Wochen später die Fotos von dem Ganges-Ritual zeigte.

Doch Sebastian, der mit Umas Töchtern zur Beerdigung gefahren war, erzählte ihr, dass an diesem bitterkalten, grauen Märztag, als sie gemessenen Schrittes dem Sarg folgten, für einen Moment die Mittagssonne hervorgekommen war und die Szene beschienen hatte. Und etwas von Il Patrones Majestät hatte sich minutenlang in dem halbfahlen Licht entfaltet. Sebastian und die Kinder hatten einen Hauch von Versöhnung und Größe verspürt und behielten allein diesen Moment in ihren Herzen.

2

Vimal und Uma blieben noch drei Wochen in dem kleinen verzauberten Ort am Ganges. Jeden Abend zündete Uma eine Kerze für ihren Vater an und betete für die gute Reise seiner Seele. Tagsüber saßen sie am Fluss, nahmen ihr heiliges Bad im eiskalten Gebirgswasser, wanderten durch die dschungelartigen Wälder und beobachteten die Affen. Am Rand des Dorfes befand sich ein Waisenhaus, in deren Leiterin Vimal wieder einmal eine alte Sannyasin-Freundin erkannte. Mehrmals besuchten sie die Kinder, die am Abend zum Singen in einem Tippi-ähnlichen Zelt zusammenkamen.

Auf Umas Schoß kuschelte sich sofort ein zweijähriger Junge. Seine Familie, eine jener vielen armen Familien Indiens, die auf Plastikplanen am Straßenrand lebten, war im Schlaf von einem Lastwagen überrollt worden. Alle Familienmitglieder starben, nur der Kleine kroch völlig unversehrt und ohne einen Kratzer aus den Planen. Niemand kannte seinen Namen, als die Polizei ihn im Waisenhaus ablieferte, und so hatte man ihn »Lucky« – Glückspilz – getauft. Uma nährte Lucky mit all ihrer mütterlichen Liebe und überließ ihn am Ende des Abends wieder der Gemeinschaft der Kinder und Leiter.

Es gab viele traurige Schicksale in *Ramanas Garden*, mehr, als Uma ertragen konnte. Doch sie war entzückt, einen Platz entdeckt zu haben, dem sie das Geld für den Kranz ihres Vaters sinnvoll zukommen lassen konnte. Sie gab Vimals Freundin Prabha 500 Euro für das Waisenhaus, in dem sicheren Glauben, dass ihr Vater diese Geste gemocht hätte. Er hatte immer ein Herz für die Schwachen und Benachteiligten gehabt.

Es war Prabha, die ihnen zum ersten Mal mehr über Maharajji, Shanti Mayis Guru, erzählte. Er sei ein wahrer Heiliger, wie es nur noch wenige in Indien gäbe, der seit Jahrzehnten in seinem Ashram Sacha Dham für die Erleuchtung der Menschheit betete und meditierte. Sie sollten unbedingt versuchen, Darshan bei ihm zu bekommen. *Darshan* bedeutete im Indischen, dass man einen Heiligen oder Guru sehen und sich einen Moment lang in seiner Nähe aufhalten durfte. Meist war damit verbunden, die Füße des Gurus berühren oder küssen zu dürfen als ein Zeichen des Respekts und der Verehrung. Oft bekamen die Besucher bei dieser Gelegenheit auch *prasad*, heilige Speise, meist eine indische Süßigkeit, die sofort verzehrt wurde. Aber es gab so viele Heilige, Gurus, Erleuchtete und Wundergeschichten in Indien, dass Uma und Vimal nicht gleich reagierten. Und so bekamen sie bei ihrem ersten Aufenthalt in Laxman Jhula Maharajji nicht zu Gesicht, und Uma blieb ahnungslos, welche wichtige Rolle er in ihrem Leben noch spielen würde.

Als Uma Anfang April endlich nach Hause zurückkehrte, musste sie sofort zu ihrer Mutter nach Leutenstett fahren, das Grab besuchen und sich mit dem Anwalt treffen, um den Pflichtteil ihres Erbes einzuklagen. Eine fremde Welt fing sie ein, und Uma fragte sich, wie und ob sie die Magie von Indien, den Lehren ihrer Meister und ihrer Liebe an diesen Ort transportieren könnte.

Schon am Ganges hatte sie der Freundin ihres Vaters verziehen, die sich am Bett des todkranken Patriarchen sein gesamtes Vermögen durch eine Schenkung hatte überschreiben lassen. Die Familie würde nie herausfinden, ob ihr Vater klar und bei Sinnen war, als er die Papiere unterschrieb, oder ob man einen alten, von Schlaganfällen verwirrten Mann manipuliert hatte. Es würde ein Geheimnis bleiben, ob Il Patrone wirklich wollte, dass seine beiden Töchter und seine vier Enkelkinder leer ausgingen, während seine kinderlose Freundin sein ganzes Vermögen erhielt. Aber da erschien Uma die seltsame Wendung der Ereignisse schon nichts als eine weitere schicksalshafte Prüfung auf ihrem Weg. Mit dem Geld ihres Vaters hätte sie sorgenfrei leben können. So blieben ihr alle finanziellen Unsicherheiten nach der Trennung von Sebastian erhalten, und sie musste weiter darauf vertrauen, dass alles irgendwie gut ausgehen würde, auch wenn es gerade nicht danach aussah.

Die Gespräche in der Anwaltskanzlei erschienen ihr fremd und unwirklich. Bisweilen hatte sie den Eindruck, als seien ihr Anwalt und derjenige der Gegenpartei kleine Jungs, die Krieg spielten. Es ging nicht wirklich um irgendeine Form von Wahrheitsfindung, geschweige denn um Gerechtigkeit oder friedliche Einigung. Uma musste sich mit hanebüchenen Kleinigkeiten auseinandersetzen, ein Darlehen aus den Achtzigerjahren, dass irgendein Kunde ihrem Vater nicht bezahlt hatte, nun aber von ihrem Pflichtteil abgezogen werden sollte. Und hatte ihr Vater ihr nicht einmal Geld für die Steuer geschenkt? Sie fühlte sich hineingezogen in einen Sog aus Halbwahrheiten, unsinnigen Behauptungen, Anschuldigungen, Begebenheiten aus der Vergangenheit, die in einem völlig anderen Kontext gestanden hatten. Und das nahm sie ihrem Vater wirklich übel! Dass er sie in seine eigene Unklarheit mit hineinriss. Er, der große Löwe, der Boss, dessen »Gott« materielle Sicherheit und Unabhängigkeit gewesen war, hinterließ ein finanzielles Durcheinander, einen Misthaufen, der zum Himmel stank.

Sie fühlte sich an eine Geschichte des buddhistischen Mönches Ajahn Brahm mit dem Titel »Eine Wagenladung voller Mist« erinnert.[4] In dieser Geschichte sollte man sich Folgendes vorstellen: Du hast gerade einen wunderbaren Nachmittag am Strand mit einem Freund verbracht. Nun kommst du nach Hause und findest einen riesigen Misthaufen vor deiner Haustür. Du selbst hast den Mist nicht bestellt. Aber nun sitzt du damit fest. Niemand hat gesehen, wer den Haufen abgeladen hat. Es gibt niemanden, den du anrufen kannst, um ihn abzutransportieren. Zudem stinkt er und erfüllt mit seinem Geruch dein ganzes Haus. Nun gibt es zwei Arten, wie du mit dem Misthaufen umgehen kannst. In der ersten Variante trägst du den Mist mit dir herum. Du füllst deine Taschen, dein Portemonnai, deine Brieftasche, dein Hemd, ja sogar deine Hosen damit. Du verlierst eine Menge Freunde, weil du nun immer ein wenig stinkst! In der zweiten lässt du einen tiefen Seufzer los, holst dann aber einen Spaten und eine Schubkarre aus deiner Garage und beginnst den Misthaufen wegzuschaufeln und in deinem Garten zu vergraben. Es ist harte, ermüdende Arbeit, aber die einzig sinnvolle Option. Tag für Tag stichst du den Spaten in den Haufen, und jeden Tag wird er ein wenig kleiner. Es kann lange dauern, aber eines Tages ist der Haufen vor deinem Haus abgetragen. Und nun kommt die Überraschung. Du entdeckst, dass sich in einem anderen Teil deines Hauses ein Wunder ereignet hat. Die Blumen in deinem Garten explodierten vor Fülle und Farben. Ihr Duft erfüllt die ganze Straße. Die Bäume sind überladen mit Früchten. Sie sind zuckersüß, und es gibt so viele davon, dass du sie mit deinen Nachbarn teilen kannst.

So weit die Geschichte. Uma konnte viel mit ihr anfangen, denn auch ihr erschienen die Erbstreitigkeiten wie ein riesiger Misthaufen, den jemand vor ihrer Haustür abgeladen hatte. Auch sie hatte ihn nicht bestellt, aber nun war er da. Irgendwo in dem Dreck, in dem Gestank steckte der Same zu einem Geschenk. Sie war fest entschlossen, ihn zu finden, und notierte in ihrem Tagebuch: »Das nicht bekommene Erbe – es ist nur so, dass wir bis jetzt noch nicht in der Lage sind, die Gnade darin zu erkennen.«

Und so machte sie sich daran, den Misthaufen wegzuschaufeln – mit ihren eigenen Mitteln. Statt die Anwaltsbriefe von der Gegenseite minutiös zu studieren, überflog sie sie vage und legte sie unter ihre Buddha-Statue. Sie ließ regelmäßig weißes Licht auf die Angelegenheit fließen, doch am meisten Hoffnung machte ihr ein Reinigungsprozess, den eine hawaiianische Heilerin ihr beigebracht hatte. In diesem Reinigungsprozess, im Hawaiianischen eine Form des sogenannten »Ho'oponopono«, übernahm man selbst die Verantwortung für sämtliche Probleme, mit denen man auf irgendeine Weise in Berührung kam. Seltsamerweise hatte dies statt einer belastenden eine höchst befreiende Wirkung, und Uma gewöhnte sich an, Ho'oponopono nicht nur in dem Prozess um den Pflichtteil ihrer Erbschaft, sondern auch bei allen anderen passenden Gelegenheiten anzuwenden.

Die Worte, die sie dabei sprach, lauteten frei übersetzt, etwa so: »Göttlicher Schöpfer – Vater, Mutter, Sohn als Eins! Dies ist das Problem!« Dabei nannte Uma ihren Namen und dann den der Freundin ihres Vaters oder ihres Anwalts: »Falls ich, meine Familie, meine Verwandten oder Vorfahren dich, deine Familie, deine Verwandten oder Vorfahren in irgendeiner Weise beleidigt oder verletzt haben in Gedanken oder Worten, Handlungen oder Taten vom Anbeginn der Schöpfung bis zum gegenwärtigen Moment, so bitten wir dich um Vergebung. Es tut uns leid. Lass all dies gelöst, gereinigt und gelöscht sein. Lösche alle negativen, belastenden Erinnerungen, Blockaden, Schwingungen und Vibrationen und verwandle diese unerwünschten Energien in reines weißes Licht. Und es ist geschehen.«

Gemeinsam mit ihrer Mutter besuchte sie auch das Grab ihres Vaters. Sie musste so tun, als glaubte sie an Gräber und an den Tod, und sich neben ihre Mutter unter den Schirm stellen und sinnend und trauernd den Grabstein ihres Vaters betrachten. Doch Uma lauschte nur dem Gesang der Vögel. Für sie war hier nichts als der abgelegte Körper, die abgestreifte Schlangenhaut, das Raupenkleid von jemand, der wie sie alle unterwegs war – als ein ewiges göttliches Wesen jenseits von Zeit und Raum. Auch Uma hatte keine Ahnung, wo ihr Vater sich jetzt befand, in welchen Räumen, Dimensionen, Schwingungsfeldern er sich bewegen mochte oder ob er bereits zu einer neuen Inkarnation aufgebrochen war. Sie wusste nur, hier, in diesem Grab, auf dem Friedhof von Leutenstett, war er ganz gewiss nicht. Und wenn sie die Verbindung mit ihm suchte, so würde sie sich immer wieder an einen Fluss setzen, an einen Baum lehnen oder auf einen Berg steigen, wo die Stimme der Ewigkeit und des Göttlichen leichter zu vernehmen war.

Manchmal kam es ihr so vor, als stammte sie von einem anderen Planeten, auf dem es mehr Erkenntnis, mehr Freude, mehr Verrücktheit, mehr Kreativität, mehr Berührung, mehr Wärme und mehr Herz gab. Und dafür weniger Macht, Ordnung, Kontrolle, Beurteilung, Kritik und Konzentration auf das Geld. Auf ihrem Planeten, da war Uma sich sicher, hätte man auf dem Boden der am 11. September zerbombten Twin Towers einen Park mit großen Bäumen gepflanzt, unter denen später Kinder spielten und alte Leute im Schatten saßen. Und aus dem Ort des Disasters wäre ein Platz des Friedens und der Poesie erwachsen. Die Menschen hätten gespürt, was zu tun, zu reinigen, zu verstehen, zu vergeben war, und hätten das Feld, das neu zu bestellen war, nicht Kaufleuten überlassen, die nichts über die Macht der Liebe und alles über Grundstückspreise wussten.

Irgendwie musste Uma es schaffen, etwas von dem Flair, der Biosphäre *ihres* Planeten hierher zu bringen. Die meisten Menschen dieser Welt waren sorgenvoll, vergrämt, verbittert, sie hatten nie Zeit, sahen zu viel fern, tranken Alkohol oder nahmen Schmerztabletten, betäubten sich, wo es nur ging, und standen selten oder nie für ihre eigene Wahrheit ein. Sie lebten nicht ihre Träume und Sehnsüchte, sie taten nicht das, was sie wirklich wollten, sie erschienen ihr wie Gefangene, die an ihre Vorstellungen, Ängste, Konditionierungen und Gewohnheiten gekettet waren. Sie hatten keine Sehnsucht wie Uma, hinter all dies zu schauen und frei zu sein.

Uma konnte so tun, als sei sie eine von ihnen, aber eigentlich war sie es nicht. Sie hatte längst die Kette ihres Bootes gelöst, war vom sicheren Ufer abgetrieben und befand sich auf der Fahrt ins Ungewisse. Gott allein wusste, ob sie je ankommen, jemals ihr Ziel erreichen würde – ja, ob es überhaupt ein Ziel gab, das zu erreichen war. Oft genug kam sie sich vor wie Kolumbus. Sie war aufgebrochen, um Amerika zu entdecken. Aber hier, schaukelnd auf hoher See, wurde es immer ungewisser, ob es solch einen Kontinent überhaupt gab.

Wenn du zu einem Buddha kommst und dich auf den Weg ins Ungewisse machst, gibt es keine Autobahn, keinen vorgefertigten Weg. Du wirst dir deinen eigenen Weg bahnen müssen. Ich kann dich ermutigen, deinen eigenen Weg zu finden, ich kann einen Suchprozess in dir auslösen, aber ich werde dir keine Denkmuster geben, keine Sicherheit. Ich gebe dir nur eine Pilgerreise ... eine gefährliche Reise, die Millionen und Abermillionen von Fallen hat, eine Reise, auf der du täglich neuen Gefahren ausgesetzt bist, eine Reise, die dich zum Gipfel des menschlichen Bewusstseins führt, der vierten Dimension. Aber je höher du kommst, umso größer wird die Gefahr abzustürzen. Alles, was ich dir versprechen kann, ist ein großartiges Abenteuer – riskant, gefährlich, ohne jegliches Versprechen, dass du ankommst – denn für das Unbekannte gibt es keine Garantien. (14)

Von diesem Frühjahr an begann Uma das Nomadenleben der alten Sannyasins aufzunehmen, wobei sie lediglich Vimals Routen folgte, der den Sommer auf Korfu und den Winter in

Indien verbrachte, der im Herbst und Frühjahr in Taiwan oder Japan arbeitete und sich zwischendurch für einige Tage oder Wochen in Genf, Paris, London oder München aufhielt. Umas Route war reduzierter, sie verbrachte mehr als die Hälfte des Jahres in München bei ihrer Familie und war in der restlichen Zeit mit Vimal unterwegs. Auf gewisse Art und Weise lebte sie das Leben, von dem sie immer geträumt hatte, und doch waren dies die unglücklichsten und schwierigsten Jahre ihres Lebens.

Jede Saison auf Korfu, in Taiwan oder in Indien stellte sie vor neue Prüfungen und Herausforderungen. Es schien ein nicht enden wollender Prozess der Umwandlung und Veränderung zu sein, bei dem ihr alles entrissen wurde, was ihr je Halt gegeben hatte. Oder ließ sie selbst zu, dass es ihr entglitt, indem sie einfach ihre geballte Hand öffnete?

Unzählige Male hatte Mahindra ihr diese Geschichte erzählt. »Weißt du, wie man einen lebenden Affen fängt? Man tut einfach einige Erdnüsse in einen Flaschenkürbis, den man an einer Kokospalme aufhängt. Der Affe, neugierig geworden, untersucht den Kürbis, findet die Erdnüsse und ballt die Hand zur Faust, um sie zu ergreifen. Doch nun steckt er fest. Um wieder freizukommen, müsste er die Faust öffnen und die Erdnüsse loslassen. Aber das will er nicht. Und so kann man ihn fangen.«

Vielleicht war sie auf dem Weg, sich nicht mehr fangen zu lassen, den Trick zu lernen, aber der Meister hatte es wieder einmal einfacher klingen lassen, als es war. Er hätte auch sagen können, »sei bereit, alles zu verlieren, um alles zu gewinnen.« Die meisten Menschen, das lernte Uma in ihren Behandlungen, wollten sich zwar verändern, aber gleichzeitig doch alles behalten. Das Haus, die schlechte, aber sichere Ehe, den alten Beruf, den Wohnort und die guten Freunde. Aber das ging nicht. Man musste loslassen, die geballte Faust öffnen. Ja, es war nicht leicht, die Erdnüsse fahren zu lassen und frei und pfeifend von dannen zu ziehen. Auch für Uma nicht.

Immer, wenn sie von einem ihrer längeren Aufenthalte auf Korfu oder in Taiwan zurückkehrte, fühlte sie sich desorientiert, erledigt, müde, als kehrte sie von einer verlorenen Schlacht heim. Nur Indien, vor allem in Form von Maharajji, wiegte sie immer wieder wie eine Mutter in ihren Armen und flüsterte ihr ein, dass alles gut werden würde.

Die größten und tiefsten Lektionen betrafen unablässig Umas Gefühl für ihren eigenen Wert. Sie war sich nicht bewusst, was sie alles tat, um sich und der Welt ihren Wert zu bestätigen. Aber jetzt wurde sie gezwungen, sich dieses Tun genau anzuschauen.

Während Umas Arbeit, auch aufgrund ihrer langen Auslandsaufenthalte, weniger wurde und sich die Zahl ihrer Kunden immer mehr lichtete, nahm Vimals Tätigkeit einen nie gekannten Aufschwung. Uma verfolgte, wie sein Stern kometenhaft am Himmel aufstieg. Seine Cranio-Sacral-Behandlungen waren so tief und wirkungsvoll, dass die Menschen in Scharen zu ihm kamen und es immer wieder Kontaktpersonen gab, die ihn irgendwo auf der Welt organisieren wollten. Vimal hatte jahrelang Ausbildungen und Fortbildungen in Poona gemacht, sich spezialisiert und studierte auch jetzt noch jedes neue Buch über sein Thema, das auf den Markt kam. Allerdings war auch er verblüfft über seine Behandlungserfolge und seinen sich stetig ausweitenden Ruf. Es schien, als habe das Universum sich entschlossen, sein Füllhorn über Vimal auszuschütten.

Uma hingegen durchlebte eine nicht enden wollende Phase von Absagen, Enttäuschungen und Niederlagen, als habe der Himmel selbst sich gegen sie verschworen. Sie fragte sich, wie schon vor Jahren mit ihrem Meister, ob Gott möglicherweise ein Sadist war und Freude an ihren Schmerzen hatte. Neben Vimal verblasste sie vollkommen mit ihren Behandlungen. Überhaupt schien alles, was sie tat, schwammiger und weniger professionell zu sein, auch weil sie so ein Regenbogenwesen war, das vieles ausprobierte, ohne sich festlegen zu wollen. Vimal in seiner wissenschaftlichen Detailtreue, seinem Purismus, seinem unantastbaren Erfolgserlebnissen fand Umas Arbeitsweise ein bisschen Hokospokus-mäßig. Umas Stärke waren ihre gute Intuition, ihre Kreativität, ihre Hellfühligkeit und die Mischung von Meditationen, Massagen, Berührungen und Methoden. Ihre Seminare und Behandlungen hatten mit Lebensweisheit zu tun, nicht mit einer bestimmten Methode, die sich vermitteln ließ. Aber während Vimal nach und nach zum großen Heiler, zum Gewinner, zum Crack aufstieg, fühlte sich Uma mehr und mehr als Niete, als Looser, als Nichts. Mit der Zeit verlor sie vollkommen das Vertrauen in sich.

Hatten nur Sebastian und der Meister an sie geglaubt und sie selbst nicht? »Du musst selbst herausfinden, wer du bist, Uma. Du musst selbst an dich glauben, niemand anderes kann dies für dich tun«, sagte ihre Herzensstimme. Dies war die Wahrheit und auch ein Aspekt von Meisterschaft, an den Uma sich hätte erinnern müssen. Doch der Schritt war noch zu groß für sie. In ihrer Familie hatte niemand an sie geglaubt. Alle ihre Kindheitstraumen kamen wieder hoch und nahmen wie vertraute Gespenster höhnisch ihren Platz ein.

Uma erinnerte sich ... Irgendwann im ersten Schuljahr hatte sie eine unselige Verknüpfung zwischen ihrem Wert und ihrer Leistung gemacht. In der Schule hatte sie gute Noten bekommen, war oft der Liebling der Lehrer gewesen und hatte offensichtlich zum ersten Mal in ihrem Leben ein klares Gefühl für ihren eigenen Wert errungen. Er war für sie sichtbar und erfahrbar geworden. Doch von nun an war ihr Wert mit Ehrgeiz, Leistung, guten Noten und Anerkennung von außen verknüpft gewesen. Und in den nächsten Jahren sollte »ihr Wert« eine Talfahrt ohnegleichen erleben und sie in Taiwan in einer Art finalem Wertecrash zum Erwachen zwingen. Jetzt setzte die Abfahrt gerade erst ein.

Aus unerfindlichen Gründen gewannen Vimals und Umas Auseinandersetzungen auf Korfu stets an Schärfe und Dramatik. Diejenigen, die das ganze Jahr über hier wohnten, behaupteten, Korfu sei eine Skorpioninsel und stelle Beziehungen auf eine harte Probe. Vimal hatte das Bauernhaus aus ihrem ersten gemeinsamen Sommer aus Korfu aufgegeben und eine Wohnung gefunden. Uma befand sich auf seinem Terrain und musste besonders vorsichtig sein, als lebte sie mit einem bissigen Hund zusammen, den man nicht reizen durfte.

Vom Schlafzimmer, von der Küche und dem gesamten Balkon aus genossen sie einen wunderbaren Blick übers Meer. Sie wohnten im Obergeschoss eines Hauses, das auf einem Hügel stand. Direkt unter ihnen erstreckte sich ein uralter Olivenhain und weiter in der Ferne leuchtete blau das Meer. Die einzigen Geräusche, die sie vernahmen, waren das Gackern der Hühner und das Krähen der Hähne in einem Verschlag neben dem Haus. Wenn Uma die Wäsche auf dem Küchenbalkon aufhängte, konnte sie kaum fassen, wie schön es hier war – der stete Wind von der See, ihre nackten Füße auf den sonnenwarmen Kacheln, der Duft von Rosmarin und Lavendel, die Vimal in Töpfen auf dem Balkon großzog. Sie liebte das Inselleben – und war doch unglücklicher als je zuvor.

Während Vimal unentwegt Behandlungen gab und ständig gebraucht wurde, saß sie zuhause und fragte sich – wieder einmal – was für einen Sinn ihr Leben hatte. In dem Zentrum, in dem Vimal Behandlungen gab, durfte sie nur Seminare, aber keine Behandlungen anbieten, denn dies war den Therapeuten vorbehalten, die während der ganzen Saison dort arbeiteten. Sie war es nicht gewohnt herumzusitzen, nichts zu tun, die Zeit zu verplempern. Solange sie denken konnte, waren ihre Tage so voll gewesen wie ein Topf mit überkochender Milch, so angefüllt mit Hausarbeit, Kindern, Seminaren, Behandlungen und Arbeiten für den Meister, dass sie sich manchmal fragte, ob sie genug Zeit zum Atemholen hatte. Vimal behauptete auch, dass ihr gesamtes System im Einatmen stehengeblieben sei. Uma renne mit aufgeblähtem Brustkorb herum und erlaube sich nicht mehr, ihr Zwerchfell zu entspannen. Und dies sei nur ein Synonym für eine Art existentielle Entspannung, eine Entspannung in die eigene Existenz hinein, von der Osho so oft gesprochen hatte.

Entspannung ist ein existentielles Ereignis. Entspannung bedeutet, dass dein Bewusstsein kein Bedürfnis und auch kein Verlangen mehr hat, irgendetwas zu erreichen – nicht einmal das Verlangen zu entspannen; es besteht nicht einmal mehr darauf, dass sich Entspannung überhaupt einstellt. Wenn sie sich einstellt, ist das gut, wenn sie sich nicht einstellt, ist das gleichermaßen gut. (15)

Uma glaubte kein Wort von dem, was Vimal da sagte. Es war existentiell gefährlich, so etwas zu glauben. Sie überlegte, ob sie den russischen Arbeitern, die im Nachbarhaus wohnten und für geringen Stundenlohn in einer Großwäscherei arbeiteten, umsonst Behandlungen geben sollte, um etwas Gutes zu tun. Allerdings war die Verständigung ein Problem, denn die Gastarbeiter sprachen nur Russisch und ein paar Brocken Griechisch.

Noch bevor sie den Plan umsetzen konnte, fiel Uma eines Nachmittags in der Mittagshitze auf ihrem Bett in eine tiefe Entspannung. In der Ruhe dieses Zustands fragte sie sich: »Warum tue ich das? Warum renne ich herum, versuche, umsonst Behandlungen zu geben und zu helfen?« Die Antwort stieg aus ihrem Inneren auf wie Luftblasen an die Oberfläche eines Teiches: »Ich muss gebraucht werden, um eine Existenzberechtigung zu haben. Wenn ich nicht gebraucht werde, muss ich mich auflösen. Dann gibt es für mich keinen Platz mehr.« Im weisen Raum ihres Inneren konnte Uma sehen, wie diese Überzeugung, woher auch immer sie kommen mochte, sie antrieb, pausenlos, ein verrückt gewordener Motor, auf den sie keinen Einfluss hatte. Als Mutter war sie ständig gebraucht worden. Und als diese Arbeit abnahm, hatte sie sie einfach ersetzt. Jetzt waren es die Kunden, *ihre* Frauen, die sie brauchten als kluge Ratgeberin. Und was, wenn sie starb? Dann würden die Menschen jemand anderen finden. Niemand war unersetzlich. Uma konnte ihre Identifizierung, das Festhalten an einer selbstgebastelten Existenzberechtigung glasklar sehen. Und auch ihre Angst, das loszulassen. Wenn überhaupt niemand sie brauchte, wer oder was *war* sie dann?

Osho hatte gesagt, dass genau dieses Gefühl, »gebraucht werden zu wollen«, eine spezifisch weibliche Falle sei. Es halte die Frauen von der Meditation und letztlich vom Erwachen ab. War das die Antwort? Musste sie tiefer in die Meditation gehen?

Uma schaute in ihr Herz und entdeckte nichts als Schmerz. Da war der Neid auf Vimal. Und was für ein Neid! Die Leere, das Nichtwissen. Der Druck in ihrer Brust. Vimal kam nach Hause, beglückt von einer seiner Behandlungen und konnte ihre Tränen nicht verstehen. »Warum kannst du nicht einfach Urlaub machen wie alle anderen Leute auch? In zwei Wochen beginnt dein Seminar, dann hast du etwas zu tun.« Urlaub! Sie brauchte keinen Urlaub. Uma fühlte sich ausgebremst, wie so oft schon in letzter Zeit. Das war nicht das Leben, von dem sie geträumt hatte, als sie sich entschloss, Sannyasin zu werden. Sie hatte gehofft, Fülle zu erfahren, Neues zu lernen und sich durch Vimals Kontakte andere Quellen für ihre Arbeit zu erschließen. Tatsächlich trat genau das Gegenteil ein. Sie lernte vor allem, in die Leere zu gehen und die Leere auszuhalten. Genau wie ihr erster Meister Mahindra hielt auch Osho immer noch eine weitere, bittere Pille für sie bereit.

Es erinnerte sie an das Ende ihrer drei Lehrjahre bei Mahindra, die sie in jenem abgelegenen Dorf im Vogelsberg verbracht hatte. Kurz vor ihrem Umzug zurück nach München hatte in dem Institut, dessen Schirmherr Mahindra war, irgendeine Veranstaltung stattgefunden. Uma saß damals mit schwerem Herzen in der letzten Reihe. Sie hatte in diesen drei Jahren so viel bei ihm gelernt, so viel gearbeitet, so viel gegeben, aber da vorn auf dem Podest neben ihm stand eine ältere blonde Frau und heimste alle Lorbeeren ein. Paula Krain war erst vor einem dreiviertel Jahr aufgetaucht, hatte sofort angefangen, Seminare zu geben, eigene Methoden zu entwickeln – alles, wovon Uma bislang nur träumen konnte – und war von ihm in jeder erdenklichen Weise gefördert worden. Jetzt beendete sie wohl innerhalb der Veranstaltung oder des Vortrags gerade eine ihrer vielen Gruppen. Mahindra lobte sie über den grünen Klee, die Zuhörer und Gruppenmitglieder klatschten frenetisch, die energievolle Mitfünfzigerin wiegte sich würdevoll wie eine Königin unter all den Gunstbezeugungen. Uma in der letzten Reihe konnte nur mühsam ihre Tränen unterdrücken. Sie, die alles gegeben hatte, saß hier hinten, unbeachtet, ein Niemand. Es war so unfair! Ach, was wusste Uma von dem Katz- und Mausspiel, das die Meister mit ihren Schülern trieben!

Nur zwei Jahre später befand sich Uma neben Mahindra auf dem Podium. Sie war die Lichtfrau an seiner Seite, die ihn ständig zu Vorträgen begleitete und auch selbst das Wort ergriff. Paula Krain wurde nicht mehr gesehen. Sie hatte Mahindra schnell wieder verlassen, war nur eine Kurzzeit-Schülerin gewesen. Mahindra, ganz Meister, sprach nie über alte Schüler, auch über diese nicht. Wenn Uma ihn auf jemand ansprach, der verschwunden war, so lobte er ihn über die Maßen, genauso, wie er es bei Uma getan hatte, als sie ihn verließ. Sie erwischte ihn nie bei einer niederen menschlichen Regung wie Ärger, Klatsch oder gar Rachsucht. Er mochte sonderbar sein, aber er war rein wie ein Diamant. Und er umwehte seine Schülerin ständig mit dem Leuchten seines Wesens. »Ich weiß auch nicht, wie es passiert ist«, sagte er einmal zu ihr, als sie ihn nach seiner Erleuchtung fragte. »Ich glaube, du musst dich einfach immer nur nach dem Licht ausrichten.«

All das hörte sich immer so einfach an, wenn die Meister es sagten: lieben, entspannen, loslassen, sich dem Licht zuwenden. Teufel auch, sie wussten nichts von dem Aufruhr, der im

Inneren ihrer Schüler tobte, von all der Angst und der Suche nach Anerkennung, Bestätigung, Liebe bei den Frauen oder den Machtspielen der Männer um Ruhm und Ehre, ihrem Platzhirschgebaren, selbst und gerade im Rondell des spirituellen Zirkus!

Ach, Uma hatte einfach genug vom Lernen. Warum traf es immer sie, während die anderen sich ungehemmt feierten? Eine Stimme in ihrem Inneren gab ihr klare Anweisungen: »Urteile nicht. Vergleiche nicht. Fühle dich nie unterlegen. Fühle dich nie überlegen.« Das gab ihr ein wenig Kraft. Dann sagte die Stimme etwas anderes, außerordentlich Interessantes: »Wenn du deinen Weg wirklich gehst und die Wahrheit suchst, wirst du selten die Anerkennung der anderen finden. Wenn du die Wahrheit allerdings gefunden hast und deinen Weg gegangen bist, werden die Leute dich anerkennen. Doch dann brauchst du ihre Anerkennung nicht mehr. Dann bist du innerlich stark, und du kennst die Wahrheit über dich.«

Wenn auch die große Freiheit noch nicht in Sicht war, so gab es doch kleine Fluchten. Vimal hatte für Uma einen gebrauchten Motorroller gekauft, und sie düste damit zum Strand, ins Seminarzentrum und zum Einkaufen in den Nachbarort San Stefano. Und wann immer sie über die schmalen griechischen Landstraßen fuhr, vorbei an Olivenhainen, Feigen- und Wallnussbäumen, Verschlägen mit Hühnern und am Wegrand grasenden Ziegen, überfiel sie eine wilde Glückseligkeit.

In diesem Sommer kam Shiva, ein italienischer Sannyasin, der auf Hawaii lebte, nach Korfu, um alte Freunde wiederzutreffen. Er langweilte sich furchtbar auf der griechischen Insel. Als leidenschaftlicher Tangotänzer hatte er erfolglos versucht, Tango-Lokale in der näheren Umgebung zu finden.

Uma schlug ihm vor, ihnen Tango-Unterricht zu geben – und so trafen sie sich mit einer Clique von Freunden jeden Morgen um elf in einer griechischen Taverne und übten Tango. Sie besaßen die falschen Schuhe, der Schweiß rann ihnen aus den Achselhöhlen, den männlichen Tanzpartnern fehlten noch Biss und Orientierung, und die Frauen waren viel zu flatterhaft und nervös. Aber das machte nichts. Sie griffen einfach mit beiden Händen ins pralle Leben und holten heraus, was es ihnen anbot. Uma spürte Vimals Schenkel an ihren Beinen, sie presste ihre kleinen festen Brüste an sein feuchtes T-Shirt und genoss jede Minute. Die ungewöhnliche Musik, Shivas Eitelkeit, aber auch seine Grazie und sein Können, die am späten Morgen einsetzende Hitze, der Eifer der Übenden, der sich im Raum ausbreitete wie ein stechender Duft nach Moschus und Zitrone, all das war kein bisschen perfekt – und das machte es so vollkommen.

Vimal war eifersüchtig und warf Uma vor, Verführungsspiele mit anderen Männern zu betreiben. Falls sie dies tat, war sie sich dessen nicht bewusst. Sie liebte die Blicke der Männer, mochte es, schön zu sein und Aufmerksamkeit zu bekommen. Aber sie interessierte sich nie für einen anderen Mann. Außerdem war Vimal so anstrengend und besitzergreifend, dass sie nicht gewusst hätte, woher sie noch Raum oder Energie für einen anderen hätte nehmen sollen. Aber sie liebte auch sein Feuer. Kein Mann überschüttete sie so mit Liebeserklärungen und Komplimenten wie er. Mit keinem hatte sie so leidenschaftlichen, manchmal wilden, manchmal innigen Sex gehabt. Nie hieß sie einen Mann, der in sie drang, mehr willkommen, nie war sie heftiger in Liebe entbrannt. Und keiner hatte sie je so oft verletzt, angeraunzt, kritisiert, sich unbedeutend und gering fühlen lassen.

Es mochten Kleinigkeiten sein, die ihn störten – etwa, dass sie im Supermarkt zu schwere Ware auf die Früchte in ihrem Einkaufskorb lud, wodurch sie fast zerdrückt wurden. Oder die Art, wie sie Auto fuhr. Oder wie sie jemanden in einem Geschäft anlächelte oder auch einfach vor dem Spiegel posierte. Aber all dies zusammen lastete auf ihr, machte sie schwer, und immer wieder beschlich sie das Gefühl, nicht mehr ganz sie selbst zu sein.

Oft brach sie ein Gespräch ab, sogar mit Kunden, weil Vimal bereits ungeduldig wartete. Sie wagte kaum noch, ihre Blicke im Restaurant schweifen zu lassen, weil er dann so heftig reagierte. Es war Vimals Theorie, dass sie Männern ständig das Gefühl gab, sich für sie zu interessieren, worauf sie sie dann mit einer Geste, einem Hochstreifen ihres Rockes oder einem lasziven Heben ihres Armes energetisch an den Haken nahm. Seiner Ansicht nach tat sie dies, weil sie sich von männlicher Aufmerksamkeit und männlicher Energie nährte – was zu der Nummer Zwei im Enneagramm, der ewigen Verführerin, gut passte.

Wie so oft konnte Uma nicht ausmachen, ob an Vimals Theorie etwas dran war und sie einfach nicht bewusst genug durchs Leben ging, um es selbst zu bemerken, oder ob er schlicht und einfach eifersüchtig war. Möglicherweise stimmte sogar etwas von beidem, aber das brachte Uma auch nicht weiter. Sie litt darunter, sich nicht mehr so unbekümmert und so natürlich wie früher bewegen zu können und sich ständig nach Vimal auszurichten wie eine Sonnenblume nach dem Licht. Wenn sie es nicht tat, kam es zu höllischen Auseinandersetzungen. Uma spürte, dass sie seiner Kraft, die Spuren von Gewaltätigkeit trug, nicht gewachsen war. Es war nicht so, dass er sie jemals körperlich verletzte oder zu hart anfasste, es war eine psychische Gewalttätigkeit, die etwas Archetypisches besaß. So, wie manche Männer zu viel Alkohol tranken, mochten andere in einen Rausch von Stärke und Gewalttätigkeit verfallen, in dem sie alles, was schwächer war und sich ihnen in den Weg stellte, einfach niederwalzten. Wenn sie sich gegen ihn wandte, konnte Vimal zuweilen diese Energie entfachen, die Uma letztlich dazu bewegte, sich ihm zu unterwerfen, ihn zu fürchten und gleichzeitig zu hassen, zu verachten und doch zu lieben.

Erst später würde sie damit konfrontiert werden, dass alles, was Vimal ausdrückte, auch in ihr steckte, ihr Schatten war, den sie nicht annahm, den sie verdrängte und den er vielleicht für sie auslebte. Es war schwer für Uma zu begreifen, dass solche Instinkte – Gewalttätigkeit, den anderen beherrschen wollen und in die Knie zwingen – auch in ihr selbst vorhanden waren. Vimal war nichts als ihr Spiegel, der ihr zeigte, was sie nicht sehen wollte. Wenn sie ihren Schatten annahm, ihre eigene »Gewalttätigkeit« sehen könnte, würde es ihr auch gelingen, mit Vimal anders umzugehen.

Osho hatte einmal gesagt:

Love. Ich bin eins mit allen Dingen. Im Schönen, im Hässlichen, denn in allem, was ist – da bin ich. Nicht nur der Reinheit, auch der Sünde Komplize bin ich. Und nicht nur der Himmel – auch die Hölle ist mein. Buddha, Jesus, Laotse – es ist leicht, deren Erbe zu sein. Aber Dschingis Khan, Tamurlan, Hitler? Auch die sind in mir! Nein, nicht die halbe, die ganze Menschheit bin ich. Alles Menschliche ist mein – Blüten und Dornen, Dunkel wie Licht. Und wenn nur der Honig mein ist, wessen ist dann die Galle? Honig und Galle – beides ist mein. Jeden, der dies erfährt, nenne ich religiös, denn nur die Qual solcher Erfahrung kann das Leben auf Erden revolutionieren. (16)

Es würde jedoch noch Jahre dauern, bis Uma wirklich bereit war, der Dunkelheit in sich selbst zu begegnen. Und sie würde Maharajjis Hilfe in Laxman Jhula brauchen, um zu erkennen, dass es stimmte. Alles war in ihr, auch alles, was sie nicht wahrhaben wollte: Wut, Gewaltätigkeit, Eifersucht, Rachegelüste, Klatsch, alle Schatten, alle Instinkte. Und als diese Erkenntnis sie entsetzlich traurig stimmte, sagte Maharajji in der ungewöhnlichen und magischen Art, wie er mit ihr kommunizierte: »Ja, all das ist in dir. Aber du musst nicht danach handeln.« Und da begriff Uma, verstand auf eine tiefe Art und Weise, wie Jesus, Buddha und auch ihr Meister Mahindra, den sie so viele Jahre beobachtet hatte, mit den Schatten umgingen. Das Programm mochte auch in ihnen sein, wie die Instinkte eines Tieres, aber sie handelten nicht danach. Sie richteten ihr Handeln an der Liebe aus. Die Meister hatten sich befreit, und der Schatten war verschwunden.

Mahindra hatte ihr früher oft diese Geschichte erzählt: Der Schatten beschwerte sich bei Gott über die Sonne. »Dauernd verfolgt sie mich und macht mir das Leben schwer!« Gott versprach ihm, mit der Sonne zu reden. »Den Schatten verfolgen?«, rief die Sonne verblüfft aus, als sie von der Beschwerde erfuhr. »Aber ich kenne ihn ja gar nicht. Bitte zeig ihn mir, damit ich das abstellen kann.«

Als Uma in diesem Jahr von ihrem Sommer auf Korfu zurückkehrte, war sie abermals kleiner geworden. Sie stand nicht mehr unter Schock, aber sie begann schleichend und mehr und mehr ihr Selbstvertrauen und das Gefühl für ihren eigenen Wert zu verlieren. Ihre Tochter Lara hatte sich auf eine einjährige Weltreise durch Russland, China und Südasien begeben, und Uma lebte nun allein mit Helen. Helen war ein überaus geselliger Teenager und liebte es, mit ihrer Freundesclique unterwegs zu sein. Plötzlich hatte Uma Zeit, was sie sich früher sehnlichst gewünscht hatte. Auf einmal verbrachte sie ganze Wochenenden allein. Durch die Familie, die vielen Wochenend-Seminare und die Arbeit für Mahindra war ihr Leben noch vor kurzem so voll gewesen, dass sie weder Zeit noch Lust gehabt hatte, nebenher tiefe Freundschaften zu pflegen. Abgesehen von Alima, ihrer allerbesten Freundin, die selbst eine alte Sannyasin und ihre frühere Yoga-Lehrerin war, besaß Uma nicht viele private Kontakte. Nun war sie auf sich selbst zurückgeworfen.

Wann immer sie versuchte, ein Wochenendseminar zu organsieren oder auch nur eine Fortbildung für sich selbst, um der Einsamkeit zu entfliehen, fand es nicht statt, fiel es aus irgendwelchen mysteriösen Gründen aus. Bis Uma begriff, dass es sich um eine tiefe Lebenslektion handelte. Das Alleinsein auszuhalten, sich ihm auszusetzen, ohne Wenn und Aber. Ohne nach den anderen zu schielen, ohne zu versuchen, sich irgendwie abzulenken oder zu zerstreuen. Osho sagte:

Was benötigt wird, ist nicht etwas, durch das du deine Einsamkeit vergessen kannst; was benötigt wird, ist dass du dir deiner Einsamkeit bewusst wirst – die eine Realität ist. Und es ist so wunderschön, das zu erfahren, das zu spüren, denn das ist deine Freiheit von der Menge, vom anderen. Das ist deine Freiheit von der Furcht, einsam zu sein. (17)

Uma nahm es sich zu Herzen. Und sah zu, wie alles, was ihre Welt ausgemacht hatte, sich mehr und mehr auflöste, denn nun brach auch ihre Arbeit ein. Bevor sie Mahindra verließ, hatte sie seine Weisheit und sein Wissen in ihre Seminare einfließen lassen. Er war das Licht, die Sonne gewesen, nach der sie sich ausrichtete. Jetzt saß sie im Finsteren.

All das Werkzeug, das ihr solange selbst geholfen hatte und das sie daher stets mit großer Überzeugung vermitteln konnte, war stumpf geworden. Da, wo sie sich jetzt befand, taugten all die Affirmationen, die Meditationen, die unzähligen geistigen Hilfsmittel, die sie kannte, nichts mehr. Da, wo sie jetzt war, konnte man nur noch sterben und neu geboren werden.

Zunächst einmal starb nur Tako, ihr kleiner grüner Wellensittich. Sie hatten ihn gekauft, als die Kinder noch klein waren und unbedingt ein Haustier haben wollten. Uma hielt nichts davon, Tiere einzusperren, und hatte sich viele Male bei Tako dafür entschuldigt, ihm ein Leben im Käfig anzutun. Eines Abends fiel er von der Stange und blieb einfach auf dem mit

Sand ausgestreutem Boden sitzen, ohne eine Anstrengung zu unternehmen, wieder hochzufliegen. Uma war besorgt. Am nächsten Morgen saß er immer noch auf dem Boden, zu schwach, um sich zu regen. Sie bettete ihn am Boden des Vogelhauses in ein sauberes Tuch und trug den Käfig in ihr Schlafzimmer. Hier meditierte sie, sang Mantras, betete, machte Yoga, es war der Raum mit der höchsten Schwingung in der Wohnung. Sie stellte leise Mantramusik an und setzte sich vor seinen Käfig. Doch es war ein Schulmorgen. Sie musste sich beeilen, um für Helen Frühstück zu machen und die Schulbrote zu streichen. Sie rief ihre Teenager-Tochter ins Zimmer und bat sie, eine Weile bei Tako zu bleiben. Nach einigen Minuten kam Helen aufgeregt in die Küche gelaufen und verkündete: »Ich glaube, er ist tot. Er hat sich noch einmal bewegt, mit den Flügeln geschlagen und ist dann zur Seite gefallen.« Sie eilten gemeinsam zurück ins Schlafzimmer. Ja, der kleine Vogel war tot.

Es schien, als hätte er die Nacht über gewartet, um erst zu sterben, wenn der Morgen da war und sie bei ihm sein konnten. Als habe er seinen Tod mit ihnen teilen wollen, wie ein letztes Geschenk.

Uma zündete eine Kerze an und sprach ein Gebet für diese kleine Vogelseele. Sie wünschte ihm ein freies Leben in Australien, wo sie wildlebende Wellensittiche beobachtet hatte, die in großen fröhlichen Vogelscharen wie im Paradies lebten. Dann rief sie Sebastian an. Er fuhr sofort durch die halbe Stadt zu ihnen, als sei Tako ein richtiges Familienmitglied gewesen und als müsse sein Fortgehen entsprechend gewürdigt werden. Und es stimmte ja auch: Durch all die Jahre mit der Familie hindurch hatte sein Zwitschern sie begleitet. Nun war er verstummt. Die Familienbande lösten sich auf. Lara war schon draußen in der Welt, Helen würde in wenigen Jahren das Haus verlassen. Sebastian und Uma hatten sich getrennt. Die Türen ihres goldenen Familienkäfigs standen offen, und nach und nach entflogen seine Mitglieder in ein eigenes Leben. Im Sterben lag auch eine Freiheit. Aber der Abschied tat weh.

Sebastian setzte sich vor den Käfig und begann hemmungslos zu weinen. Der Tod ihres Haustieres führte ihnen die Auflösung ihrer fröhlichen, glücklichen Familiengemeinschaft noch einmal vor Augen. Nichts währte ewig. Das Leben war eine ständige Veränderung, die sich durch nichts aufhalten ließ. Uma ahnte, dass es weniger schmerzen würde, wenn sie mit den Veränderungen mitfloss und sich an nichts klammerte. Ein Baum litt nicht, wenn er im Herbst seine Blätter verlor. Er vertraute dem Kreislauf allen Seins. Der Frühling würde kommen und ihm in einer Explosion von Leben seine Blätter zurückgeben, bis der Herbst sie ihm abermals nahm. Ach, könnte sie nur auch so weise sein.

Lebe wie ein Fluss, nicht wie ein Tümpel. Der Tümpel ist ein Haushalter, der Fluss ein Sannyasin. (18)

Sie ließen den kleinen Vogelkörper noch einen Tag lang bei Kerzenlicht und Mantramusik im Schlafzimmer ruhen. Am Abend trugen sie ihn auf den Balkon, und am nächsten Tag begruben sie Tako in einem schönen indischen Tuch unter einem Baum im Englischen Garten.

sterben

1

In den nächsten Wochen gingen in ihrem Haushalt mehrere elektrische Geräte kaputt, die all die Jahre mit den Kindern überstanden hatten, und ganz zuletzt auch noch ihr Auto. Sie hatten den großen Jeep gekauft, als Uma gerade mit Helen schwanger geworden war. Irgendwie war dieses schwarze Ungetüm Teil der Familie geworden. Wie viele Kinderwägen, Kinderbetten, Roller, Umzugskartons, Pflanzen und Ikea-Regale waren nicht in seinem Kofferraum transportiert worden. Mit dem Jeep hatten sie ganz Irland bereist, während die Kinder die Rückbank in ihr Kinderzimmer verwandelten, die Polster verkrümelten, beschmutzten und bemalten. Und auch als Uma und Sebastian sich trennten, teilten sie weiterhin das Familienfahrzeug. Nun war auch das Auto tot, ein sechzehn Jahre alter Jeep, ein Dinosaurier. »Der hat 190.000 Kilometer runter, das lohnt die Reparatur nicht mehr«, schüttelte der Mechaniker den Kopf. Aber es war nicht irgendein Auto, es hatte eine Geschichte, es war ein Teil von ihnen. Vielleicht war es auch das, was Uma lernen musste: die Familiengeschichten loszulassen, die sie so liebte und die ein Eigenleben besaßen, weil sie Teil der Vergangenheit waren. All die liebenswerten Erinnerungen, die der Blick zurück weich gemacht und vergoldet hatte. Waren sie nicht immer eine glückliche Familie gewesen?

Eines Nachts kamen drei große Vögel, wie schwarze Krähen. Sie flogen mitten durch Umas Herz und zerfetzten es. Und dann fand sie heraus, dass sie nicht nur auf Korfu, sondern auch zuhause nicht mehr gebraucht wurde. Alle kamen ganz wunderbar ohne sie aus.

Vimal führte sein Nomadenleben, war glücklich, wenn sie Zeit miteinander verbrachten, und ebenso zufrieden, wenn er, stets eingebettet in die Kreise seiner alten Sannyasin-Freunde, irgendwo auf der Welt seiner Arbeit nachging. Sebastian verbrachte die Wochenenden im Landhaus seiner verheirateten Geliebten oder auf einer der zahllosen Theaterpremieren und Vernissagen, die durch Irina plötzlich Teil seines Lebens geworden waren. Helen fand in ihrer Freundesclique eine Ersatzfamilie, was für einen Teenager ganz normal war. Sie suchte zwar immer wieder Umas Nähe und auch Trost und mütterliche Geborgenheit, aber im Großen und Ganzen wurde sie ständig unabhängiger. Lara reiste mit ihrer besten Freundin um die Welt und schickte ab und an ekstatische E-Mails, in denen sie von großen Abenteuern berichtete. Und da Uma so viel Zeit im Ausland verbrachte, hatte Alima, ihre beste Freundin, sich einer anderen guten Freundin enger angeschlossen, mit der sie am Wochenende Wanderungen in die Berge unternahm. Selbst Umas Kunden hatten neue Ratgeber gefunden und sich andere Seminare gesucht. Immer wieder fielen Gruppen aus, fest geplante Termine platzten, Teilnehmer sagten in letzter Minute ab. Nicht einmal Gott brauchte sie. Zumindest nicht in dem Sinne, dass Uma ihm dringend helfen müsste, die Welt in Ordnung zu bringen. Er kam offenbar ganz gut allein zurecht. »Entspann dich«, hörte sie ihn sprechen, oder besser gesagt, ihre innere Stimme, »und überlass mir die Ordnung in der Welt.« »Just relax«, wiederholte Osho, der Entspannung überhaupt recht wichtig fand.

Es schien Uma, als habe ihre Hinwendung zu Osho eine Art Bremse in ihr Leben gehauen, so dass sie endlich zum Stillstand kam, all ihr Tun und Rennen und Wirtschaften aufgab, um sich alle Themen anzuschauen, die ihr Geist unter allen Umständen zu verdrängen versucht hatte: Angst, Vakuum, Alleinsein, den Verlust von Wertigkeit und Kontrolle. Aber auch die Identifizierung mit ihrer Rolle als Mutter, als emotionales Zentrum der Familie ebenso wie das Festklammern an ihrem Beruf und Image als spirituelle Ratgeberin und Seminarleiterin. All dies ging vor ihren Augen langsam in die Brüche und konfrontierte sie mit der existentiellen Unsicherheit allen Lebens, der Instabilität aller Strukturen, dem Wissen, das nichts wirklich sicher oder von ewiger Haltbarkeit war.

Damit leben, das aushalten, sich sogar darin entspannen. Das konnte nur gelingen, wenn Uma felsenfest wusste, dass sie ein unsterbliches göttliches Wesen war. Das Leben auf der Erde war die Prüfung, ein nochmaliges Abklopfen dieser grundlegenden Frage. Wenn sie sich ihrer Sache so sicher war, musste sie doch keine Angst haben, oder? Hatte sie aber. Sie fühlte sich einsam und ohne jede Orientierung, als habe sie jemand unversehens in den Weltraum geschossen und als kreise sie nun mutterseelenallein im Orbit, ohne jeden Anschluss, ohne einen Platz. Wie hatte Osho gesagt?

Du gehörst nirgendwohin – das ist eine Realität. Jedes Verlangen, irgendwohin zu gehören, ist trügerisch. Die bloße Idee, irgendwohin zu gehören, erschafft Organisationen, die bloße Idee, irgendwohin zu gehören, erschafft die Kirche. Weil du nicht allein sein kannst, willst du dich in einer Menge ertränken. (19)

Wenn es so war, schien die Lektion einfach eine Schuhnummer zu groß für sie. Mit den Jahren wurde dieses Gefühl in Uma immer stärker: Ihren Meister Mahindra hatte sie noch verkraftet, doch Osho war einfach zu mächtig für sie. Seine

Lektionen hatten eine Dimension, die sie überforderten, der sie sich überhaupt nicht mehr gewachsen fühlte. Osho hatte Schülern, die danach fragten, warum der Meister mit einigen von ihnen so hart sei, geantwortet: »Weil sie bereit sind.« War *sie* bereit?

Es war wieder einmal Indien, ihre große weise Mutter, die sie auffing. Der Winter brach an, und dieses Mal hatte Uma Sebastian überzeugt, mit nach Indien zu fliegen, um sich das Osho Meditation Resort anzusehen. Helen, die Indien liebte, kam auch mit. Im vorigen Winter in Laxman Jhula hatte Uma beim Meditieren eine wichtige Eingebung zu Sebastian erhalten. Sie solle ihn weiterhin teilhaben lassen an ihrer Welt und ihrem Leben, ihn niemals ausschließen, sondern im Gegenteil weiterhin inspirieren. Nun hegte sie insgeheim die Hoffnung, dass Sebastian sich in Osho verlieben würde, dass irgendeines seiner Zitate ihn mitten ins Herz treffen würde wie Amors Pfeil.

Doch Sebastian mochte das Resort überhaupt nicht. Am meisten störte ihn der Kleidungskodex dort, dass alle in dunkelroten Roben herumlaufen mussten. Er kam sich vor, als sei er zu einer Sekte gestoßen. Irgendetwas Altes, Tiefliegendes schien in ihm geweckt worden zu sein, sonst wären seine Reaktionen nicht so heftig ausgefallen, aber Uma konnte nicht herausfinden, was es war. Helen dagegen liebte das Resort, die schönen langen Roben, die ästhetische Umgebung, das Tanzen und die Musik. Sie bekam einen Job, in dem sie einige Stunden am Vormittag in der Cappuccino Bar arbeitete, wo sie sich sofort zum Liebling der Kunden und der Crew mauserte.

Umas Vision von einer großen glücklichen Patchworkfamilie, in der Vimal und Sebastian miteinander auskamen und sich möglicherweise sogar anfreundeten, scheiterte kläglich. Zwar näherten sich die Männer auf vorsichtige Art einander an, aber Vimal, der von Jugend an Sannyasin gewesen war, konnte Sebastians Vorbehalte, seine letztlich doch konservative bürgerliche Denkweise nicht begreifen. Er respektierte Sebastian und hatte Mitgefühl mit ihm, aber in seiner tiefsten Seele blieb er ihm fremd. Sebastians selbstlose Liebe und sein hohes Verantwortungsgefühl besaßen in Vimals Welt kaum einen Stellenwert, es war wichtiger, sich selbst zu erkennen. Sebastian wiederum kam nicht umhin, in all den vorsorglich sterilisierten, kinderlosen männlichen Sannyasins einen Haufen verantwortungsloser Peter Pans zu sehen, die sich weigerten, erwachsen zu werden und der Realität ins Auge zu schauen. Beide hatten Recht und beide hatten Unrecht und sahen den anderen durch den Filter ihrer Vorbehalte. Uma stand in der Mitte und bekam Prügel von beiden Seiten.

Vimal, der sich bereit erklärt hatte, für die zehn Tage ihr Apartment in der Stadt zu bezahlen, fragte sie, ob er etwa nur dazu da sei, hier die Rechnungen für ihre Familie zu bestreiten. Alle seine Freunde – von denen natürlich keiner Kinder und Familie hatte – hielten ihn für verrückt, dass er sich das antat. Während Vimal maulte, auf seine temperamentvolle Art ausrastete und ihr Szenen machte, war Sebastian einfach nur unglücklich. Er meinte, Uma habe ihn in ein spirituelles Disneyland verschleppt. Er schritt durch das Resort wie ein seltsamer, verbitterter Waldschrat mit einem tief ins Gesicht gezogenen Schlapphut, die dunkelrote Robe mit einem breiten Patronengurt in eigenartiger Weise um die Hüften geschnürt, als sei er in Gefahr und müsse jederzeit zum Gegenangriff bereit sein.

Uma erkannte ihren sonst so eleganten Mann kaum wieder. Oshos Worte trafen ihn nicht ins Herz, obschon sie für Uma so offensichtlich waren:

Es gibt zwei Arten von Wissen. Eines bleibt draußen als ein Beobachter, abgesondert, unnahbar, kalt – die wissenschaftliche Weise. Und das andere ist der Weg des Mystikers: sich leidenschaftlich darauf einlassen, nicht kalt und unnahbar bleiben, nicht auf der

Hut bleiben; einen Sprung wagen, einen Quantensprung. Das benötigt Mumm, Courage. (20)

Mit der Hellsichtigkeit des Kindes fragte Helen ihre Mutter: »Meinst du wirklich, dass es eine gute Idee war, uns alle hier zusammenzubringen?« Uma seufzte tief. »Es wird sich bestimmt noch fügen, du wirst sehen. Gib allen ein wenig Zeit.« Aber ihre Worte überzeugten nicht einmal sie selbst. Sie war fest entschlossen, alle zu halten, jedes Ungleichgewicht auszubalancieren, aber in gewissen Momenten war sie müde wie eine Mutter, die zu viele Kinder zu betreuen hat. Und sie fühlte sich auch allein gelassen mit einer Aufgabe, die nicht wirklich zu bewältigen war.

Da sie Sebastian nicht verletzten wollte, blieb sie energetisch gesehen wie eine schützende Glucke an seiner Seite. Aber durch dieses Verhalten blieb die Situation zwischen ihnen allen weitgehend unklar. Sebastian konnte sich nicht von ihr lösen und ihr neuer Geliebter in diesem Gefüge seinen Platz nicht finden. Wahrscheinlich hatte Vimal, der immer mal wieder wie ein Donnergott mit seinem Zorn auf Uma niederfuhr, wieder einmal Recht. Hatte nicht auch ihr Meister Mahindra sie oft davor gewarnt, dass Liebe ohne Weisheit zerstörerisch sei? Wie oft hatte sie nicht von ihm die Geschichte von Heribert gehört?

Der Braunbär Heribert hatte die Bibel, die Bhagavad-Gita und viele andere spirituelle Bücher studiert und war zu der Überzeugung gekommen, dass Liebe die einzige Antwort sei. Nun stand er seit Stunden im Fluss, fing Fische und warf sie ans Ufer. Seine Frau Susanna kam dazu, sah sofort, dass es mehr Fische waren, als sie und die Kinder je verzehren konnten, und fragte entgeistert: »Heribert, um Himmels willen, was tust du denn da?« »Ich bin Liebe, Susanna, nichts als Liebe!«, jauchzte Heribert ekstatisch. »Ich rette die Fische vor dem Ertrinken!« An dieser Stelle wiegte Mahindra manchmal seinen Oberkörper vor und zurück und schloss leicht die

Augen, als könne er alles überblicken und jeden durchschauen, und sagte abschließend: »Liebe und Weisheit müssen zusammenkommen, Uma. Mit *einem* Flügel kann der Vogel nicht fliegen.«

Die Tage im Resort verstrichen, zähflüssig und voller Spannungen. Am Ende der ersten Woche fuhren sie nach Downtown Richtung Mahatma-Ghandi-Road, um Shree Juweler einen Besuch abzustatten. Diesmal ging es darum, Sebastians und Umas Eheringe so zu verändern, dass es ihre neue Entwicklung respektierte. Die Ringe hatten sie in Irland anfertigen lassen, und der Goldschmied aus Kilkenny, der sie nach ihren Vorschlägen angefertigt und mit einer speziellen Aufschrift versehen hatte, war Sebastians Trauzeuge gewesen bei ihrer Hochzeit drei Tage vor Helens Geburt. Uma wollte ihren Ring einschmelzen lassen und daraus eine Schlange machen, was für sie ebenso wie die Schlange, die sich um ihre Halskette wand, als Zeichen der Transformation stand. Sebastian hatte vor, die Inschrift auf seinem Ring mit einem Stück Gold von Umas Ring zu überkleben und darauf in keltischer Ogamschrift das Wort *embrace* – »Umarmung« – schreiben zu lassen. Es sollte ausdrücken, dass er Umas Veränderung akzeptierte und sie auf seine Art im Herzen behalten wollte.

Falls Shree Juweler die Westler und ihre Ideen und Wünsche für verschroben hielt, ließ er es sich nicht anmerken. Wie immer fertigte er gewissenhaft und mit großer Ernsthaftigkeit Skizzen an, vermaß, berechnete, bestellte Chai. Nach Stunden war die Bestellung unter Dach und Fach. Sebastian, Helen, Uma und Vimal feierten den Abschluss und die Verwandlung der Ringe alle zusammen im *Madhuban*, Vimals und Umas Lieblingsrestaurant in der Stadt, in dem man mit vielen indischen Familien draußen auf der Terrasse saß und die besten Masala Dosa bekam. Dosas waren knusprige Teigrollen, gefüllt mit einer würzigen Kartoffelspeise, wozu scharfe Saucen gereicht wurden.

Nach zehn Tagen reiste Sebastian allein Richtung Delhi und weiter nach Laxman Jhula, wo er als Reiseleiter Umas neue Gruppe organisieren und bereits erste Vorbereitungen treffen wollte. Uma hatte die Seminare, die früher bei Mahindra in Goa stattgefunden hatten, kurzerhand nach Norden an den Ganges verlegt und gleich beim ersten Versuch eine ansehnliche Gruppe zustande bekommen. Vimal und Uma blieben mit Helen in der Stadt, bis es Zeit war, sie in Bombay ins Flugzeug zu setzen, da in Deutschland die Schule wieder begann.

Uma hatte geglaubt, Sebastian würde die Zeit oben am Ganges guttun. Sie war von den ungewöhnlichen Kräften dieses Platzes überzeugt, aber schon wenige Tage nach seiner Abreise erreichten sie die ersten Hiobsbotschaften. Sebastian gefiel es im Norden genauso wenig wie im Resort. Er vermisste das Meer und den Strand von Goa. Die westlichen Suchenden, Meditierenden und Yoga-Übenden gingen ihm auf die Nerven, er konnte mit diesen Leuten nichts anfangen. Er fühlte sich gestrandet, er hasste den Ort. Langsam dämmerte Uma, was sie nie wirklich hatte wahrhaben wollen. Die Welt der Meister, der Meditation, der Suche nach Wahrheit und Erkenntnis besaß für Sebastian nur eine Bedeutung in Verbindung mit ihr. Ohne sie als Bindeglied fand er keinen Zugang zu diesen Lebensbereichen, die für Uma die einzig wichtigen waren. Wie oft hatte sie sich diesen Satz, den sie einmal bei Eileen Caddy gelesen hatte, zugeflüstert: »Suche zuerst mein Reich, setze mich an die erste Stelle, und dann wird alles andere dir dazugegeben werden.«[5]

Uma fragte sich, ob sie ihrer inneren Stimme überhaupt noch trauen konnte. Statt Sebastian abzutrennen und ihm und ihr selbst zu erlauben, eigene Wege zu gehen, hatte sie ihn weiterhin eingebunden in ihre Welt und ihr Leben, hoffend und glaubend, dass sie ihn inspirieren könnte. Und das waren auch die Anweisungen »von oben« gewesen. Hatte sie sich nur selbst betrogen, weil sie noch nicht bereit gewesen war, ihn loszulassen? Möglich war es, sie wusste es nicht.

Sie wusste so wenig in diesen Tagen, dass es ihr oft vorkam, als taste sie sich an den Wänden entlang durch einen feuchten und stockdunklen Tunnel. Kurz vor ihrer eigenen Abreise nach Laxman Jhula fuhren Vimal, Uma und Helen zu Shree Juweler, um die Ringe abzuholen. Ihr Schlangenring gefiel Uma ausnehmend gut, und sie setzte ihn sofort auf. Sebastians neuer »Ehe«-Ring sah ein wenig seltsam aus, als habe man die frühere Schrift nur mit einem goldenen Heftpflaster überklebt, auf dem nun *embrace* stand. Sie tat ihn in ihr Portemonnai, aber Shree Jeweller, immer auf seine Kunden bedacht, forderte den Ring zurück und legte ihn in ein edles kleines Stofftäschchen, das Uma in ihrer Tasche versenkte.

Auf der Rückfahrt von Downtown nach Koregaoon Park, jenem Viertel, in dem sich das Resort und auch ihr Apartement befanden, begann Uma zu frösteln, und sie zog im Dunklen der Riksha einen Pullover aus der Tasche. Als sie ihr Apartment erreichten, überfiel sie aus dem Nichts eine eigenartige Unruhe, und sie fing an fieberhaft ihre Tasche zu durchwühlen. Der kleine Beutel mit dem Ring war weg! Vimal, Helen und der indische Fahrer durchsuchten den Boden und die Bänke der Riksha, Vimal nahm sogar sein Fahrrad und fuhr einen Teil der Strecke ab, aber der Ring blieb verschwunden. Uma musste das Stofftäschchen beim Herausziehen ihres Pullovers aus der Tasche verloren haben.

Uma war am Boden zerstört. Warum hatte sie Sebastians Ring verloren? Wie konnte das passieren? Helen, diese weise alte Seele, die ihr in Gestalt ihrer Tochter Trost zusprach, meinte, Sebastian hätte mit seinem zugepflasterten Ring nur einen alten Schmerz überdecken wollen. Uma sei bereit gewesen, ihren Ring einzuschmelzen und vollkommen zu verändern, aber Sebastian habe seinen auf gewisse Art und Weise behalten wollen. Deshalb sei er nun ganz weg. »Aber wieso musste ich ihn dann für ihn verlieren?«, wiederholte Uma. Sie fühlte sich der Hysterie nahe. Ihre Hände zitterten. Nicht nur hatte sie Sebastians Herz in Stücke gehackt, ihn, nach seinen eigenen Worten, »aus dem Paradies« vertrieben, nun war sie auch noch für den Verlust seines Eherings verantwortlich. Es war einfach zuviel. Sie wollte das nicht alles tragen, all die Schuld, die Verantwortung, die Last der Auflösung ihrer Ehe. All das, weil sie nicht anders konnte, als ihre Wahrheit zu leben.

Umas Mutter hatte ihr im Herbst eine Karte geschrieben, auf der stand, Uma befände sich auf einem Ego-Trip, den sie nicht gutheißen könne. Nun, von außen betrachtet, mochte es so aussehen. Diesen Weg der inneren Wahrheit zu gehen, war so gefährlich, so absurd und von außen betrachtet so unlogisch, dass Uma mehr benötigte als nur ihren ohnehin beträchtlichen Mut. Sie brauchte ein Vertrauen, dass sich auf das Unsichtbare stützte. Sie musste gehen, ohne zu wissen wohin, springen, ohne zu schauen, was unten auf sie wartete. Einfach sich der Kraft überlassen, die alles in ihrer Hand hielt.

Uma war erleichtert, als es Zeit war, in ihr verzaubertes Dorf im Norden zurückzukehren. Sie setzten Helen ins Flugzeug zurück nach Deutschland. Dann flogen sie selbst von Bombay nach Delhi und mit dem Zug weiter über Haridwar nach Laxman Jhula.

Diesmal war alles viel vertrauter. Vimal und Uma bezogen ein Zimmer im Hotel *Ishan* über der German Bakery, in der sie damals gefrühstückt und Laxmi getroffen hatten, am Tag vor der Beerdigung von Umas Vaters. Das war nun auch schon wieder ein Jahr her.

Nach der starken Luftverschmutzung und dem unsäglichen Verkehr in der Stadt erschien ihnen der kleine Ort am Ganges mit all seinen Sadhus und Pilgern wie ein Kurort – abgesehen von den vielen Kühen, dem Dreck, den Bettlern und den frechen Affen, die sich bis in ihre Zimmer wagten, um dort Obst, Nüsse oder Kekse zu stehlen.

In diesem Winter lernte Uma zum ersten Mal Shanti Mayis Guru Maharajji kennen. Vimal und Uma fanden heraus, dass sich jeden Morgen einige Westler auf Maharajjis Terrasse einfanden und dort meditierten, während seine indischen Schüler im Tempel die morgendlichen Kirtan-Gesänge vollzogen, die Teil des Tagesablaufs waren. Von nun an begaben sie sich jeden Morgen zur gleichen Zeit in den Ashram, ließen sich vor Maharajjis Zimmer auf dem kalten Mamorfußboden nieder und schlossen die Augen.

Es brauchte ein paar Morgen, bis Uma ihre Verbindung zu dem Heiligen spürte. Aber dann begannen die Wunder. Nicht nur in diesem Winter, ebenso in den darauffolgenden, würde Uma die wundersamsten Visionen, Eingebungen, aber auch Gefühlsregungen auf dieser Terrasse und vor allem nach dem Darshan bei Maharajji empfangen. Manche ließen sich kaum vermitteln. Wie etwa sollte sie die Zeit und die Empfindungen beschreiben, in der er wieder und wieder ihr Herz heilte, das von all den harten Lektionen auf ihrem spirituellen Weg so wund gerieben war, dass sie glaubte, einfach nicht mehr weiter zu können? Sie mochte an die Wand gelehnt einfach dasitzen wie ein gestrandeter Fisch, und dann strickte etwas wie mit feinem Faden in ihrem Herzen, und sie spürte, wie Heilung in sie hineinwehte, unendlich zart, schwingend, behutsam. Sie wusste, dass es von ihm ausging, durch die Mauer wanderte wie Töne, wenn ihr auch nicht klar war, wie er es machte, wie es überhaupt geschah. Lag es daran, dass sie sich wieder einmal im Buddhafeld eines lebenden Meisters befand?

Letztlich konnte Uma all die Wunder, die in Maharajjis Umfeld geschahen, nicht erklären, und ihr lag auch nichts daran. Wie sich später herausstellte, würden Mitglieder aus ihrer Gruppe oder auch alte Sannyasin-Freunde hier, auf dem schmutzigen kalten Terrassenboden, überhaupt nichts finden und in Maharajji nur einen freundlichen alten Mann sehen. Es war unvorhersehbar und rätselhaft, wer mit ihm Verbindung bekam und von seinem wunderbaren Wesen auf eine besondere Art und Weise beschenkt wurde.

Auch Sebastian, den sie anflehte, ihr auf die Terrasse zu folgen und Maharajjis Präsenz auf sich wirken zu lassen, konnte dort nichts für sich entdecken. Er machte es sich stattdessen zur Aufgabe, in der German Bakery bereits Kaffee und Fruchtsalat für Uma zu bestellen, damit alles bereit stand, wenn sie von ihrer Meditation zurückkehrte. Sebastians Verhalten Uma gegenüber war eine seltsame Mischung aus Bockigkeit und Verehrung, Verweigerung und alter Loyalität. Einerseits war er ihr verlässlicher Diener und nimmermüder Bewunderer, andererseits war er trotzig wie ein kleiner Junge, den die Mutter verstoßen hatte. Wo er doch immer gut gewesen war! Wo er ihr doch immer gedient hatte! Vimal mit seiner gruppengestählten Sannyas-Sicht meinte, all dies habe einzig und allein mit Sebastians Mutter zu tun. Er solle einmal Primärtherapie machen. Alle Sannyasins hätten davon profitiert.

Uma hütete sich davor, dies an Sebastian weiterzuleiten und Öl ins Feuer zu gießen. Ihr tat all dies nur weh. Wie konnte sie je aufhören, Sebastian zu lieben? Er war ihr Seelengefährte, und sie kannten einander aus Zeiten, die älter waren als dieses Leben, die weit zurückreichten. Sebastian glaubte nicht an frühere Leben, an alte Verbindungen. Aber sie wusste es. Ihn leiden zu sehen und zu erkennen, dass er ihre Hilfe und Zuwendung von nun an verweigern würde, war unerträglich. Seit sie zu Osho gegangen war, seit all dies seinen Lauf genommen hatte, tanzte sie auf glühenden Kohlen.

Zehn Frauen, ihre erste gemeinsame Laxman-Jhula-Gruppe, trafen in Delhi ein. Sebastian holte sie mit einem Bus ab, nicht ahnend, dass eine von ihnen seine große neue Liebe sein sollte. Anita würde dafür sorgen, dass Uma und Sebastian ihre Trennung endgültig vollzogen. Sie würde auf ihre Scheidung pochen und auch darauf bestehen, dass Sebastian sich wirklich abwandte von Uma. Anita war ihre Vollstreckerin, eine Art Scharfrichterin für das Ende ihrer Beziehung.

In der Welt der Sannyasins wurden die Grenzen nicht so messerscharf gezogen. Expartner entwickelten sich oft zu besten Freunden, niemand entließ einen anderen so leicht aus seinem Herzen. Osho hielt seine Sannyasins durch etwas Größeres verbunden, das jenseits der persönlichen Differenzen, Trennungen und Schwierigkeiten lag. Aber darauf konnte Uma nicht hoffen. Sebastian kehrte zurück in eine Welt, die konservativer war, in der es schwarz und weiß gab, doch nicht so viele Farben dazwischen wie bei Uma. Das machte ihr bewusst, dass sie wirklich zu Osho gehörte. Seine Welt war so bunt, so vielfältig, dort bestanden so viele Möglichkeiten, in Liebe zusammen zu sein. Und das konnte Sebastian ihr nicht nehmen, obschon er es nicht gern hörte: Uma würde ihn immer lieben. Für sie hörte die Liebe nicht auf, nur weil man nicht mehr in einer Beziehung zusammenlebte und keinen Sex mehr hatte. Ihre Liebe für Sebastian war viel größer, viel umfassender, denn sie liebte sein Wesen. Sie konnte nicht sagen, was genau dieses Wesen ausmachte, außer, dass es wenig oder nichts mit seiner Persönlichkeit zu tun hatte. War es seine Seele oder seine Essenz, ein bestimmtes Muster, eine Schwingung, die sie wiedererkannte? Sie wusste es nicht, fühlte nur, dass sie diesem Wesen immer in Liebe zugetan sein würde.

Noch ahnten weder Sebastian und Uma noch Anita, dass das Schicksal den Faden bereits ausgelegt hatte, in den sie sich verspinnen würden. Uma tauchte mit ihrer ganzen Liebe, Aufmerksamkeit und Energie in die Arbeit mit der Gruppe ein. In dieser Zeit hatte sie noch nicht wirklich gelernt, sich zu entspannen und der göttlichen Kraft die Führung zu überlassen. Sie neigte dazu, sich für die Teilnehmer auszubrennen und zu erschöpfen.

Ein Beispiel war Sonja. Obwohl ihr alle Frauen gleichermaßen am Herzen lagen, empfand Uma für sie besonders viel. Ihre Tochter hatte sich mit siebzehn Jahren erschossen. Das lag bereits zwölf Jahre zurück, aber wann immer Uma in der Gruppe mit Sonja arbeitete, hatte sie das Gefühl, der Tod der Tochter nehme allen Raum ein, sie könne die Mutter überhaupt nicht spüren. Also ging sie mit ihr zum Darshan zu Maharajji und bat ihn innerlich, Sonja zu helfen. Nach dem Besuch kam Uma die Eingebung, dass die Gruppe für Sonjas Tochter ein Ritual am Ganges feiern sollte, ebenso, wie sie es für Il Patrone im Jahr zuvor getan hatte.

Anders als das Ritual für ihren Vater, das sich wie von selbst ergeben hatte, lastete diese Feier schwer auf Umas Seele. Sie fühlte sich zutiefst verantwortlich. Wenn irgendetwas schiefging, war das nicht einfach eine misslungene Seminarübung. Dies ging tiefer, mitten ins Herz. Sie schlief kaum noch, saß wach, betete viel und bat unablässig Maharajji und alle anderen Heiligen, Götter und Wesen des kleinen Gangestals um ihre Mithilfe.

Dieses Mal hatte sie mit der Gruppe in Rishikesh dicke, dunkelrote Rosenblütenketten besorgt, für jede Frau eine, sowie Tüten voll Blütenblätter für Sonja. Sie mieteten einen Jeep, um einige Kilometer flussaufwärts, weit weg vom Dorf, in der Nähe eines kleinen Ashrams namens Poolchatti, eine Stelle zu finden, an der sie vollkommen allein sein konnten. Kaum hatten sie den Jeep verlassen und wanderten mit ihren Platiktüten und Taschen flussaufwärts, verdüsterte sich der Himmel. Die Sonne verschwand hinter Regenwolken, ein Gewitter zog auf. Uma konnte es nicht fassen. In dieser Jahreszeit regnete es fast nie. War dies ein schlechtes Omen? Sandte der Himmel ihr Zeichen? Weil sie diesmal zu weit ging, sich zu tief hineinbegab in schicksalshafte Belange für andere?

Uma führte die Frauen zu einer Gruppe von Felsen am Flussufer. Einer gewährte ihnen durch einen Überhang recht behaglichen Schutz. Es mochte die Höhle eines Sadhus sein. Sie kauerten sich unter den Felsen und begannen, ein Mantra zu singen. Uma betete unablässig und bat auch die Frauen, zu visualisieren, dass das Gewitter aufhören und sie einen geeigneten Platz für ihr Ritual finden würden. Nach einer guten halben Stunde ließ der Regen nach, und bald schon kam die Sonne wieder hervor. Die Luft war gereinigt, um sie herum schien alles reingewaschen, hell und klar. Uma sagte zu Sonja: »Deine Tochter ist ja auch mit Blitz und Donner gegangen, offenbar liebt sie das Drama. Wir müssen sie einfach darin umarmen. Vielleicht sollten wir eine besonders wilde Stelle für das Ritual finden.« Und das taten sie auch. Sie kletterten auf einige flache Felssteine im Wasser, unter denen sich besonders starke Wasserstrudel befanden.

Uma hatte die Frauen gebeten, jede einen Großmutterstein zu finden, der bereit war, die Schmerzen aller Mütter aufzunehmen, die jemals ein Baby oder ein Kind verloren hatten. Nun standen sie am Flussufer, jede den Stein an ihre Brust gepresst, Sonjas Gesicht gezeichnet von Gram und Schmerz. Uma hoffte inständig, dass all dies richtig war und Sinn machte, dass die Magie wirken und Mutter Ganges ihr helfen würde. Unter Tränen warfen die Frauen eine nach der anderen ihren Stein in das rauschende Wasser. Der Fluss war so laut, dass sie sich nur mit Zeichensprache verständigen konnten. Es war Sonja, die letztlich die Führung zu der »Beerdigung« ihrer Tochter übernahm und jeder von ihnen mit großer Feierlichkeit eine der schönen Blumenketten umhängte. Die Frauen waren von der Größe ihres Schmerzes und ihrer Würde ergriffen. Uma fühlte, dass Sonja an ihrem Schmerz gereift war, wie die Muschel, die das kratzende Sandkorn in ihrem weichen Inneren Schicht um Schicht in eine Perle verwandelte.

Schließlich wandte die trauernde Mutter sich dem Fluss zu und stand lange reglos da. Endlich warf sie ihre Kette in den Fluss, die schnell flussabwärts glitt. Tränen liefen ihre Wangen hinunter. Jetzt traten die Frauen an ihre Seite und jede warf ihre Kette in das Wasser, das den Gruß davontrug. Sie waren *eine* Mutter, *ein* Schmerz, aber auch, angesichts des unablässig strömenden Flusswassers, das immer nur die Nachricht vom ewigen Kreislauf des Lebens zu ihnen trug, *eine* Hoffnung. Es schien ihnen, als gäben sie Sonjas Tochter hier am Fluss, der Mutter allen Seins, dem Leben selbst zurück, aus dem sie nie wirklich herausgefallen war. Nur hier konnten sie es spüren.

Dann warf Sonja Hände voll Rosenblütenblätter in den Fluss, und wieder stieg diese Freude auf, mit der Uma jetzt schon vertraut war. Die wilde ungezähmte Kraft des Wassers, die Berge und der Himmel und das kreisende Paar Raubvögel über ihnen, betteten sie ein in etwas Großes, das alles zusammenhielt. Sie mochten klein sein, jeder Einzelne von ihnen, wie ein funkelnder Sternenpunkt im Zelt der Nacht, aber keiner konnte verloren gehen. Auch Sonjas Tochter nicht. Sie war, wie sie alle, geborgen im Ganzen. Hinter all dem Drama, dem Schmerz, dem Dunklen, der Illusion von Tod und Trennung gab es ein Lachen, eine Lebenskraft, die nie versiegte, eine Freude der Schöpfung an sich selbst, mit der sie in Berührung kamen, wenn sie nur lange genug am Fluss standen. Mutter Ganges kannte alle Geheimnisse, heilte allen Schmerz. Auf Sonjas Gesicht lag jetzt ein Glühen, als habe der Wind und das Wasser sie sanft geküsst und reingewaschen von allen Schmerzen. Während sie sich vom Fluss abwandte, zog sie das farbenprächtige indische Tuch fest um ihre Schultern. Sie sah aus wie eine Königin.

Uma war es gelungen, Sonja zu überreden, für das Ritual eines ihrer teuersten und schönsten indischen Tücher umzulegen. Erst hatte sie sich gesträubt, dann aber nachgegeben, vielleicht einzig Uma zuliebe. Uma war der festen Überzeugung, dass man Anlässe dieser Art nicht in normaler Straßenkleidung begehen konnte, dass sie einer besonderen, erhöhten Aufmerksamkeit bedurften und man sich mit nichts weniger als dem Schönsten und Besten, das man besaß, schmücken musste. Von dieser Stunde an bis zum Tag ihrer Abreise trug Sonja das Tuch, das sie beim Ganges-Ritual für ihre Tochter angezogen hatte. Es schien heilende Kräfte zu besitzen und ihre Besitzerin immer wieder einzuhüllen in das Wissen, das Mutter Ganges ihr enthüllt hatte: dass ihre Tochter überaus lebendig war. Vielleicht würde sie es zuhause in Deutschland, im Alltag, wieder vergessen, aber hier hatte sie es erfahren. Gott hatte ihr Einblick gewährt.

Sie fuhren ins *Ganga View*, um das Ritual zu feiern. Es gab Fruchtsalat und Kaffee für alle, die Frauen waren freudig und tief bewegt. Leichtigkeit und Lachen lagen in der Luft. Uma fühlte sich von der schweren Last der Verantwortung befreit, ihr war nach Feiern zumute. Sonja erzählte ihr, dass sie während der Beerdigung ihrer Tochter so unter Schmerzmitteln und unter Schock gestanden hatte, dass sie sich an die Feierlichkeiten kaum erinnerte. Dieses Mal aber habe sie das Ritual als eine bewusste Handlung zelebrieren können. Auch ihr hatte der Fluss das Gefühl vermittelt, ihre Tochter dem Leben zurückgegeben zu haben. Uma zerfloss vor Dankbarkeit. All ihre Gebete waren erhört worden.

Seltsamerweise war es gerade Sonja, die Uma später tief verletzte. Es gab immer einige wenige Teilnehmer, die ihr wehtaten, und viele andere, die mit Liebe, Dankbarkeit und Respekt diese Wunden wieder heilten. Es gab auch Kunden, die nichts gaben, keine Anerkennung und keinen Dank, obwohl sie Uma an ihr Herzenslimit brachten. Sie hatte sie insgeheim nach schwäbischem Dialekt die »Wir-gäbet-nix«-Kunden getauft.

Ein Jahr nach dem Ritual schrieb Uma Sonja eine Karte, um herauszufinden, wie es ihr ging, sie bittend, ihr doch eine kurze Nachricht zukommen zu lassen. Sonja ließ nichts von sich hören. Über eine gemeinsame Freundin erfuhr Uma schließlich, dass sie die Spannungen, die während der Indien-Gruppe zwischen Vimal, Sebastian und Uma bestanden hätten, als unschön empfunden hatte. »Sonst hat sie nichts gesagt?«, fragte Uma mit belegter Stimme. Nein. Uma war zutiefst getroffen. Sie hatte sich so sehr eingesetzt für diese Frau. Und worauf hatte sie ihr Augenmerk gerichtet? Solche Teilnehmer ließen sie wirklich an ihrer Aufgabe zweifeln. Warum setzte sie sich immer wieder so sehr ein für Fremde? Aus Liebe, aus Mitgefühl? Sie war doch auch nur ein Mensch, oder etwa nicht? Sofort moserte Mahindra in ihrem Hinterkopf und zitierte den Jesuitenpriester Pierre Teilhard de Chardin: »Wir sind nicht Menschen, die eine göttliche Erfahrung machen, sondern Götter, die eine menschliche Erfahrung machen.« Ach, sie hätte auch ohne diese Eingebung gewusst, dass er nicht zufrieden gewesen wäre mit ihr. Allein, dass sie Dankbarkeit erwartete! Wie viele Lehrstunden brauchte sie noch bei ihm, bis sie dieses Thema erledigt hatte?

Vor Jahren hatte Uma Mahindra zum Geburtstag einen kleinen Rollkoffer besorgt. Wenn er verreiste, schleppte er oft Plastiktüten mit sich herum, mit scheinbar wahllos hineingeworfenen Dingen, die Uma dann für ihn tragen musste. Ein Rollkoffer würde praktischer und eleganter sein. Wie immer, wenn sie etwas für ihn kaufte, hatte sie das Geschenk sorgfältig ausgesucht. Es war kein billiger Koffer gewesen, wenngleich auch nicht der teuerste, sie hatte auf eine schöne Farbe geachtet, eine Karte dazu geschrieben und war durchaus zufrieden mit sich. Da er sich an dem Wochenende seines Geburtstages in München aufhielt, buchte sie ihm ein Zimmer in einem hübschen Hotel in der Nähe ihrer Wohnung. Wenigstens an diesem Tag wollte sie nicht wieder mit Frau von Mühlenscheidt konfrontiert werden! Sie kaufte besondere Speisen für das Frühstück, vor allem Mango und Papaya, mit denen Mahindra aufgewachsen war und die er liebte. Am Morgen scheuchte sie Sebastian und die Kinder bereits in aller Herrgottsfrühe aus dem Bett. Der Meister hatte Geburtstag!

Der Tisch musste gedeckt, die Küche gewischt, die Früchte hübsch aufgeschnitten werden, niemand durfte vorher etwas naschen. Der Rollkoffer und die Karte und die Blumen wurden drapiert. Alle kuschten auf Umas Befehl.

Es war so weit. Schön angezogen und geschminkt ging sie ins Hotel, um ihn abzuholen. Der Meister fuhr mit ihr im Fahrstuhl hinunter in die Hotelhalle, entdeckte den Frühstücksraum mit aufgebautem Buffet, fand heraus, dass das Frühstück im Übernachtungspreis inbegriffen war und bestand darauf, mit ihr im Hotel zu frühstücken. Uma redete mit Engelszungen auf ihn ein, sie habe zuhause alles vorbereitet, gutes Obst für ihn besorgt, die Kinder warteten – was so nicht stimmte; sie kuschelten bestimmt vor dem Fernseher und schauten *Die Sendung mit der Maus* – aber er ließ sich nicht umstimmen. Sie setzten sich gemeinsam an einen Tisch, Uma trank ungeduldig einen Kaffee, während Mahindra, begeistert wie ein kleiner Junge, vom Buffet zum Tisch und wieder zurück zum Buffet lief, um die unterschiedlichen Speisen zu probieren. Missmutig beobachtete Uma, wie er mit einer Schüssel Cornflakes zurückkehrte. Cornflakes! Die aß er sonst nie!

Nachdem Mahindra ausgiebig gefrühstückt hatte, brachte sie ihn endlich zu sich nach Hause in die Küche, wo der gedeckte Tisch noch unberührt stand. Doch nun hatte er keinen Hunger mehr und trank nur einen Schluck Tee. Uma wies ihn mehrmals auf sein Geschenk hin, aber er beachtete es praktisch nicht, auch den Umschlag mit der Karte öffnete er nicht, und über die Blumen verlor er kein Wort.

Später fuhren sie zu einem gemeinsamen Termin zu einer, wie Uma fand, für Mahindra wichtigen und einflussreichen Person, doch da ging es ihm plötzlich schlecht. Uma solle ihn zum Bahnhof bringen, er müsse so schnell wie möglich zurück nach Hause. Sie fuhr ihn zum Bahnhof und brachte ihn aufs Gleis, den leeren Rollkoffer, immer noch mit einer Schleife drumherum, im Schlepptau. Als der Zug kam, bestieg Mahindra mit drei Plastiktüten das Abteil. Den Koffer könne er diesmal nicht mitnehmen, teilte er ihr mit. Sie wartete, bis der Zug abgefahren war. Dann verließ sie den Bahnhof, ihr Geschenk für ihn hinter sich herschlörrend, ratlos, traurig und perplex. Was hatte sie falsch gemacht? Stimmte etwas nicht mit dem Koffer? Alles war wieder einmal völlig anders gelaufen als geplant.

Irgendein indischer Meister hatte einmal gesagt: »Wenn du Gott zum Lachen bringen willst, erzähle ihm von deinen Plänen.« Im Umgang mit Mahindra traf diese Weisheit jedenfalls so gut wie immer ins Schwarze.

Uma durchlief noch mehrere kleine und große Prüfungen mit Mahindra in Bezug auf Dankbarkeit, Erwartungen und Geschenke. Doch irgendwann gelangte sie zu einigen durchaus weisen Erkenntnissen. Wenn man etwas verschenkte, egal was es war, so gab man es aus freien Stücken, ohne eine Erwartung damit zu verknüpfen. Sobald man mit einem Geschenk eine bestimmte Erwartung verband, etwa, es müsse dem anderen gefallen, er solle sich freuen, er müsse es für diese oder jene Zwecke benutzen oder anziehen, aufstellen, lieben und dankbar sein dafür, war es strenggenommen überhaupt kein Geschenk mehr, sondern ein subtiler Tauschhandel. Ich gebe dir etwas, aber dafür erwarte ich auch etwas. Der Beschenkte war nicht mehr frei. Es war gar kein Geschenk.

Ihr wurde klar, dass Mahindra sie immer, wenn sie etwas für ihr »Geschenk« erwartete, enttäuschen würde. Also zog sie es jetzt andersherum auf und testete sich selbst, schenkte ihm schöne Dinge und malte sich aus, dass sie diese im Mülleimer wiederfinden oder er sie gleich an jemand anderen weitergeben würde. Und es schien zu funktionieren. Einmal, als sie ihm ein teures Geschenk ohne jeden Hintergedanken und ohne Erwartungen mit der Post schickte, bedankte er sich gleich am nächsten Tag euphorisch.

Jahre später, als sie an dieses Geburtstagswochenende zurückdachte, konnte sie sehen, wie Mahindra mit ihr gearbeitet hatte. Nicht, dass er irgendetwas »tat«, im Umfeld des Meisters entfalteten sich die Lektionen durch das Leben selbst. Letztlich hatte sie damals an seinem Geburtstag nicht an *ihn* gedacht und daran, was *ihm* Freude machte, nämlich im Hotel zu frühstücken, sondern nur an sich und ihren Lohn für all ihre Bemühungen um seinen Geburtstag. Auch der Rollkoffer war zwar nicht lieblos gekauft, aber doch von durchaus praktischen und hausfraulichen Überlegungen geprägt gewesen. Schließlich wollte sie seine Plastiktüten nicht dauernd herumschleppen. Selbst das Hotel hatte sie nicht ohne Hintergedanken gebucht, sie wollte einfach den ewigen Lektionen um Frau von Mühlenscheidt entkommen. Doch nichts, was sie nicht aus reiner Liebe tat, entging Mahindras scharfem Blick. Immer wieder prüfte er sie, bis sie es kapierte, nicht mit dem berechnenden Verstand, sondern in ihrem innersten Herzen. Sie musste lernen, dass Liebe einfach gibt, ohne jede Erwartung. Wie die Rose die duftet, und sich nicht darum schert, ob jemand ihren Duft wahrnimmt oder nicht. Sie duftet, weil sie nicht anders kann. Osho hatte gesagt, man müsse überquellen vor Liebe, wie ein Regenwolke, die einfach regnen muss. Ach, die Meister hatten gut reden. Sie waren erleuchtetet, Uma nicht.

Uma wusste, dass es falsch war, Dankbarkeit von Sonja zu erwarten, und dennoch kreiste die Verletzung in ihrem Inneren. Und diesmal war es Maharajji, der ihr weiterhalf, der die richtigen Worte fand, die sie beschwichtigten und ihr Herz weit machten – ohne dass sie so tun musste, als sei sie bereits Mutter Maria.

Es geschah im Jahr darauf, auf seiner Terrasse, als Uma abermals über Sonja nachdachte und dem Buddhafeld um ihn herum Fragen stellte. So arbeitete Maharajji mit ihr. Sie saß auf der schmutzigen Terrasse vor seinem Zimmer – wo alle Westler respektvoll ihre Schuhe auszogen, während die Inder, die im Ashram lebten, völlig arglos mit Schuhen an ihnen vorbeischlappten –, meditierte und ließ ab und an, manchmal auch nur alle paar Tage, eine Frage auftauchen, die sie beschäftigte und die immer beantwortet wurde. Die Antworten stiegen aus ihrem Inneren auf, und dennoch sprach sie sie Maharajji zu, denn sie waren von einer einfachen, unbestechlichen Weisheit, bisweilen verknüpft mit Bildern und Visionen. Anfangs befürchtete Uma, sich all dies nur einzubilden, doch dann las sie in einem Buch, das einer seiner Anhänger über ihn geschrieben hatte, dass er wenig sprach und mit den meisten Schülern auf diese Art und Weise kommunizierte.

Frauen, hatte Maharajji einmal gesagt, seien sehr intuitiv und für Eingebungen und Visionen besonders empfänglich. Sie alle müssten nur lernen, ihnen zu vertrauen. Auch Osho hatte mehrfach behauptet, dass Frauen dem Unbewussten näher seien.

In Bezug auf Sonja gab Maharajji ihr Folgendes ein: »Eine Mutter, die ein Kind verloren hat, erfährt einen Schmerz, der so hoch ist wie das Himalayagebirge. Du willst diesem Schmerz auch nicht das leiseste Quentchen hinzufügen. Im Gegenteil: Du warst aufgerufen, eine winzige Schicht von diesem Schmerzensberg abzutragen, und das hast du getan. Deine Aufgabe ist erfüllt.« Das konnte Uma einsehen. Ihre Verletzung verschwand sofort.

Alles war so einfach. Das liebte sie so an Maharajji. Es war die Liebe selbst, die zu ihr sprach, und immer war es kinderleicht, sie zu verstehen. Die Liebe war nicht kompliziert, brauchte keine Theorien, Abbildungen, Statistiken, sie war klar, greifbar und so offensichtlich wahr, dass Uma oft Tränen der Freude auf Maharajjis Terrasse vergoss.

2

Die Tage mit den zehn Frauen waren reicher und intensiver als je zuvor in einer von Umas Gruppen. Sie hatte das Gefühl, nichts wirklich tun zu müssen, denn alles, was es zu lernen und zu verstehen gab, entfaltete sich für die Teilnehmer von ganz allein. Uma war von den Erkenntnisprozessen ebensowenig ausgenommen wie Sebastian oder Vimal. Der Ganges, das hoch schwingende kleine Tal und bestimmt auch Maharajji – auf dessen Terrasse sie alle Teilnehmer zur Meditation schleppte – schienen ein Buddhafeld zu erzeugen, in dem sich eine Vielfalt von Lernmöglichkeiten ergab. Umas eigene Aufgabe dabei war lediglich, die äußere Struktur zu halten, hellwach zu bleiben und von Augenblick zu Augenblick zu handeln.

Einmal planten sie eine Rafting-Tour mit Schlauchbooten auf dem Ganges. Uma glaubte, sich an diesem Tag zurücklehnen zu können, denn die Organisation von Ausflügen lag in Sebastians Händen und das Rafting selbst wurde von einem indischen Team betreut. Doch kaum hatten sie die größten Stromschnellen hinter sich gebracht, steuerte der junge Inder, der ihre Gruppe betreute, das Boot zu einem hohen, das Wasser überragenden Felsen und fragte, ob jemand von dort hinunterspringen wollte.

Alle blickten nach oben. Der Felsen mochte acht Meter hoch sein. Er wirkte nicht bedrohlich, aber doch beeindruckend. Einen Moment lang herrschte Schweigen. Dann stand Vimal auf und behauptete, er wolle es versuchen. Uma war verblüfft und beeindruckt. Ohne großes Zaudern warf er sich von dort oben in den strömenden, eiskalten Fluss und stieg nass, leuchtend vor Begeisterung und Lebenskraft zurück ins Boot. Als Nächstes begab sich Sebastian auf den Felsen, kehrte jedoch nach einem erschrockenen Blick in die Tiefe wieder um. Zu hoch. Dann stürzte sich Anita, von der niemand wusste, dass sie ein Jahr später Sebastians Freundin werden würde, ins Wasser und tat sich dabei so weh, dass sie später im Hotelzimmer meinte, sie hätte sich selbst misshandelt. Schließlich sprangen noch Sonja, die nach dem Ritual für ihre Tochter befreit und wie neugeboren schien, und eine andere Teilnehmerin, die mit großer Angst kämpfte, in den Fluss. Für beide war der Sprung ins Wasser ein Durchbruch.

Nun hänselte der junge Inder Uma, ob sie als Leiterin der Gruppe sich etwa nicht der Mutprobe stellen wollte? Uma lauschte in sich hinein. Da kam nichts. Sie war schon von meterhohen Klippen gesprungen, sehr viel höher als dieser kleine Fels hier im Fluss. Ihre Mutproben waren innerlich. Sie brauchte keinen Sprung ins kalte Wasser, um sich irgendetwas zu beweisen. Sie war so mutig, dass sie manchmal vor sich selbst und ihren eigenen Entscheidungen Angst bekam. Die Frage des Inders erschien ihr so absurd, dass sie ihn mit einer einzigen Geste zum Schweigen brachte.

Die Zeit verrann langsam, als seien Stunden Tage, weil so vieles geschah. Eines Abends gestand Uma Sebastian am Ganges, dass sie seinen Ring in der Stadt verloren hatte. Er machte ihr keine Vorwürfe, doch seine Augen füllten sich mit

Tränen. Er hatte diesen ungewöhnlichen irischen Ring, den er immer trug, sehr geliebt. Wieder ein Hinweis, dass ihre Verbindung, die so unzerstörbar erschien, sich langsam auflöste. Sie starrten auf das Wasser. Uma summte ein Mantra, und erst später fiel ihr auf, wie passend es war: *Gate gate paragate parasamgate bodhi svaha*. Fort, fort, in weite Ferne entschwunden, für immer und ewig in ganz weiter Ferne. Nichts blieb. Alles Irdische zerfloss ihnen unter den Fingern. Das anzuerkennen, tief zu verstehen und doch immer weiterzumachen, zu leben, zu lieben, dafür waren sie vielleicht nach Indien gekommen. Kein Land konnte ihnen das Endliche, das sich endlos ins Unendliche ergoss, so nahe bringen wie dieses.

Am allerletzten Tag feierte Lina, eine ihrer Teilnehmerinnen, ihren Geburtstag in dem neueröffneten Café von Prabhas Waisenhaus. Uma war mit der Abreise beschäftigt, hatte sich nicht um die Einzelheiten gekümmert und wusste daher nichts von der Bedeutung dieses Ereignisses. Prabha stellte dreißig Waisenkinder in dunkelblauer Schuluniform vor Lina auf, und gemeinsam sangen sie ein Geburtstagslied. Die Gefeierte weinte Freudentränen, so tief berührt war sie, und bedankte sich überschwänglich bei Uma für dieses Seminar, das wie eine »Lebensschule« sei. Erst da erfuhr Uma die ganze Geschichte.

Es war an Linas sechstem Geburtstag geschehen. Am Vormittag hatte sie alle Kinder ihrer Zwergenschule zu sich eingeladen, ohne jedoch ihrer Mutter Bescheid zu geben. Am Nachmittag standen dreißig Kinder vor der Tür, und Linas Mutter war geschockt. Sie meisterte die Party, improvisierte, kochte Pudding und erfand Spiele, aber als alle gegangen waren, schimpfte sie Lina nach Strich und Faden aus. Damals beschloss die kleine Lina, dass sie nie, nie wieder ihren Geburtstag feiern wolle. Jetzt, an ihrem 43. Geburtstag, hatten dreißig Waisenkinder für Lina gesungen, und sie hatte zum ersten Mal wieder mit einer großen Gruppe von Menschen gefeiert. Es war an der Zeit gewesen, die schmerzlichen Bilder

der Vergangenheit aufzulösen und das Leben neu anzuschauen. Das war die Botschaft, die Mutter Ganges für sie alle immer wieder bereithielt. Nicht anzuhaften, weder an den goldenen noch an den schmerzlichen Erinnerungen, sondern sich immer wieder selbst neu zu gebären wie der sich ständig verändernde, ewig hinströmende Fluss.

Sie nahmen gemeinsam den Zug nach Delhi, doch am nächsten Tag trennten sich ihre Wege. Sebastian und die Gruppe flogen zurück nach Deutschland, Uma und Vimal weiter nach Osten, über Bangkok nach Taiwan. Als sie nach diesem Aufenthalt auf der chinesischen Insel nach Hause zurückkehrte, fühlte sie sich müde und antriebsarm.

Jeden Tag kochte Uma Milchreis und Griespudding für Helen und sich, als müsse sie das kleine Mädchen in sich heilen. Und ständig wanderten ihre Gedanken zu den vier Wochen zurück, die sie in Arpitas kleinem Osho-Zentrum verbracht hatte. Es war eine Zeit der nicht endenwollen Prüfungen gewesen, der heftigen Stockschläge für ihr Ego.

Arpita hielt Umas Arbeit für politisch unkorrekt, irgendwie »New Age« und nicht genug Osho. Deshalb hatte sie die Organisation ihrer Seminare nicht selbst übernommen, sondern einer Anfängerin überlassen, die aus einer anderen Branche kam. Entsprechend war die Zahl der Teilnehmer ausgefallen. An ihrem letzten Eventtag unterrichtete Uma drei Teilnehmer, während Vimal in seinem Wochenendseminar zwanzig hatte. Das lastete schwer auf Umas Gemüt, und sie versuchte vergeblich zu beweisen, dass sie doch gut war. Sie gab umsonst Behandlungen, damit die Mädchen im Büro, die auch die Kunden anriefen, ihre Arbeit kennen lernen konnten. Sie versuchte, Arpitas Herz zu gewinnen, freundlich, charmant, überzeugend zu sein, sie hütete sich, schlecht über Arpita zu denken oder gar zu reden, womit Vimal überhaupt kein Problem hatte. Doch all dies nützte wenig. Arpita hielt nichts von ihr. An diesem Punkt ihrer Taiwan-Aufenthalte konnte Uma nicht mehr unterscheiden, ob es wirklich nur Arpita war oder gar Osho selbst, sein Spirit, der ihr zu verstehen gab, dass sie hier an seiner großen »Osho-Universität« nur eine kleine Anfängerin war.

Vimal bot wenig Unterstützung. Uma hatte den Eindruck, als manövriere er sein eigenes Boot vorsichtig und politisch klug durch die undurchsichtigen Gewässer seiner launenhaften, äußerst geschäftstüchtigen und nicht leicht einzuschätzenden chinesischen Organisatorin. Er behauptete, er habe Uma und ihre Seminare in einer langen Unterhaltung mit Arpita verteidigt, aber die Art, wie er es sagte, verletzte Uma mehr, als dass es sie aufbaute. Uma hatte keine andere Wahl: Sie musste lernen, unabhängig zu sein. Sich selbst durchzuschlagen. Doch auch das war eine vordergründige Konsequenz. Wie immer auf diesem Weg ging es um viel tiefere Einsichten, um ein weiteres Puzzleteil in dem großen Prozess des »Erkenne dich selbst«. Osho wies sie immer wieder an, alles zu sich selbst zurückzubringen. Da Arpita Uma so sehr verletzte, stellte sich Uma eine Frage, die sie auch in ihrer Seminararbeit oft einsetzte. Diese Herangehensweise an das Problem stammte von einem amerikanischen Therapeuten namens Colin Tipping, dessen Buch *Ich vergebe* Uma vor Jahren mit großem Gewinn gelesen hatte.[6] »Wenn Arpita einzig und allein dazu da wäre, etwas in mir zu heilen, das ich selbst nicht sehen kann, und ihr Verhalten würde mich schmerzlich darauf aufmerksam machen – was wäre das dann?« Die Antwort war sofort da: »Ich werde nicht anerkannt und gesehen für meinen wahren Wert. Mein wahrer Wert wird nicht gesehen.«

Uma seufzte. Ihre Werte. Ihre Wertlosigkeit. Das schien ein endloser Kreislauf auf ihrem Weg zur inneren Befreiung zu sein. Bei der Nummer Zwei im Enneagramm, ihrer Nummer, führte mangelnder Wert zu den tiefsten Verletzungen. Sie musste Wege finden, sich zu heilen. Dabei war Heilung gar nicht das, was sie suchte. Strenggenommen brauchte niemand Heilung, das hatte ihr Maharajji auf der Terrasse eingegeben: »Du bist heil und ganz. Nichts kann diese Ganzheit zerstören. Du bist schon perfekt und brauchst nichts. Das muss tief erfahren werden.« Aber wie nur? Wie, wenn sie zuhause auf der Couch saß und ihr Herz wie verrückt schmerzte von all den Misserfolgen, Demütigungen, Enttäuschungen.

Nach vielen Tränen und Einträgen in ihr Tagebuch und noch mehr Innenschau kam Uma zu folgender Erkenntnis über sich: Sie ließ andere über ihren Wert bestimmen. Und je stärker sie emotional mit ihnen verbunden war, umso mehr glaubte sie ihnen. Vimal und nun auch Arpita gaben ihr ständig das Gefühl, irgendwie nicht richtig, nicht gut genug zu sein.

Vielleicht hatte sie sich schon im Mutterleib wertlos gefühlt, weil ihr Vater in ihrem Leben, ihrem Heranwachsen keinen Wert sah und sie mit allen Mitteln abtreiben lassen wollte. Sie sah sich als kleines Mädchen um die Liebe ihres Vaters buhlen: Sie blieb ganz dünn, denn ihre Schwester war ein wenig dick, und sie tanzte Ballett und brachte immer gute Zensuren nach Hause! Aber das nützte nichts. Sie bekam seine Liebe, den Lohn, die Anerkennung nicht. Später hatte sie sich in die Welt begeben und endlos nach ihrem Wert geforscht: über Erfolg, Schönheit, Arbeit für den Meister, über »Ein-guter-Mensch-sein-wollen« und anderen helfen und natürlich auch über Sex – denn Sex hatte für Männer einen hohen Stellenwert. All dies musste dazu herhalten, Uma selbst und den anderen ihren Wert zu beweisen.

In den Jahren mit dem Meister hatte sie es sich zur Aufgabe gemacht, in anderen das zu heilen, wonach sie sich selbst am meisten sehnte. In ihren Seminaren war es ein zentrales Thema gewesen, wie man es schaffen konnte, ein gutes Gefühl für seinen eigenen Wert aufzubauen. Und Uma gelang es immer, andere Menschen zu inspirieren, ihnen Hoffnung zu machen und den Glauben an sich selbst zurückzugeben. Doch nun dämmerte ihr, dass all die Methoden, die sie mit ihren Teilnehmern erkundet hatte, letztlich nur Krücken waren. Pflaster. Placebos. Trostbonbons. Die keiner wirklich brauchte. Niemand auf der ganzen Welt musste an seinem Selbstwertgefühl arbeiten oder etwas dafür tun.

Das war der eigentliche Sinn der Geschichte von Lambertino, dem Löwen. Lambertino musste nur an seine wahre Löwennatur erinnert werden – weder hatte er sie verloren, noch konnte er sie sich erarbeiten. Auch ihr, Umas Wert, war immer schon da. Er kam von Gott. Niemand vermochte ihn wegzunehmen – auch nicht Arpita, die Uma durch die Brille ihrer eigenen Wahrnehmung sah. Uma musste sich nur an ihren Wert erinnern.

Im weltlichen Auf und Ab von Anerkennung und Nicht-Anerkennung, von vollen und leeren Seminaren, von Gewinn und Verlust, Siegen und Niederlagen würde ihr Wert für andere immer wie eine Aktie am Börsenmarkt sein und irgendwann zwangsläufig eine Crash-Landung erfahren. Dies galt es zu durchschauen und dahinter die tiefere Wahrheit zu sehen. Und die hatte sie schon immer gekannt: Keiner war mehr wert als der andere. In jedem steckte der göttliche Kern, die Buddha-Natur, der funkelnde Diamant. Selbst wenn man nichts tat, krank war, nur im Bett lag, verbreitete dieser Diamant sein gleißendes Licht ins Universum.

Das Einzige, was jeder Menschen für sich – und damit wahrscheinlich auch für andere – tun konnte, war, in das klare Wasser des reinen Bewusstseins zu schauen und zu der Erkenntnis zu gelangen, dass er dieser Diamant, der Buddha selbst, war und nichts von all den anderen Bildern, die ihm gespiegelt wurden. Alles andere war nur Illusion.

Uma hätte all dies in Büchern nachlesen können – und bestimmt hatte sie das bereits getan, oder der Meister hatte es ihr vermittelt, ohne dass es ihr wirklich bewusst geworden wäre. Aber das reichte nicht aus. Um wahrhaft zu erkennen, musste sie schmerzliche, tiefe Prozesse durchlaufen, eigene Erfahrungen machen, das Ganze sozusagen an Haut und Haaren selbst erdulden. Das Leben selbst war der große Lehrmeister, bearbeitete sie, schliff, raute auf, polierte. Sie musste Erfahrungen sammeln, Theorie war ohne Bedeutung. Die besten Ärzte, so hatte Mahindra einmal zu ihr gesagt, seien jene, die selbst einmal eine schwere Krankheit erleiden mussten. Nur sie könnten sich wirklich in den Patienten, seine Situation, seine Ängste und Schmerzen hineinfühlen. Indirekt sagte er ihr damit auch, »die besten Lehrer, Uma, sind die, die selbst verletzt und gebrochen worden sind. Sie wissen, wovon sie sprechen«. Es hatte ihr geholfen, dass Sebastian während ihrer Beziehung an sie geglaubt und ihr ein gutes Gefühl für ihren Wert vermittelt hatte. Aber dass es wahr war, konnte sie nur selbst herausfinden. Unter Schmerzen. Niemand vermochte dies für sie zu tun, kein Meister, kein Partner, keine Freundin, kein Lehrer, kein Therapeut. »Du musst selbst herausfinden, wer du bist, Uma. Lerne, dich selbst anzuerkennen, zu lieben und zu achten.«

Ihre Eingebungsstimme sagte auch: »Es gibt nichts zu gewinnen oder zu verlieren, anders, als du denkst. Der einzige Gewinn, den du erzielen kannst, ist ein langsames Seelenwachstum, eine göttliche Evolution.« Das machte Sinn. Es war nicht berauschend, das zu hören, denn wer wollte nicht schön sein, Erfolg haben, charismatisch und begehrt sein in einer Welt, die von nichts anderem sprach. Aber Uma wusste, dass ihre Eingebungsstimme immer Recht hatte. Das Wagnis war, nach ihr zu leben und nicht nach all den anderen Stimmen, die etwas gänzlich anderes verkündeten. Jesus, Osho, Mahindra, sie hatten auch nie das gesagt, was die anderen hören wollten. Es war unbequem, ihnen zuzuhören. Deshalb brachte man sie lieber um und verdrehte später ihre Wahrheit – nur um seine Ruhe zu haben. Aber die Wahrheit blieb trotzdem da. Wie ein ewiges Licht. Und immer wieder würden Menschen sich auf den Weg machen und an diesem Leuchten orientieren. Uma war nur eine von vielen.

Am Ende ihres Taiwan-Aufenthalts hatte Arpita sich in Shanghai befunden. Die Mädchen im Büro, ihre Helferinnen im Seminar, ihre Übersetzerin und die vertretungsweise Organisatorin hatten für Uma eine kleine Abschiedsparty organisiert. Es gab einen Kuchen mit Kerzen, Popkorn, süße Lychee-Limonade und den unverzichtbaren Oloong-Tee. Sie hatte viele kleine Geschenke bekommen, und die Mädchen hatten ihr wirklich ihre Zuneigung bewiesen. Umas Liebe, ihr Vorsatz, immer ihr Bestes zu geben und aus ganzen Herzen zu arbeiten, waren nicht unbemerkt geblieben. Die Atmosphäre im Osho-Zentrum war erstaunlich unbekümmert und fröhlich. Wenn Taiwan auch ein speziell für Uma designter Ego-Zertrümmerungskurs zu sein schien, so gab es doch auch Lichtblicke und Sonnenschein.

Hier in ihrer Münchner Wohnung, allein mit ihrer Tochter Helen, hatte sie Gelegenheit, wieder zur Besinnung zu kommen. Sie hatte sich daran gewöhnt, ein, zwei Monate mit Vimal zusammenzuleben und dann wieder für Wochen getrennt zu sein. Sie brauchte die Zeit allein, um ihr Leben, vor allem aber ihr Inneres wieder einigermaßen zu ordnen.

Es wurde ihr klar, dass es überhaupt keinen anderen Weg gab, als »Ja« zu sagen. »Ja« zu allem, was sie letztlich nicht verstand. »Ja« zum Leben mit all seinen Ungerechtigkeiten, Enttäuschungen, Niederlagen und dunklen Seiten, durch die sie sich besser oder schlechter durchlavierte. Uma spürte fast körperlich, dass ein »Nein« zu überhaupt nichts führte, außer, dass man sich auf einem Wartebänkchen niederließ – und Uma wusste, dass es Menschen gab, die gleich mehrere Leben auf einem Wartebänkchen verbrachten –, bis man dann doch bereit war, »Ja« zu sagen. Kein Mensch kannte das größere Bild, den umfassenderen Plan. Solange man auf der Erde weilte, in einem menschlichen Körper, sah man nur einen winzigen Ausschnitt. »Dein Ja-Sagen zur Unvollkommenheit des Lebens wird dich dazu führen, die Vollkommenheit der gesamten Schöpfung zu erfahren«, prophezeite ihre Eingebungsstimme. Nun, das mochte noch ein langer Weg sein.

Immerhin gewann sie allmählich den Eindruck, sich tiefer und tiefer in das Leben hineinzubegeben, als sei es ein dreidimensionales Bild, in das sie unbegrenzt tief eintauchen könnte. Und sie erkannte auch, dass die meisten Menschen sich nur an der Oberfläche des Lebens bewegten, als paddelten sie auf einem See und niemand brachte ihnen bei, dass dort unten in der Tiefe wundersame Dinge auf sie warteten.

Ihre Beziehung zu Sebastian gestaltete sich in diesen Tagen als schwierig. Wann immer sie ihn anrief, war er hektisch, distanziert, hatte keine Zeit und kickte sie noch während ihres Anrufs aus der Leitung, um andere Gespräche entgegenzunehmen. Seit sie sich getrennt hatten, arbeitete er mehr denn je, stand immer unter Spannung und machte sich Sorgen um das Geld. In den Jahren mit den Kindern hatten sie wesentlich mehr Arbeit und viel weniger Geld gehabt – und doch Zeit gefunden füreinander, für Gespräche, Spaziergänge, für die wirklich wichtigen Dinge im Leben. Das war nun vorbei. Sebastian erschuf sich eine eigene neue Welt, die Uma zunehmend von Angst und Druck geprägt zu sein schien und in der sie keinen Platz mehr hatte. Wenn sie sich sahen, war er kaum präsent, immer schon wieder bei seinem nächsten Termin, immer in Eile, nie wirklich da – so dass sie ihre Treffen mehr und mehr als freudlos und unerfüllend empfand. Auch dazu musste sie »Ja« sagen, offen bleiben und diesen Sebastian, der nur noch so wenig ihrem geliebten einstigen Mann glich, weiter im Herzen halten. Denn das hatte sie sich versprochen. Es gab keinen Tempel in Asien, an dem sie nicht gewesen und ein Räucherstäbchen für ihn angezündet hatte, kein Gebet, kein Wunder, keinen Segen, den sie nicht versucht hatte, für ihn zu erwirken. Auf unerklärliche Art war sie immer noch seine Meisterin. Auch wenn er sie verstieß, ihre Aufgabe war es doch, ihn nie aus ihrer Liebe zu entlassen. Oder?

Zwei Jahre später, auf Korfu, würde er ihr mit großer Schärfe und Distanz nahelegen, ihn endlich gehen zu lassen und nicht mehr im Herzen zu halten. Er war jetzt mit Anita zusammen, und sie forderte klare Fronten, Abgrenzungen, die notwendigen Schritte. Uma war ratlos und tief getroffen. Wie sollte sie das tun? Konnte man denn wirklich bewusst jemanden von sich abtrennen und aus seinem Herzen werfen? War das möglich? Kurz darauf reichte Sebastian die Scheidung ein. Es war sein Weg, klar, hart, nüchtern, ihre und seine Welt voneinander zu trennen. Uma hätte es anders gemacht, doch sie überließ ihm das Feld und die Entscheidungen. Sie hatte immer alles anders machen wollen. Das wusste auch er. Hatten sie beide nicht oft genug das Gegenteil von dem getan, was die Gesellschaft und die Konventionen ihnen vorschrieben? Hatte er vergessen, dass es auf Umas Planeten anders aussah und dass man dort immer neue, ungewöhnliche Lösungen fand?

Vielleicht war sie eine Träumerin. Sie hatte gehofft, sie würden gemeinsam zur Scheidung finden und in ein paar Jahren, wenn Helen aus dem Haus ging, in Liebe und Freundschaft auseinander wachsen, statt mit einer Axt loszuziehen und den ganzen Baum zu fällen. Nie hatten sie einander verletzt. Doch nun geschah es immer wieder.

Die Vorgänge entzogen sich Umas Kontrolle. Und das hatte Osho sie in der äußerst harten Zeit der letzten Jahre gelehrt, nicht mehr so viel zu kontrollieren oder bestimmen zu wollen, sondern einfach loszulassen. Und so ließ sie auch Sebastian ziehen. Sie versuchte nicht mehr, ihn umzustimmen, ins Resort oder nach Laxman Jhula zu bringen, sie sandte ihm keine Osho-Zitate und auch keine Gebete mehr. Sie entließ ihn aus ihrer Obhut, so wie Mahindra auch sie hatte gehen lassen, um ihre eigenen Erfahrungen zu machen.

Vielleicht würde er eines Tages zu ihr zurückkommen, freier als jetzt, ein wahrer Freund im Herzen, ihr alter Seelengefährte. Aber das lag nicht in ihrer Hand. So wie in all diesen Jahren überhaupt nichts mehr in ihrer Hand lag.

Ihre Scheidung ein Jahr später war ein Fest. Uma empfand sie sogar als tiefer, sinnstiftender, großartiger als ihre Hochzeit. Schon im Vorzimmer des Gerichtssaals steckten sie die Köpfe zusammen, waren verbundener denn je, Komplizen im Leben wie im Sterben. Die Anwältin – sie hatten nur eine genommen, aber sie war Sebastians Anwältin und stand formal auf seiner Seite – kam hinzu, doch sie störte nur ihr Zusammensein, diese kostbare Zeit vor der Entscheidung. Die Verhandlung selbst dauerte nur wenige Minuten, da es überhaupt keine Streitpunkte zwischen ihnen gab. Und als sie sich erhoben und die Richterin den Urteilsspruch verkündete – »hiermit erkläre ich die Ehe für geschieden« –, brachen Sebastian und Uma gleichzeitig in Tränen aus. Die Richterin hatte den Raum noch nicht verlassen, da lagen sie sich schon weinend in den Armen.

Am Ende des Ganges, der zu ihrem Verhandlungszimmer führte, befand sich ein abgelegener Flur, aus dessen Fenstern man auf die Dächer von München blickte. Von hier oben wirkte die Stadt größer, pompöser, als stünden sie über den Dächern von Paris. Und auch ihr Leben und ihre Liebe erschienen ihnen in diesem Augenblick größer, monumentaler, bedeutsamer als je zuvor. Sie waren ganz wach, weit und offen vor Liebe, Schmerz und einer sich plötzlich offenbarenden Tiefe.

Sebastian presste Uma fest an seine Brust, und sie flüsterte: »Verzeih mir. Ich habe all dies ausgelöst. Bitte verzeih mir.« »Es gibt nichts zu verzeihen«, antwortete Sebastian unter Tränen. »Du gehst nur deinen Weg, so wie du es immer getan hast. Ich weine nur um unsere Liebe, um all die goldenen Jahre, mit dir, mit den Kindern, manchmal zerreißt es mir das Herz.« »Ich weiß.« Es war das Schwierigste und Härteste, was sie je getan hatte, nie hatte sie jemand anderen oder sich selbst mehr verletzt.

Und auf diesem Flur über den sonnenbeschienenen Dächern eines klirrend kalten Münchner Wintertages kam es nun zum Ende. Noch einmal waren sie sich so nahe wie eh und je; noch einmal waren sie ein Paar, unauslöschbar, unbezwingbar wie Götter, niemand hineinlassend in ihre Zweisamkeit. Sie standen Arm in Arm, hoch über den Dächern der Stadt, dem Alltag entrissen, und feierten noch einmal das Paar, das sie erschaffen hatten, würdigten es, bevor sie es endgültig zerstörten.

Später gingen sie noch eine Weile untergehakt an der Isar spazieren, blickten auf die schnell hinströmenden Wasser, doch als sie ein Café betraten, um sich aufzuwärmen und etwas zu trinken, spürte Uma, dass der magische Moment verflogen war. Sebastian sprach von seiner Arbeit und von seinen Plänen. Er hatte vor, zu Anita und ihrer kleinen Tochter nach Nürnberg zu ziehen. Und Uma? Sie wusste es nicht. »Man geht nie weiter, als wenn man nicht mehr weiß, wohin man geht«, hatte Goethe einmal gesagt. Wahrscheinlich würde sie wieder nach Indien fahren, in Laxman Jhula auf Maharajjis Terrasse sitzen und lauschen, welche Richtung der innere Meister ihr einflüsterte.

Nichts war so gewiss auf ihrem Weg wie diese große Ungewissheit, das Nichtwissen, Nichtbegreifen und die Aufgabe sich diesem vertrauensvoll zu überlassen.

Lara kehrte von ihrer Weltreise zurück und entschied sich für einen Studienplatz in Berlin. Und während ihre Große damit begann, ihr Zimmer auszuräumen und ihre Besitztümer in Umzugskisten zu stopfen, saß Uma auf ihrer Couch, füllte Tagebücher und fragte sich, wo ihr Leben eigentlich hinführte. Lara verließ nun endgültig das Haus. Fast zwanzig Jahre des sich Kümmerns und Versorgens waren vorbei. Und doch war sie eine so glückliche Mutter gewesen! Wie viel Freude hatte sie an ihren Kindern gehabt, wie oft hatte sie mit ihnen gelacht, wie oft gedacht, dass die beiden Mädchen das größte, dickste, wunderbarste Geschenk seien, das ihr das Leben gemacht hatte. Anders als ihre Großfamilie dachte, die Uma immer wieder unter die Nase rieb, dass sie sie für eine schlechte Mutter hielt, weil sie so ungewöhnlich lebte und seit ein paar Jahren so oft verreiste, fand Uma, sie sei eine gute Mutter, und selbst die Kinder bestätigten es ihr immer wieder.

Es war wieder einmal Mahindra, der ihr zeigte, wie unsinnig es war, sich die Urteile anderer zu Herzen zu nehmen. Und auch, wie ein wahrer Meister damit umging. Immerhin war er ein Prophet, der nichts galt im eigenen Land.

Wenn sie in Goa war, lud Mahindra sie oft zu *seiner* Familie nach Hause ein. Er wohnte bei seiner verwitweten Schwester, die im Obergeschoss ihres großen Hauses am Rande von Margao gemeinsam mit ihrer unverheirateten Tochter und ihrem jüngsten Sohn und seiner Familie lebte. Im Untergeschoss wohnte ihr älterer Sohn mit seiner Frau und seinen Kinder – eine ganz normale indische Großfamilie.

Uma kam häufig schon am Vormittag. Manchmal gingen der Meister und sie gemeinsam in die Stadt und tranken eine frische Kokosnussmilch. Am späten Vormittag kehrten sie dann nach Hause zurück und nahmen ein frühes Mittagessen ein, dunklen goanischen Reis, Fisch-Curry und dazu ein Gemüsegericht. Einmal kaufte er für sie sechs verschiedene Sorten Babybananen auf dem Markt von Margao, was zur Folge hatte, dass Uma, die nicht alle Bananen essen konnte und sie über Nacht in ihrem Zimmer bei Natty ließ, fortan täglich Besuch von einer Baumratte bekam. Eine Herausforderung ganz eigener Art.

Mahindra war ein Spezialist in allen Belangen der Ernährung und Gesundheit, doch aus unerfindlichen Gründen – vielleicht aus Bequemlichkeit – wandte seine Familie sich mit ihren Fragen lieber an Uma. Mahindras Schwester hatte Augenprobleme und erkundigte sich, was sie tun könnte. Seine Nichte wollte abnehmen. Uma wusste sicher Rat, sie war doch so rank und schlank. Und wie war das mit Yoga? Konnte sie ihnen da nicht etwas beibringen? Mehrmals sagte sie hilflos: »Aber fragt doch Mahindra, er weiß alles, von ihm habe ich ja gelernt«, aber das machte wenig Eindruck auf die anderen und änderte nichts.

Und so beantwortete Uma, die Schülerin, schließlich die Fragen seiner Familie mit Wissen, das sie von ihm bekommen hatte, während Mahindra aufmerksam zuhörte und vollkommen stumm blieb. Er vermittelte ihr den Eindruck, dass es das Wichtigste sei, wertvolle Informationen weiterzugeben, aus wessen Mund sie kamen, blieb völlig irrelevant. Uma war, wie so oft, tief beeindruckt. Es schien in ihm kein Ego zu geben, das Anerkennung brauchte oder seinen Wert bestätigt bekommen musste oder verletzt werden konnte. Er saß einfach still da, wartete, bis sie ihre Ausführungen zu Ende gebracht hatte, fügte nichts hinzu und korrigierte nichts. Immer blieb er der Meister, der ihr den Weg aufzeigte.

Aber für Uma war es nicht so leicht, die Kritik ihrer Familie zu verkraften. Wenigstens nannte Vimal sie, mit seiner Sicht von außen, eine echte »Cheerleader«-Mutter, die ihren Töchtern immer wieder Mut machte und Selbstvertrauen gab. Und Uma wusste sehr wohl, dass sie ihren Kindern in all den Jahren ein Zuhause voller Liebe und Freude geschaffen hatte, einen Raum mit großer Lebendigkeit und Ehrlichkeit. Doch auch Helen würde bald ihr Abitur machen und Lara nachfolgen. Dann war Uma allein. Ihre eigene Zukunft erschien ihr ungewisser denn je. Aber war die Zukunft jemals gewiss? Gab es sie überhaupt? War sie nicht einfach nur ein Konstrukt des Geistes? Sie spürte, dass Osho in ihr nickte.

In dieser Zeit begannen ihre ersten Panikattacken. Wenn sie in die Stadt ging, brauchte sie sich nur der Bahnhofsgegend zu nähern, und ihr Herz begann zu klopfen und es erfüllte sie eine unerklärliche Angst. Manchmal überfiel die Angst sie mitten in der Nacht, am häufigsten jedoch, wenn sie ins Auto stieg.

Vielleicht hing es auch damit zusammen, dass Vimal begonnen hatte, ihren Fahrstil zu kritisieren, sich einzumischen: »Nun, fahr schon zu!« – ihr Anweisungen zu geben. So hatte sie bald selbst das Gefühl, eine miserable Autofahrerin zu sein. Dabei war sie mit zwanzig, als sie in Paris gelebt hatte, durch den wahnwitzigen Verkehr geflitzt wie die Einheimischen, eine wendige Pariser Ratte, so dass ihrer Schwester und ihren Eltern, wenn sie zu Besuch kamen, ganz mulmig wurde. Was war aus dieser abenteuerlustigen jungen Frau geworden, die einfach Gas gegeben hatte?

Uma kam sich vor wie eine Kriegsveteranin, die eine Schlacht zuviel verloren hat. Jetzt traute sie sich kaum noch, am Nachmittag durch den dichteren Münchner Verkehr zu fahren. Ein paar Mal musste sie am Straßenrand halten und sich irgendwie selbst beruhigen. Sie empfand den Verkehr als hart, brutal und rücksichtlos. Schwächere wurden einfach angehupt, überholt, überrollt. Es war ein Kampf, dem sie nicht mehr gewachsen war. Wann war sie so dünnhäutig geworden? Die Angst, einmal da, ließ sich nicht so leicht abschütteln. Die existentielle Unsicherheit ihres Lebens hatte jetzt endgültig alle Bereiche erfasst.

Der Meister, der immer eine Richtung vorgegeben hatte, war nicht mehr bei ihr. Sebastian hatte sich auch als Freund entzogen. Lara stürmte hinaus in die Welt, in ihr eigenes Leben. Und Umas Arbeit zerfiel vor ihren Augen. Natürlich gab sie noch Seminare, von irgendetwas musste sie schließlich leben, aber immer öfter fragte sie sich, was sie ihren Teilnehmern, die von ihr Weisheit und Durchblick erwarteten, eigentlich sagen sollte. Etwa: »Ich verstehe das Leben überhaupt nicht mehr. Sie etwa?« Osho hatte gesagt, das Leben sei keineswegs eine Aufgabe, die es zu lösen gelte, sondern ein Mysterium, das zu leben sei. Das hörte sich wunderbar an, war aber ganz und gar nicht leicht umzusetzen.

Wie machten es die anderen? Die meisten blieben vorsichtshalber in ihren Käfigen und Kokons, mit ihren Partnern und Familien, ihrer Verwandtschaft, ihren Versicherungen, Renten, Häusern, Ferienwohnungen, abgeschottet, abgesichert, daheim. Aber auch das war eine Lüge, das sah Uma ganz deutlich. Konnte man sich denn wirklich absichern vor dem Leben? Was, wenn da plötzlich Krebs war, ein Unfall oder auch nur ein Partner, der fremdging? Dann zerfiel die vermeintliche Sicherheit, die es ohnehin nie gegeben hatte. Uma hatte all dies schon vorher und freiwillig aufgegeben und gar nicht erst auf ein Einbrechen von außen gewartet. Nicht, weil sie es befürchtete, sondern einfach, weil ein inneres Streben sie genau an diesen Punkt, an diesen Abgrund geführt hatte: »Schau Uma, du musst sterben, *bevor* du stirbst«, sagte ihre Eingebungsstimme immer wieder und mit Nachdruck.

In einem Buch über den russischen Mystiker Gurdjieff hatte sie eine herrliche kleine Begebenheit gelesen.[7] Einem zwölfjährigen Jungen, der in dessen damals berühmtem Institut, der Prioré, nahe Paris lebte, erklärte der Meister etwas über das Leben. Er bat ihn, aus dem Fenster zu schauen und ihm zu sagen, was er dort entdecken könne. Der Junge sieht eine Eiche. Gurdjieff fragt ihn, was an dem Baum wachse, und der Junge antwortet: »Eicheln.« Der Meister will wissen, wie viele es sind. Der Junge ist verunsichert, vermutet jedoch schließlich, dass es mehrere tausend seien. Gurdjieff stimmt zu und fragt ihn, wie viele von all den Eicheln denn wohl zu Eichbäumen heranwachsen würden. Fünf oder sechs, glaubt der Junge. Doch Gurdjieff meint, dass es vielleicht nur eine oder auch gar keine schaffe. Er erklärt ihm, die Natur produziere viele Eicheln, aber die Möglichkeit zu einer Eiche heranzuwachsen, existiere nur für wenige. Ebenso sei es bei den Menschen. Viele Menschen würden geboren, und nur wenige wüchsen. Aber das sei nicht schlimm. Es sei genau wie in der Natur. Die Eicheln, die kein Eichbaum würden, seien absolut wichtig, denn sie seien der Dünger, der zurück an die Erde ging, umso eines Tages einem Eichbaum die Möglichkeit zum Wachsen zu geben. »Natur gibt immer – aber nur Möglichkeiten«, erläutert Gurdjieff dem Jungen in der ihm eigentümlichen, vom Russischen geprägten Sprechweise. »Zu werden wirklicher Baum, wirklicher Mensch, Anstrengung notwendig.«

Solche kleinen Geschichten gaben Uma den Glauben zurück, dass ihre Bemühungen nicht völlig sinnlos waren. Sich selbst zu erkennen und »ein wahrer Mensch« zu werden, wie Gurdjieff es ausdrückte, oder sich der Buddha-Natur bewusst zu werden, wie Osho es nannte, oder das Christus-Bewusstsein zu erlangen, wie Mahindra es formulierte – das war wichtiger als alles andere.

Doch immer öfter war sie der vielen Anstrengungen überdrüssig, begann sogar Osho, den geliebten, fernen Meister, förmlich zu hassen. Durch ihn war all dies in Gang gekommen. Mit ihm hatte sie die Büchse der Pandora geöffnet, und alles Ungeklärte, alle Ängste, Zweifel, Unsicherheiten flogen nun frei herum, als hätte sich eine Meute wilder Fledermäuse in ihrem Schlafzimmer eingenistet. In klaren Momenten wusste sie natürlich, dass sie all dies selbst ausgelöst hatte, aber in anderen fauchte sie sein eingerahmtes Foto auf dem Regal an: »Am liebsten würde ich dich umbringen, wenn du nicht schon tot wärst.« Seine gütigen Augen zwinkerten ihr zu und schienen zu sagen: »Weder bin ich tot, noch bist du so gefährdet, wie du denkst.« Oh, dieser Witzbold, er war noch schlimmer als Mahindra, noch gefährlicher. Er hämmerte pausenlos auf sie ein. Sie war vom Regen in die Traufe gekommen.

Eines Nachmittags, als sie zu einer befreundeten Heilpraktikerin ging, um sich eine Akkupunkturbehandlung geben zu lassen, zerbrach ihre Kette mit dem Osho-Marmor. Sie hatte sie sorgfältig auf den Stapel mit ihren Kleidern gelegt und dann vergessen. Als sie ihre Jeans ergriff, um sich anzuziehen, fiel die Kette auf den Steinboden, und der Mamorstab zerbrach in zwei Teile. Die Goldschlange, die sich um den Stab wand, hielt die gebrochenen Teile noch an ihrem Platz, aber die Kette sah seltsam verunstaltet aus. Uma stand unter Schock. Osho gab ihr den Laufpass. Sie glaubte, dass er endgültig genug von ihr hatte, von ihren Zweifeln, ihrer Unsicherheit, ihren vielen Krisen und Depressionen. Sie war ihm einfach nicht gewachsen, so wie sie Arpita in Taiwan und letztlich auch Vimal nicht gewachsen war. Doch sie konnte nicht umkehren und nach Hause gehen, denn hinter ihr gab es nichts. Sie hatte alle Zelte abgebrochen, alle Brücken eingerissen.

Ihre Freundin Alima hielt die zerbrochene Kette lange in beiden Händen und spürte in sie hinein. Sie wiegte den Kopf wie ein besorgter Arzt und sagte dann: »Es fühlt sich nicht schlecht an. Da ist kein Aufruhr, nichts Chaotisches. Es ist, als müsste es so sein.« Aber was? Vimal empfahl ihr, die Kette zu kleben. Uma war empört. Das kam überhaupt nicht in Frage. Etwas, das zerbrochen war, künstlich wieder zusammenzufügen, zu kitten, erschien ihr an diesem Punkt ihres Lebens absurd. Offensichtlich barg die zerbrochene Kette eine Botschaft, die sie noch nicht entschlüsseln konnte. Sie legte die Schlangenkette in das Kästchen mit dem Labradorit, der Königinnenkette aus der Zeit mit Mahindra.

In dieser Nacht hatte sie einen Traum: Sie befand sich in ihrem Auto auf einer Insel, die Landschaft ähnelte der auf

Korfu. Auf einer kurvenreichen Straße den Berg hinauf verlor sie plötzlich, grundlos, die Kontrolle über ihr Auto und wurde aus der Kurve getragen. Uma fiel und fiel wie in Zeitlupe nach unten, dem blauen Meer entgegen. Als sie endlich auftraf, war das Auto verschwunden und sie versank im Wasser, jedoch ohne zu erschrecken und ohne Kampf, sondern mit einer gewissen Gelassenheit, ja Hingabe. Bis zum Schluss hielt sie etwas in ihrer zur Faust geballten Hand, wie eine Beruhigungspille, doch dann öffnete sie die Hand, und ihre Osho-Kette trieb im Wasser fort und versank. Damit wachte sie auf.

»Loslassen«, dachte sie. »Der Affe lässt die Erdnüsse los und befreit sich.« Aber noch war dies nichts als eine vage Prophezeiung. Noch hatte sie die bedeutsamste Frage ihres Lebens nicht gestellt, ihren tiefsten Wunsch nicht formuliert.

Eines Tages hatte sie eine Vision. Sie dachte über das Sterben nach und darüber, wie sie begraben werden wollte. Auf einmal tauchte ein Bild in ihr auf. Es war ein weißes Holzkreuz, auf dem nur »Uma« stand – kein Geburtsdatum, dafür aber die Jahreszahl ihres Todes. Das Jahr, in dem sie sich gerade befand. Sie erschauerte. Uma schaute, ob das Bild sich auflösen und etwas anderes kommen wollte, aber es blieb dabei. Dieses Jahr! War sie bereit? Hatte sie das Loslassen genug geübt?

3

Sie witterte bereits, dass sich wieder einmal ein Sturm zusammenbraute, als der Sommer kam und sie auf ihre Skorpioninsel reiste. Dieses Mal war sie voll düsterer Vorahnungen, die sich allesamt bewahrheiten sollten. Von ihren gemeinsamen Zeiten auf Korfu sollte dies vielleicht die schrecklichste werden.

Hier, ebenso wie auf Taiwan und im Resort, bewegte sich Vimal in seiner Welt. Er hatte auf Korfu seinen Platz als fester Therapeut mit einer Reihe alter Sannyasin-Freunde um sich herum, die ebenfalls dort lebten. Zudem wurde er von Saison zu Saison gefragter und erfolgreicher, während Uma auf der Insel schneidender und schärfer als irgendwo sonst spürte, dass sie überhaupt nicht mehr wusste, wo sie hingehörte, dass es für sie keinen Platz mehr auf der Welt gab. Einst hatte sie selbst eine heilige Familie gehabt und als Schülerin des Meisters und Lichtfrau an seiner Seite ihren Platz gekannt. Ihre Kunden und auch ihre Seminarteilnehmer hatten ihre Arbeit geschätzt. Ihr Leben war sinnerfüllt gewesen. Aber diese Welten waren versunken, untergegangen. Und ihre alten Glaubenssätze, Monster aus längst vergangenen Zeiten, nahmen selbstbewusst wieder Raum ein:

Uma hat keinen Platz. Uma gehört nirgendwo dazu. Negative Überzeugungen, von denen sie glaubte, sie hätte sie mit Mahindra entschlüsselt, geklärt und verarbeitet, tauchten mächtig wieder auf. Vielleicht löste sie die großen Traumen ihres Lebens auch nur scheibchenweise auf und es gab immer noch eine tieferliegende Schicht, zu der sie hinabtauchen musste. Sie wusste es nicht. Doch sie fühlte sich bis auf den Grund ihrer Seele verloren.

Und ihre Beziehung zu Vimal? Statt ihr ein Fels in der Brandung zu sein, wie einst Sebastian, empfand sie ihn, gerade auf Korfu, als angriffslustig und anstrengend. Uma war so schon schwach und verwundet und fand, er nähme sie noch zusätzlich unter Beschuss. Sie reagierte verletzt, verwirrt, hilflos und nahm sich vor, ihm mehr Kontra zu bieten, sich nicht mehr so schnell ins Bockshorn jagen zu lassen. Doch es funktionierte nicht. Sie stritten sich unablässig. Sie wünschte sich mehr Harmonie, mehr Sanftheit zwischen ihnen, aber da war nur Feuer und Dampf, Pech und Schwefel. Er war stark und männlich, besaß jedoch auch ausgeprägt weibliche Seiten, war feinfühlig und sensibel, und ständig forderte er etwas von ihr: mehr Nähe, mehr Zeit, mehr Aufmerksamkeit. Manchmal besänftigte sie seine Launen, beschwichtigte ihn, so wie sie früher ihre Kinder beruhigt hatte. Aber oft fühlte sie sich bedrängt, kontrolliert, unfrei. Und wie häufig weinte sie in diesen Tagen. Immer wieder dachte sie daran, fortzulaufen, ihn zu verlassen. Sie nährte unsinnige Träume darüber, sich weit weg, in Sydney, ein Apartment zu mieten und irgendwie, sie wusste nicht wie, selbst zu zerstören. Nur der Gedanke an ihre Kinder brachte sie wieder zu sich.

Dann war da wieder so viel Liebe, Stille, Einheit zwischen ihnen. Sie lag in Vimals Armen und fühlte sich geborgen wie ein kleines Mädchen, aufgehobener als irgendwo sonst auf der Welt. Es war verrückt. Da war er ihr Papa, den sie nie gehabt hatte, der ihr endlich, endlich seine Liebe gab. Oder der

Geliebte, mit dem sie im Bett wilde Kämpfe ausfocht, bis sie lachend, keuchend, lustdurchflutet übereinander herfielen. Oder der Gefährte, den Osho ihr gesandt hatte, mit dem sie jeden Morgen in Meditation saß, mit dem die Stille tiefer wurde und ihr Bewusstsein sich ausdehnte, während draußen die Hühner gackerten und in der Ferne die Meeresbrandung rauschte. Vimal wurde auch nie müde, ihr Behandlungen zu geben, seine magischen Hände aufzulegen, oft mitten in der Nacht, wenn es ihr schlecht ging.

In den Nächten erwachte ein Teufel in ihr und folterte sie. Ihr Körper wurde von einem starken elektrischen Strom durchflutet, der sie rasend machte. Alle Versuche, das Phänomen zu erklären, zu heilen oder auch nur zu mildern, scheiterten. Sie lag wach und wünschte sich sehnlichst, sie könne einfach aus der Hülle ihres Körpers herausspringen. Wenn sie auf das Sirren der Mücken horchte, bohrten sich Messer durch ihr Herz. Sie war ein Kind, das nichts zu essen bekam und immer dünner wurde, während sein Geschwisterchen, das in der Dunkelheit direkt neben ihr lag, jeden Tag mit dicken Portionen gefüttert wurde. »Du bist ein Monster«, sagte sie zu Gott. Aber am nächsten Morgen, wenn sie aufstand, sich ihr Müsli zubereitete und den Satz umdrehte, so wie sie es bei Byron Katie gelernt hatte, musste sie sich eingestehen: »*Ich* bin ein Monster.« Und: »Die Monster sind *in mir*.« Ach, sie zweifelte fast an ihrem Verstand, der sie krank machte mit monströsen, zerstörerischen Gedanken.

Um sich zu heilen, pilgerte sie alle paar Tage zu einer Marienkapelle in einem versteckten Tal der Insel. Der Weg führte bergab durch Olivenhaine, bei einer bienenumsummten Quelle musste sie sich links halten, den Pfad unter den tiefhängenden Ästen eines Walnussbaumes einschlagen, manchmal versperrte ein dort angebundener Esel ihr den Durchgang, dann erst sah man die kleine Kirche. Das Tal war magisch, voller Kräfte, Wesen, Zeichen und Geister aus dem Reich der Natur.

Die alte Kirche beispielweise wurde von einer großen Eidechse bewacht, die sich zeigte, sobald Uma die knarrende Tür aufstieß. Uma begrüßte sie ehrerbietig und setzte sich dann auf einen der Holzstühle in der vorderen Reihe. Es gab nur vier Stuhlreihen, und die hinteren waren aus Plastik. Es roch immer ein wenig nach altem Öl von dem ewigen Licht, das vor dem Altar brannte, und nach Waschbenzin, ausgedünstet von einigen Lumpen in der Ecke. Hinter dem Altartisch mit der Christusfigur wölbte sich ein steinerner Rundbogen, an dessen Wände eine kindliche Mutter Maria mit einem Jesusknäblein gemalt war. Erst wenn Uma eines ihrer Teelichter auf den Altartisch stellte, konnte sie die Mutter wirklich erkennen. Die Kapelle war angenehm kühl, wenn man aus der griechischen Sommerhitze kam, aber nie kalt. Fliegen summten darin, manchmal scharrte der Eidechsenwächter in einer Ecke, als wolle er sich bemerkbar machen. Plastikblumen staubten friedlich vor sich hin. Staubkörner tanzten anmutig wie Feenkinder im einfallenden Sonnenlicht. Es war ein weiblicher Platz.

Hier verbrachte Uma lange Zeit in Gebet und Meditation. Sie betete zur Mutter, dass sie ihre Yin-Kraft stärke. Es *musste* einen weiblichen Weg geben, mit Vimals Feuer umzugehen, ohne dass sie sich ständig verbrannte oder unterwarf.

Wann immer sie die Augen schloss, kam sie in Kontakt mit einer abgrundtiefen Verlorenheit. Nicht, dass sie sich abgetrennt fühlte von der Welt oder von anderen, eher verloren wie ein Kind. Als sei sie durch eine Spalte gefallen und verschwunden. Sie hätte das Gefühl gebraucht, über Wurzeln zu verfügen, über ein Gefühl von Zugehörigkeit. Aber Vimal in seiner ungestümen und fordernden Art bot ihr keinerlei Sicherheit, Osho war fern und zu der Sannyasin-Familie hatte sie keinen Zugang.

Eines Nachmittags geschah etwas Besonderes, Magisches und Bedeutsames an ihrem Geheimplatz in der kleinen versteckten Kapelle. Sie saß mit geschlossenen Augen da, und eine sehr gütige, zutiefst liebevolle Energie umfing sie. Es war Jesus. Der geliebte Bruder. Er kam zu ihr und wusch ihr die Füße. ER wusch ihr die Füße. Dabei hatte sie doch immer ihm dienen wollen. Doch sie war so unendlich müde. Tränen rannen ihre Wangen hinunter, sie waren ganz süß und erleichterten ihr Herz. »Schau, ich bin bei dir. Ich weiß, wie schwierig die physische Existenz sein kann«, schien er zu sagen. Davon lebte sie in diesen Zeiten. Von Zeichen, Visionen, Eingebungen. Viele Meister, viele Engel, viele Geistführer scharten sich um sie. Und trotzdem war es schwierig, im Vertrauen zu bleiben.

Aber es half – und so flüchtete sie sich weiter in die kleine Kapelle, auch dann, als eine von Vimals Freundinnen ihren Geburtstag im Kreis der Sannyasin-Freunde feierte und Vimal einlud, Uma jedoch nicht. Uma kannte den Grund nicht, war aber tief getroffen. Sie erinnerte sich an eine Begebenheit mit Mahindra aus ihrer gemeinsamen Zeit in Goa. Wann immer sie versucht war, jemand oder etwas von sich abzutrennen und fernzuhalten, hatte er sie endlos damit konfrontiert, ein ums andere Mal ...

In einem Winter war dies ein junges Hippie-Paar gewesen, das Uma ganz furchtbar auf die Nerven ging. Damals ahnte sie noch nicht, dass die beiden nur eine leichte Vorübung zu all den Lektionen mit Frau von Mühlenscheidt sein würden. Uma arbeitete gerade viel für Mahindra, war oft angestrengt und erschöpft und verurteilte jeden, der nicht den gleichen Feuereifer an den Tag legte wie sie. Da tauchte Mahindra eines Tages mit einem jungen Paar bei ihr am Strand auf und stellte es ihr vor, als handle es sich um hohen Besuch. Angeblich wollten die beiden Geld sammeln für ein Hundeprojekt, das Mahindra unterstützte und bei dem es um die vielen kranken Strandhunde in Goa ging. Doch Uma kamen sie ein wenig ziellos, schlapp und nicht besonders engagiert vor. Die beiden schliefen lange, tauchten meist erst nachmittags am Strand auf und warfen sich sogleich gähnend in die nächste Hängematte. Selbst wenn es um eine Verabredung mit Mahindra ging, waren sie nicht unbedingt pünktlich, sondern stießen irgendwann schlurfend, händchenhaltend und maßlos entspannt zu ihnen. Unmöglich! In Umas Augen besaßen sie keinerlei Anrecht darauf, einen Meister zu haben, denn für einen Meister musste man arbeiten und sich mächtig anstrengen.

Je mehr Uma so dachte, umso mehr verhätschelte Mahindra die beiden. Sie versuchte zumindest am Strand auf Abstand zu gehen und sich von ihnen zu distanzieren, aber dem Meister gelang es immer wieder, sie irgendwie zusammenzubringen. Zu ihrer allerhöchsten Verblüffung lud er das Paar sogar zu einer Feier seiner Familie nach Margao ein, wo er sie alle drei an einen Tisch setzte. Und eines Nachmittags, als sie gemeinsam am Strand entlang liefen und Uma in seinem Beisein besonders kritisch über die beiden dachte, wurde er richtig böse mit ihr. Er würdigte sie keines Blickes und sprach kein Wort mehr mit ihr.

Die Atmosphäre, die der Meister erzeugte, wenn ihm ihr Verhalten nicht gefiel, war eisig. Wie ein ungezogenes Kind kam sie sich dann vor. Sie wollte ihn am liebsten am Ärmel zupfen und anflehen, dass er wieder gut sein möge mit ihr, aber das funktionierte nicht. Sie musste sich hinsetzen, still werden, meditieren, sich die ganze Sache wie von oben ansehen und dabei die Frage stellen: »Was ist passiert?« Meistens konnte sie schließlich klar erkennen, auf welche Art und Weise und warum sie sich nicht in der Liebe befand und was sie ändern musste. Und immer hatte dies etwas mit ihr selbst zu tun.

In diesem Fall hatte sie – und dies bereits seit Monaten – »die heilige Uma« gespielt, wieder einmal versucht, sich ihre Liebe durch viel Arbeit und Gutsein zu verdienen, und dabei war sie abgerutscht in das Verhalten einer gestressten, richtenden, sich besser vorkommenden, schmallippigen und leicht verbitterten Wohltäterin, die allein schon durch ihre

Schwingung mehr Ungemach als Liebe verbreitete. Mahindra sah all dies wie immer und entließ sie nicht aus seinem Waschgang, bis Uma es auch selbst erkennen konnte.

In späteren Jahren, vor allem, als sie bereits nicht mehr mit ihm zusammen war, bewunderte sie immer mehr seine Liebe und Weitsicht. Ihm ging es nicht darum, dass das junge Paar sich ihm gegenüber respektvoll zeigte, obwohl dies nicht verkehrt gewesen wäre. Er schaute nur darauf, wie er diese jungen, etwas ziellosen Menschen ködern konnte, um ihnen eine Richtung zu geben, sie auf den Weg zu bringen. Was ihn antrieb, war immer nur Liebe. Zudem konfrontierte er Uma solange mit dem Paar, bis sie aufhörte zu urteilen, sich mit ihnen anfreundete, eine neue Sichtweise gewann und zur Liebe zurückfand. Dann löste sich die Sache auf, und die beiden verschwanden für immer aus ihrem Leben. So arbeitete Mahindra.

In diesen Tagen meinte sie, dass auch Osho nicht mehr zu ihr stünde. Die Türen zu seiner Welt blieben für sie verschlossen. Der Anhänger der Halskette war zerbrochen. Zudem erzählte Vimal ihr, dass Osho, als er noch lebte, seine Sannyasins miteinander verbunden hätte auf eine Art und Weise, die man nicht recht erklären könnte. Als seien sie eine große Familie. Und selbst wenn sie sich jahrelang nicht gesehen hätten – sobald sie einander irgendwo auf der Welt begegneten, sei diese alte Verbindung sofort wieder da. Uma könne nun mal nicht Teil dieser Verbundenheit sein …

Blattschuss. Sie war zu spät gekommen. Sie gehörte nirgendwo hin. »Solange du dich an äußeren Strukturen orientierst, wirst du dich verloren fühlen. Dein Platz kann nur im Inneren gefunden werden«, sagte ihre Eingebungsstimme.

Doch Uma war noch nicht soweit. Sie haderte. Offenbar hatte der gesamte Rest der Welt irgendetwas oder irgendjemanden, an dem er sich festhalten konnte: eine Sannyasin- oder eine normale Familie, einen Partner, einen Guru oder auch nur einen Job. Lediglich Uma war hinauskatapultiert worden in den freien Fall.

In einem Buch – sie wusste nicht mehr in welchem – hatte Uma diese Worte eines unbekannten Weisen gelesen: »Wenn du zum Wesen deines Seins vorstoßen willst, brauchst du Mut. Denn dann musst du eine Sache nach der anderen weggeben, bis du nichts mehr hast, woran du dich festhalten kannst. – Aber dann entdeckst du, dass es da etwas gibt, das dich hält. Erst dann verstehst du, dass dieses Etwas all das in sich vereint, wonach du gesucht hast.« Doch sie fiel und fiel und fiel und wurde durch nichts gehalten.

An einem ihrer letzten Tage auf Korfu saß sie nackt auf dem großen Jungfrauenstein im Meer. Sie hatte den Felsen bereits vor Jahren für sich entdeckt und ihm diesen Namen gegeben. Er besaß große Kraft. Sie wanderte fast immer bis zum Ende des Strandes, um hinauszuschwimmen und ihn aufzusuchen wie einen starken Freund. Diesmal verspürte sie den Drang, sich bäuchlings, lang ausgestreckt, die Brust auf den Stein gepresst, auf ihn zu legen, als sei der Fels ihr Geliebter. Sie verschmolz mit dem Stein. Um sie herum schlugen die Wellen gegen den Fels, hin und wieder schwappte eine über ihren Körper und kühlte ihre Haut. Der Stein öffnete sich und ließ sie ein. Sie liebten sich, langsam, reglos in der Art der Steine. Die Sonne trocknete Umas Haut, das Meer machte sie wieder nass, ganz zeitlos. Irgendwann änderte sich ihr Akt, wurde inniger, seelischer, und Umas Brust öffnete sich. All der Schmerz der letzten Wochen floss in den Stein hinein, der, ebenso wie sie, ein Herz besaß. Es war lavarot und lebendig, und alles, was sie hineingab, schmolz darin wie in der Glut eines Vulkans.

Lange lagen sie so, Herz an Herz, Haut an Stein, bis die Nachmittagssonne schwächer wurde. Uma begann zu frösteln und musste sich bewegen. Doch bevor sie aufstand, sagte der

Stein etwas. »Halte dein Herz rein.« Sie ließ sich ins Meer gleiten und schwamm nachdenklich und durchglüht von dem Erlebnis zum Strand zurück.

Sie sollte nie wieder auf ihrem Jungfrauenstein sitzen. Im Sommer darauf war seine schöne, poröse, sonnengewärmte Oberfläche ganz und gar mit glitschigen Algen bewachsen und bot kleinen Krabben und winzigen Meerestieren neuen Lebensraum. Auch der Strand hatte sich verändert, und der Fels lag nun weit draußen im Meer, als habe er sich von den Menschen entfernt. Ebenso wie Mutter Ganges zeigte ihr auch der Fels, ihr steinerner Liebhaber, dass sich das Leben in ständiger Veränderung befand.

Uma befand sich, während der Fels ein anderer wurde, zuhause in München, erleichtert darüber, endlich wieder etwas Distanz zu Vimal zu haben, seiner Kraft und Intensität eine Weile entkommen zu sein. Sie machte mit Sebastian Spaziergänge im Park. Immer wieder Sebastian. Der treue und gute Sebastian ... Beim ersten Mal trug er ein schneeweißes, tief ausgeschnittenes Hemd, das seine braungebrannte Brust zeigte, und war in Hochstimmung. Er zeigte sich ihr so zugetan wie schon lange nicht mehr und war ungewöhnlich mitteilungsfreudig. Sehr viel war in seinem Leben geschehen.

Sebastian hatte sich ausgelebt und zahlreiche Affären gehabt – eine davon mit Anita, einer der Teilnehmerinnen aus ihrer Laxman-Jhula-Gruppe. Nun trug er sich mit dem Gedanken, sich endgültig von Irina, seiner verheirateten Geliebten, zu lösen. In Umas und seiner Trennungsgeschichte empfand er sich plötzlich als Gewinner. Wie oft während ihrer Beziehung hatte ihn das Gefühl beschlichen, nicht mithalten zu können mit Umas prallvollen dramatischen Lebens- und Liebesgeschichten. Jetzt hatte er endlich aufholen können, dies war seine Stunde! Er glühte vor Manneskraft und schien um Jahre verjüngt zu sein.

Uma lächelte versonnen und lauschte nach innen. Ihr Herz, fein eingesponnen in ein Netz aus Wehmut, Schmerz und Verzicht, fühlte mit ihm und gönnte ihm all die Abenteuer, die ihm an diesem Nachmittag eine Aura von jungenhaftem Wagemut und Draufgängertum verliehen. Als sie ihm dann von ihrer Lebenskrise erzählte, sagte er etwas, was ihr für immer haften bleiben sollte: »Ich denke, du hast einfach den Glauben an dich selbst verloren.« Er hatte Recht. Aber es ging noch viel tiefer. Sie glaubte nicht mehr an sich selbst, und sie vertraute auch nicht mehr darauf, dass sie geführt wurde, dass es einen größeren Plan gab, dem sie folgte. Uma hatte sich auf dem spirituellen Weg gefährlich verirrt. Und sie fühlte sich gefährdeter, als es irgendein anderer von außen wahrnehmen konnte.

Du kannst sehr oberflächlich leben, du kannst die dunkle Nacht der Seele meiden, doch wenn du die dunkle Nacht der Seele meidest, meidest du all deine Schätze. Du meidest den Sinn deines Lebens und deiner Existenz selbst. Daher nimmt der intelligente Mensch die Herausforderung an und tritt in den dunklen Tunnel ein, der endlos zu sein scheint. Aber eines Tages endet er. Wenn du mutig vorangehst, in dem Wissen, dass andere Menschen es überwunden haben ... Das ist die Schönheit, die es hat, mit einem Meister zusammen zu sein, weil du dann weißt, dass wenigstens ein Beispiel vor dir steht und bei dir ist, jemand, der außerhalb des Tunnels ist und dir ständig zuruft, den Tunnel zu betreten ... denn wenn du nicht eintrittst, kannst du ihn nicht verlassen. Es gibt keinen Weg darum herum. (21)

Von Vimal wusste Uma, dass Osho oft darüber gesprochen hatte, ein Vakuum, einen leeren Raum entstehen zu lassen, den das Göttliche später füllen würde. Uma erkannte, dass Sebastian und die meisten anderen Menschen keinen Sinn darin sahen. Sie versuchten so schnell wie möglich das Verlorene zu ersetzen, etwas Neues zu etablieren. Sie hielten die Leere nicht aus. Uma stellte sich dem Vakuum bereits seit geraumer Zeit. Sie tat es bewusst, setzte sich dem Schmerz, der Leere, dem Nichthaben, Nichtbekommen aus wie einer wichtigen Lektion. So tief hatte sie noch nie geschürft. Es schien, als verlange dieser Guru ihr das Äußerste ab, das zu geben sie in der Lage war. Doch die höchste Schwierigkeit war vielleicht die höchste Segnung, der wahre Kuss des Meisters.

Sebastian versuchte, sie zur Vernunft zu bringen. »Schau, Uma, vielleicht bin ich ja schlichter gestrickt als du«, sagte er. »Aber ich möchte einfach nur eine Partnerin haben und wieder glücklich sein. Was kann daran verkehrt sein?« Uma nickte. Sie konnte ihm nicht erklären, wie sie dazu stand, fand keine Worte für diese seltsame Reise, auf der sie sich befand. Sie war eine Pilgerin auf dem anstrengendsten und dürrsten Teil des Weges. Wie konnte sie erklären, warum sie überhaupt pilgern musste? Konnte sie nicht zuhause bleiben? Nein, ganz unmöglich. Die Liebe selbst rief. Sie folgte nur ihrem Ruf.

Eines Nachts, sehr viel später, kam ihr der Gedanke, dass Johannes in der Bibel gesagt hatte, er habe mit Wasser getauft, aber nach ihm komme einer – Jesus –, der mit Feuer taufe. So fühlte sie sich. Als würde sie mit Feuer getauft werden. Als würde sie verbrennen.

Der Herbst kam. Nur noch eine Atempause von wenigen Wochen blieb ihr bis zur erneuten Begegnung mit Vimal, der noch auf Korfu weilte, und mit Arpita in Taiwan.

Laras Zimmer stand nun leer. Immer, wenn Uma im Flur daran vorbeiging, zog sich ihr Herz zusammen. Wie hatten all die Jahre mit den Kindern so schnell vergehen können? Sie schaute in den Spiegel und erkundete die Spuren des Alterns. Die Haut am Hals und um das Kinn herum wurde schlaffer. Auf der linken Seite ihres Mundes hatte sich eine Falte eingegraben, die, wie Uma nachlas, sogar einen eigenen Namen besaß: Nasobialfalte. Ihre Haare wurden immer grauer. Nur ihre Figur hielt dem Zahn der Zeit noch leidlich stand. Sie war immer noch schlank. Das mochte am Yoga liegen, vielleicht aber auch an den immer wiederkehrenden Phasen von Appetitlosigkeit. Aus ihrer Kindheit konnte sie sich noch an dieses Gefühl erinnern: Das Essen schmeckte ihr einfach nicht. Sie aß, aber es gab nur ganz wenige Speisen, die einen Sinnesreiz in ihr auslösten. Und jetzt war es wieder so. Egal, was sie kochte, das Essen war fad, bot keinerlei Verlockung. Immer öfter schob sie ihren Teller mit warmem Essen angewidert von sich weg und naschte dann später eine Handvoll Trauben, eine halbe Birne, ein paar Nüsse und Rosinen wie schon als Kind.

Das war anders gewesen, als sie für Mahindra gekocht hatte. Manchmal hatte er auch für sie gekocht, und es war ihr immer so vorgekommen, als füttere er sie mit seiner Liebe und seinen guten Schwingungen. Einmal, im Vogelsberg, als sie noch nicht daran gewöhnt war, viel mit ihm zusammenzusein, saßen sie gemeinsam in seiner kleinen Küche und aßen, ohne ein Wort miteinander zu wechseln. Der Meister hatte kein Problem damit, zu schweigen, und war nicht der Typ, der beim Essen Konversation betrieb. Doch Uma fühlte sich unwohl. Jeder ihrer Gedanken tönte laut in der Stille zwischen ihnen wider und wurde zusätzlich noch auf eine große weiße Leinwand projiziert. Sie wusste, dass der Meister ihre Gedanken las, denn manchmal trieb er Spiele mit ihr, entsprach einem Wunsch, den sie kurz zuvor gedacht hatte, oder verfiel in seine meisterliche Eiszeit, wenn sie über jemand anderen urteilte.

Mahindra schlürfte und schmatzte über seinem Teller, und Uma dachte: »Du meine Güte, er isst wie ein Schwein.« Kaum hatte sie dies gedacht, gefror ihr das Blut. Wie konnte sie so einen respektlosen Gedanken in seiner Gegenwart aufsteigen lassen? Sie fühlte sich abgrundtief schlecht. Er reagierte jedoch in keinster Weise, schmatzte höchstens noch ein wenig lauter in die Totenstille hinein und rülpste zufrieden. In ihrer Not kam Uma eine geniale Idee. Sie konnte auch essen wie ein Schwein. Dann gab es keinen Grund mehr, über ihn zu urteilen. Und von nun an hatte sie immer große Freude daran, gemeinsam mit ihm zu essen, weil sie sich dabei benehme konnte wie ein ungezogenes Kind. Es war herrlich! Sie erlaubte sich, zu schmatzen, zu schlürfen, die Finger zu benutzen ... Zwischen ihnen entwickelte sich eine Art Komplizenschaft, als hätten sie jemandes Urteil ein Schnippchen geschlagen. Nie wieder und nirgendwo sonst schmeckte ihr das Essen so gut wie mit ihm. Ach, sie liebte ihn. Für die großen und die kleinen Lektionen!

Normalerweise hielt er sich an seine eigenen Ernährungspläne und aß so gesund, dass es die meisten Menschen schaudern machte. Doch dann, unvorhersehbar, tat er irgendetwas, was alle Konzepte, Vorstellungen und Schubladen, die man sich über ihn oder seine Lebensweise gemacht hatte, vollkommen sprengte und auf den Kopf stellte. Dann bat er Uma auf einer ihrer Autofahrten, an einem Rasthaus zu halten, weil er unbedingt Pommes Frites essen wollte. Mahindra! Pommes Frites! Und auf genau die gleiche Art und Weise klopfte er auch immer wieder Umas Identifizierungen und Konditionierungen ab. Er erzählte ihr chauvinistische oder frauenfeindliche Witze und wartete lauernd, wie sie reagierte. Genauso konnte er sich unversehens für Atomkraft erwärmen. Einmal, als sie längere Zeit Durchfall hatte, herrschte er sie an, endlich ein starkes schulmedizinische Mittel zu schlucken und ihre Homöopathie sein zu lassen. Dabei war er derjenige, der ständig neue alternative Mittel ausprobierte, sogar beschichtete Pfannen ablehnte und in jedem Lebensmittelgeschäft nachfragte, ob dieses oder jenes nicht genmanipuliert sei.

Nie ließ er sie in Ruhe, nie erlaubte er ihr, sich auf ihren Vorstellungen auszuruhen. In einem Winter in Goa machten sie einen gemeinsamen Ausflug, um in Palolem ein neues Hotel für die Seminare zu erkunden. Sie hatte einen Jeep gemietet und saß hinten, während Mahindra vorne neben dem Fahrer saß. Uma verfiel, wie so oft in Indien, in eine leichte Trance. Sie genoß die Hitze, sah aus dem Fenster, ließ die Kokospalmen und Cashew-Büsche vorbeigleiten, den Fahrtwind in ihren Haaren spielen und summte leise ein indisches Mantra vor sich hin. Sie liebte Mantras. Als sie über eine etwas höhergelegene Hügelkette fuhren – es war der landschaftlich schönste Teil der Strecke, von dem aus man immer wieder weite Ausblicke auf das Meer hatte –, zog Mahindra plötzlich eine Kassette aus der Hosentasche und bat den Fahrer auf Konkani, der goanischen Landessprache, sie einzulegen. Er drehte das altmodische Gerät laut, und plötzlich erscholl brüllend laut die deutsche Nationalhymne.

Uma erwachte schlagartig aus ihrer Trance. Die Musik wirkte wie eine kalte Dusche. Mahindra sagte nichts. Der Fahrer blieb gleichmütig, wie nur Inder es können. So kurvten sie weiter durch die tropische Landschaft zu »Einigkeit und Recht und Freiheit für das deutsche Vaterland! Danach lasst uns alle streben, brüderlich mit Herz und Hand!« Uma war die Musik so unangenehm, dass sie den Atem anhielt. Das Lied tat ihr beinahe weh, und sie wartete nur darauf, dass es bald zu Ende sein möge.

Wieder einmal hatte der Meister sie erwischt. Es war ihr peinlich, deutsch zu sein, womöglich noch stolz auf ihr Land, womit Franzosen, Amerikaner oder auch Inder überhaupt kein Problem hatten. Aber sie, Uma, war aufgrund der speziellen deutschen Vergangenheit konditioniert, ihr Land *nicht* zu lieben. Sie wollte lieber eine vielreisende Nomadin sein, die Sanskrit-Mantras sang und indisch kochte und englisch sprach und irgendwie, so hoffte sie, international wirkte. Vielleicht französisch – immerhin, jemand aus ihrer Familie hatte ihren Stammbaum bis zu den französischen Hugenotten zurückverfolgt. Deutsch zu sein, das war nun wirklich nicht erstrebenswert. Nun, er hatte es wieder einmal geschafft. Sie musste es sich ansehen, ihre Konditionierung, ihr schlechtes Selbstwertgefühl, ihren fehlenden Bezug zur eigenen Nationalität. Ach, weshalb war es nur so anstrengend, einen Meister zu haben?

Aber all das war lange her. Hatte sie jemals etwas gelernt, oder hatte sie sich trotz aller Bemühungen einfach nur in ein spirituelles Abseits geschossen?

Statt aus vier Personen bestand die Familie jetzt nur noch aus zwei – Helen und Uma. Und wenn sie zu zweit am Frühstückstisch saßen, kam Uma sich zuweilen vor wie eine alleinerziehende Mutter. Aber Helen musste man nicht erziehen, sie war eine alte Seele, deren pure Anwesenheit Uma Freude bereitete, und in den folgenden Jahren wurde ihr Verhältnis immer inniger und zärtlicher. Als Uma Helen später einmal fragte, ob sie das Rad gern zurückgedreht und beide Eltern bei sich gehabt hätte, während ihrer Teenagerzeit, sagte Helen auf diese reife Art, die ihr eigen war: »Am Anfang habe ich mir das gewünscht. Aber dann habe ich gemerkt, wie viel mehr Freiheit ich gewann. Und jetzt möchte ich es überhaupt nicht anders haben.« Immer, wenn Uma sich mit Vimal im Ausland aufhielt, zog Sebastian bei ihnen ein, und Vater und Tochter genossen das Zusammenleben. Es war eine ungewöhnliche, doch für alle zufriedenstellende Lösung. Nach einer Weile entschloss sich Uma, das leere Zimmer ihrer großen Tochter an eine chinesische Studentin zu vermieten, und so lebten sie fortan in einer kleinen Frauenwohngemeinschaft.

Im Spätherbst kehrte Vimal von Korfu zurück, blieb ein paar Tage, besuchte seine Eltern in Genf und arbeitete dann in Paris. In München, in Umas Apartment, ihrem Reich, war ihr Verhältnis sanfter und entspannter. Auch hier gab es Konflikte, aber sie besaßen nicht die Messerschärfe, die sie auf Korfu hatten. Sie planten, wie immer, gegen Ende Oktober über Bangkok nach Taiwan zu fliegen. Es war Umas fünfter Aufenthalt in dem kleinen Osho-Zentrum, in dem sie bisher nur Schmerz und Demütigungen erfahren hatte.

Sie fragte sich oft, warum sie sich dies immer wieder antat, ohne eine wirkliche Antwort zu finden. Ein Teil von ihr verlor nie den Mut und die Hoffnung. Außerdem war Uma ehrgeizig und willensstark und wollte es einfach wissen. Wenn sie einmal ein Ziel vor Augen hatte, ließ sie sich nicht so schnell davon abbringen. Es waren diese Eigenschaften, die sie bisher durch viele Widerstände in ihrem Leben hindurchdurchlaviert hatten. Ohne sie hätte sie die ersten drei Jahre mit Mahindra im Vogelsberg niemals durchgehalten und Vimal bereits nach ihrem ersten gemeinsamen Sommer auf Korfu verlassen.

Erst Jahre später, als die Taiwan-Lektion schon lange vorbei war, erkannte sie, dass die Gründe für ihr Verhalten noch viel tiefer lagen. Sie selbst – oder war es ihre weit vorausschauende Seele? – brachte sich immer wieder in Situationen, in denen sie etwas über sich selbst genau verstehen, erfahren und lernen wollte. Und sie entschied sich, mehr unbewusst als bewusst, solange in der Situation zu verharren, selbst wenn sie schmerzhaft oder quälend war, bis sie die Erfahrung voll ausgeschöpft hatte. Sobald die Lektion verstanden war, lösten sich die äußeren Umstände auf, die sie selbst erzeugt hatte, um zu lernen. Deshalb konnte sie auch Taiwan und ihre strenge Lehrerin Arpita erst aufgeben, als etwas in ihr starb und sich auflöste – und die neue Uma geboren war.

Die ersten kleinen Demütigungen begannen bereits am Flughafen von Taipei. Sie wurden in der Ankunftshalle stets von einem chinesischen Taxifahrer abgeholt, der ein Schild mit ihren Namen trug. Bislang waren sie immer als *Vimal und Uma* abgeholt worden, aber diesmal stand auf dem Schild nur Vimals Name. So, als gäbe es Uma gar nicht. Im Zentrum angekommen, fand Vimal heraus, dass im Jahresprogramm mit allen stattfindenden Seminaren und Kursen Umas Seite fehlte. Arpita erklärte, dies sei ein Fehler der Layouterin gewesen, den sie erst entdeckt hätten, als das Programm bereits gedruckt war.

In Taiwan war es üblich, Kunden anzurufen und von diesem oder jenem Seminar oder von Behandlungen zu erzählen und sie von der eigenen Arbeit zu überzeugen. Bei wichtigen Seminarleitern nahm Arpita dies selbst in die Hand, unbekanntere überließ sie ihren jungen Mitarbeitern, die Arpita fürchteten wie der Teufel das Weihwasser und die auch beständig ausgewechselt wurden. Diesmal saß Uma einem schmetterlingshaften Wesen namens Nisha gegenüber. Sie sprach kaum englisch und sah nicht so aus, als würde sie unmenschliche Anstrengungen unternehmen, um Uma zu verkaufen. Dennoch bot Uma ihr gleich für den nächsten Tag eine Behandlung umsonst an, wie sie es immer tat, damit die Mädchen im Büro ihre Arbeit kennen lernten und zumindest wussten, was sie anboten.

Nisha zwirbelte an ihrer Halskette und erklärte ihr in gebrochenem Englisch, sie habe bereits bei Vimal gebucht, von dessen Behandlungen sie bereits so viel gehört hätte. Uma schluckte. »Natürlich«, sagte sie würdevoll, »dann vielleicht zu einem späteren Zeitpunkt.« Sie zwang sich dazu, auch mit Arpita über ihre Seminare und Behandlungen zu sprechen. Arpita blieb undurchsichtig, hatte einerseits große Pläne, war aber andererseits ebenfalls nicht bereit, sich für Uma ins Zeug zu legen. Zumindest plante sie einen besonderen Abend im Restaurant des Zentrums, an dem Uma einen Vortrag halten sollte.

Bislang hatte Uma sich in dem Zentrum mit einer Mischung aus Yoga-Unterricht, Behandlungen und nicht sonderlich gut besuchten Seminaren und Workshops halbwegs durchgeschlagen. Doch dieses Mal hatte sie fast überhaupt keine Arbeit. Die meiste Zeit saß sie im vierten Stock, in dem Apartment, das für die westlichen Therapeuten reserviert war, und wartete darauf, Vimal in einer seiner kurzen Pausen zum Mittag- oder Abendessen zu treffen. Sie schrieb Tagebuch, meditierte, machte Yoga und versuchte so gut es ging, ihr Selbstwertgefühl über Wasser zu halten.

Wenn Vimal nach oben kam, erzählte er ihr begeistert, brühwarm, durchglüht vom Erfolg, von seinen Behandlungen und Seminaren. Eine Engländerin war so angetan von seiner Arbeit, dass sie ihn in Hongkong und Shanghai organisieren wollte. Big Tom, ein einflussreicher Taiwanese, der früher im Film- und Musikgeschäft gearbeitet hatte und Vimal auch als Freund schätzte, schickte ihm Schauspieler, Produzenten und Journalisten. Sein Stern stand im Zenith. »Ich liebe meine Arbeit!«, rief Vimal ein ums andere Mal aus, stapfte durch das Apartment, um sich Tee zu machen und verschwand wieder, ein siegreicher, viel beschäftigter Krieger. Uma blieb zurück, räumte das Geschirr weg, stopfte Wäsche in die seltsame chinesische Waschmaschine und dachte über die letzten Jahre nach. Das Universum hatte immer nur »Nein« gesagt, ihr immer noch etwas weggenommen. Und ihr zudem noch jemanden an die Seite gegeben, der alles bekam, wovon sie träumte.

Auch sie liebte ihre Arbeit. Und sie hatte wirklich geglaubt, Gutes zu tun und eine gute Lehrerin zu sein. Doch selbst das musste sie loslassen. Immerhin sah nichts mehr danach aus. Und hier in Taiwan war sie endgültig ein Niemand, eine Niete. Was war nur aus ihr geworden? Jetzt saß sie in der Fremde, in irgendeinem chinesischen Apartment, räumte auf, wusch Wäsche, wartete auf Vimals Rückkehr und lauschte seinen Geschichten.

Es gab niemanden, mit dem sie reden konnte. Uma dachte immer öfter und immer verzweifelter an das nahegelegene

Meer. Doch wenn sie ihren Körper verließ, änderte sie damit auch ihr Bewusstsein? Nein. Der Körper war nur ein Gefährt, ein Vehikel. Sie mochte im nächsten Leben einen neuen bekommen, so wie man einen Mercedes gegen einen Audi austauscht, aber das veränderte nicht das Bewusstsein des Fahrers. Alle Entwicklung fand bei ihm statt, nicht bei seinem Fahrzeug. Aber das machte alles nur noch unerträglicher, denn das hieß, dass es überhaupt keinen Ausweg mehr gab. Sie stand vor einer Wand.

Sämtliche Werkzeuge, die sie kannte – und auch gelehrt hatte! –, all die Meditationen, Affirmationen, Techniken, das unermessliche Wissen des Meisters, waren stumpf an diesem Ort. Das ganze positive Denken schien ihr hier Kinderkram zu sein, ein Versuch, das Universum als Wunscherfüllungsmaschine zu missbrauchen, um das Leben kontrollieren zu können. Das ging solange gut, bis man an den Punkt gelangte, an dem sie sich nun befand. Sie war weiter hinaus gesegelt als je zuvor. Hier ließ sich nichts mehr kontrollieren. Sterben musste sie. Aber nicht im Wasser. Sie musste in sich selbst sterben.

Endlich kam der von Arpita organisierte Vortragsabend im Restaurant des Zentrums. Uma hatte drei Zuhörer. Zwei junge taiwanesische Frauen, die hauptsächlich wegen des im Programm inbegriffenen Menüs gekommen waren, und ein buddhistischer Mönch, der bei Vimal eine Behandlung genommen hatte und aus purer Neugierde dablieb. Uma ließ sich ihre Enttäuschung nicht anmerken. »Egal, ob du zwei oder dreihundert Zuhörer hast«, hörte sie Mahindra sagen, »du musst immer mit ganzem Herzen bei der Sache sein.« Sie hatte sich sehr gut vorbereitet und war spritzig wie in alten Zeiten. Der buddhistische Mönch schien von ihrem Vortrag angetan zu sein und machte sich viele Notizen, die jungen Taiwanesinnen naschten verstohlen von ihrem Essen und wirkten ein wenig angestrengt durch die geballte Aufmerksamkeit, die ihnen als den zwei einzigen Zuhörerinnen zuteil wurde.

Als Uma wieder nach oben in ihr leeres Apartment kam, denn Vimal gab noch eine Abendbehandlung, setzte sie sich im Schneidersitz vor das eingerahmte Osho-Bild, das in ihrem Zimmer stand. »Also gut, Osho«, sagte sie. »Ich habe alles versucht. Nichts hat funktioniert. Ich gebe auf.« Sie nahm das Bild und presste es an ihr Herz. *Surrender.* Wie oft hatte Osho von *surrender*, Hingabe, Kapitulation gesprochen?

Die Wahrheit lässt sich nicht stürmen; sie wird durch Kapitulation gewonnen, nicht durch Krieg. Man erobert sie durch bedingungslose Kapitulation. (22)

In den nächsten drei Tagen schwamm sie in Glückseligkeit. In ihrem Inneren tobten wilde Indianer, die feiern wollten. Sie hatte wirklich losgelassen, nicht nur einfach »Ja« gesagt, sondern »Dein Wille geschehe«. Sie hörte Mahindra flüstern: »Jetzt bist du erleuchtet«, und musste lächeln. Nein, erleuchtet war sie immer noch nicht, aber eine große Last war von ihr abgefallen, eine unendlich große Last.

Das Universum hatte ihr jegliches Spielzeug weggenommen – die Suche nach einer neuen Familie, Glück, Anerkennung, Erfolg, Visionen –, um sie in Verbindung zu bringen mit etwas Essenziellem. Ihrer wahren Natur. Es wollte sie befreien, während sie sich schreiend und zeternd an ihren Käfig klammerte. Doch diesmal nicht, sie hatte ihre Finger schon ein wenig gelöst. Es kam ihr vor, als stünde ihr eine große Abschlussprüfung bevor.

Sie konnte sehen, durchschauen, dass sie ihre Arbeit dazu benutzt, ja missbraucht hatte, Anerkennung zu bekommen. Als Kind hatte sie sich so sehr bemüht, gut zu sein und die Anerkennung ihrer Eltern zu erringen. Vergeblich. Sie hatte es mitgenommen in ihr späteres Leben, immer um die Anerkennung von Gott, den Meistern, den Gruppen gerungen. So hatte sich ihre Arbeit zumindest teilweise aus falschen Grundlagen entwickelt – aus der Bedürftigkeit, dem Nicht-Haben, der Armut. »Arbeite nicht, um dich gut, besser, wertvoll, edel oder sonst irgendetwas zu fühlen. Schufte nicht für einen Platz im Himmel oder für äußere Anerkennung. Arbeite, als würdest du spielen. Sei kreativ aus purer Freude am Erschaffen, denn die Schöpferkraft ist Teil deiner göttlichen Natur«, behauptete ihre Eingebungsstimme – und diesmal gab Uma ihr voll und ganz Recht.

So dornenreich und schmerzvoll ihr Weg auch war, Uma konnte doch erkennen, dass sie alles aufgeben musste, was nicht ihrer wahren Natur entsprach, was Lüge, Illusion oder auch nur eine gesellschaftliche Konditionierung war. *Dies* war der Pfad zur Meisterschaft. Hatte sie sich wirklich zu diesem Intensivkurs angemeldet?

Doch sie triumphierte zu früh. Am vierten Tag bekam sie einen Rückfall. Die Dunkelheit in ihr gewann die Oberhand. Sie befand sich in einem Sterbeprozess. Uma fühlte sich so entfernt von der normalen Welt, als litte sie an einer unheilbaren Krankheit und sei dabei, alles hinter sich zu lassen. Sie hatte jetzt nicht mehr den Impuls, dagegen anzukämpfen. Meist lag sie einfach nur auf dem Bett und lauschte auf ihr schmerzendes Herz. Sie versuchte krampfhaft herauszufiltern, wofür sie überhaupt da war, konnte aber nichts finden. Schließlich sagte diese Stimme in ihrem Inneren: »Dein Weg zu Gott, Uma.« Mehr nicht.

In den nächsten Tagen wurde es heiß, doch Uma musste die Fenster geschlossen halten. Zusätzlich zu einer Großbaustelle in Sichtweite begannen Arbeiten mit einem Presslufthammer im Erdgeschoss ihres Hauses. Das Apartment, ihre einzige Zuflucht, bebte vor Lärm. Die Welt ringsum erschien Uma wie eine Hölle, die das Inferno in ihrem Innern spiegelte und verstärkte. Sie fühlte sich wundgerieben, zermürbt von ihrem Schmerz, ihren Zweifeln, der Absurdität ihres Lebens. Es kam ihr vor, als habe sie auf nichts und niemand mehr Einfluss, als habe sie vollkommen die Kontrolle über ihr Dasein abgetreten. Jemand anderes hatte das Steuer übernommen, aber es war kein gütiger Gott. Es war ein wilder Meister, der sie mitnahm auf einen wüsten Ritt. Wer, zur Hölle, war sie?

Eines Nachmittags schwappte eine besonders hohe Welle der Verzweiflung über sie hinweg. Sie lag auf ihrer Yogamatte im Wohnzimmer und zwang sich, mechanisch die vertrauten Übungen auszuführen. Doch immer wieder sank sie lethargisch auf den Fußboden zurück. Sie spürte, dass sie dringender als jemals zuvor in ihrem Leben Hilfe brauchte, aber hier im fernen Taiwan, wo alle nur chinesisch sprachen, gab es niemanden.

Uma wünschte sich aus tiefstem Herzen, etwas in der Hand zu haben, und sei es nur ein Buch, eine Geschichte von jemandem, der ebenso weit hinausgesegelt war wie sie und ebenfalls Schiffbruch erlitten hatte. Aber auch dies ließ sich nicht herbeizaubern. Sie schleppte sich zurück ins Schlafzimmer, schloss die Augen und schlief für einen kleinen Moment ein. Als sie aufwachte, rann ihr der Schweiß von den Schläfen. In der Ferne hörte sie Beethovens *Für Elise*. Es war die Erkennungsmelodie des Müllwagens, der jeden Abend mehrmals durch die Nachbarschaft fuhr. Sie konnte nicht richtig zu sich kommen, spürte aber in ihrem halbem Dämmer die gütige und zutiefst liebevolle Präsenz von Engeln, die sich um sie herum versammelt hatten. Einer davon erzählte ihr eine Geschichte, die sie ganz deutlich, Wort für Wort, vernahm und später in ihr Tagebuch eintrug.

Die Geschichte hieß *Die Tänzerin im Dunkeln* und ging so: »Sag ja, Ballerina, sag ja. Denn das Leben ist ein Tanz. Jetzt bist du hinter den Kulissen, lugst durch den Spalt im Vorhang und siehst all die anderen im Bühnenlicht tanzen, ganz aufgeregt, wenn sie zurückkehren in den Pausen und am

Ende, sobald der Vorhang gefallen ist. Dein Herz schmerzt so sehr. Du warst auch einmal eine Tänzerin, und du warst gut darin. Doch jetzt bist du verdammt, hinter dem Vorhang zu bleiben und zu beobachten. Du beobachtest dich selbst, du beobachtest die anderen, du weinst. Dein Herz wird zerfressen von den Ratten des Schmerzes, aber du schreist JA und meinst damit Gott. Glaubst du an deinen Tanz? Ach so, du befürchtest, er wird nie wieder kommen? Du wirst verflucht sein, für immer hinter dem Vorhang zu sitzen, vergessen von deinem geliebten Gott. Glaubst du nicht, er sieht seine Tänzerin, die sich die Brust hält vor Schmerzen? Glaubst du nicht, dass er die Melodie ihres Herzens kennt? Du denkst, du bist nicht mehr erwünscht auf der Bühne des Lebens, nicht wahr?

Warte. Warte noch etwas. Eines Tages wechseln die Tänzer. Es dauert nicht mehr lange. Und die von hinten, hinter den Kulissen, treten hinaus ans Licht. Wie sind sie nur so schön geworden? Und wo haben sie diesen Tanz erlernt, der jedermanns Herz berührt? Sie haben ihn sich im Dunkeln selbst beigebracht. In jener Zeit hinter den Kulissen, hinter dem Vorhang. Die wichtigsten Qualitäten sammelst du nicht im Rampenlicht, sondern in der Abgeschiedenheit, wenn göttliche Kräfte mit dir arbeiten. Also übe weiter deinen Tanz im Dunkeln. Eines Tages wirst du ihn im Licht vorführen und nur wenige werden verstehen, dass er im Dunkeln erwuchs, in dem fruchtbaren Boden von Demütigung und Schmerz.«

Am nächsten Tag ließ die Hitze nach. Uma ging es ein wenig besser. Sie war nicht mehr so verzweifelt, so verwundet, nur noch erschöpft, bärbeißig, fast leblos. All ihr Lachen, ihr Charme, ihre Verliebtheit ins Leben waren von ihr gewichen. Kein Wunder, dass sie keine Kunden anzog! Vimal war manchmal lieb mit ihr und manchmal barsch und ruppig. Seine schnell wechselnden Launen ermüdeten sie, aber sie hatte keine Kraft mehr, sich damit auseinanderzusetzen.

Die Ausläufer eines Taifuns, der von den Philippinnen herüberzog, brachten tagelang Regen. Trotzdem zwang sie sich, jeden Morgen aus dem Haus zu gehen, um nicht völlig in Apathie zu verfallen. Die einzige Hauptstraße in der Vorortsiedlung führte durch eine Schneise von gesichtlosen Hochhäusern. Es gab dort nur drei Arten von Geschäften, Immobilienmakler, Restaurants und sogenannte *convenience stores*, die *7-Eleven* und *Family Mart* hießen und alle die gleiche Produktpalette verkauften, Schokolade, Chips, Kosmetika, Fast-Food-Gerichte, Softdrinks, Tee und Kaffee. Ganz am Ende, bevor ihre Straße in eine anonyme Schnellstraße mündete, kam noch ein großes Obst- und Gemüsegeschäft, in dem sie Ananas und Papaya bekam und ihre mageren chinesischen Wortkenntnisse ausbreitete, wie »Dankeschön«, das sich etwa so anhörte wie »Sheshir«, und »Auf Wiedersehen« – »Tan Zien«. Der Himmel über den Hochhäusern war – selbst in Umas Erinnerung – immer grau. Doch in all der vom früheren Sozialismus geprägten Hässlichkeit und Funktionaliät gab es auch hier und da Anmut und Exotik: tropische Bäume, ein Reisfeld am Rande der Straße, in dem ein alter Chinese mit rundem Strohut arbeitete, der aussah wie aus einem früheren Jahrhundert. Uma entdeckte eine Seitenstraße mit alten niedrigen Häusern. Vor einem davon spielten vier alte Chinesinnen Karten, eine getigerte Katze streifte um eine Regentonne, angeleinte Hunde kläfften sie misstrauisch an, und überall hing Wäsche an runden, kreiselförmigen Wäscheständern, wie Uma sie noch nie zuvor gesehen hatte. Kleine Lieferwagen mit lärmender Lautsprechermusik rasten an ihr vorbei und fuhren die Götterfiguren aus den Tempeln spazieren, damit ihnen nicht langweilig wurde.

Am Mittag traf sie Vimal, in dem einzigen Restaurant, dessen Inhaberin englisch sprach, so dass sie vegetarisches Essen bestellen konnten. Sie aßen jeden Tag das Gleiche: Reis oder Glasnudeln und gedünsteten Spargel, Brokkoli und Spinatblätter mit Sojasauce und dazu einen Klecks Wasabi, grüne Merrettichkrem. Meist ließ sie Vimal reden, denn was gab es schon zu erzählen von der völligen Dunkelheit, in der sie sich befand? Die Tage verrannen so langsam, dass sie manchmal das Gefühl hatte, die Zeit bliebe einfach stehen.

Jedes Mal, wenn sie in ihr Apartment zurückkehrte, kam sie an dem Hund vorbei. Die Bulldogge vegetierte in einem winzigen Käfig, so klein, dass sie sich nicht einmal umdrehen konnte, vor sich hin. Der Hund musste noch jung sein, hatte aber jeden Lebenswillen verloren. Er wurde nie aus seinem Zwinger geholt und lag dort in seinem eigenen Kot. Sein eines Auge troff vor Eiter und war bereits erblindet. Er reagierte kaum auf Ansprache, befand sich meist in einer Art Koma aus Trauer und Depression. »Ich fahre zum Longshan Temple und bete für dich zu Kuan Yin«, versprach sie ihm einmal und redete lange auf ihn ein, hoffend, dass irgendetwas in ihrer Stimme ihm Mut machen würde. Und schließlich stand er auf, wenn sie kam, aber er wedelte nie mit dem Schwanz und sein blutunterlaufenes Auge schaute sie so traurig an, dass es ihr das Herz zerriss. Sie sprach mit Arpita über sein Schicksal, doch der alte Chinese, dem die Dogge gehörte, war bereits zornig geworden, als ein anderer Westler, der im Osho-Zentrum arbeitete, sich für den Hund hatte einsetzen wollte. »Halte dich da raus«, warnte Arpita sie, »hier gelten andere Regeln als bei euch.«

Manchmal fragte sich Uma, ob sie nur in Taiwan war, um für die Bulldogge im Käfig zu beten. Sie hielt es für möglich. Wie dunkel war doch dieser Planet! Sie betete genauso oft und leidenschaftlich für den alten Chinesen, dem der Hund gehörte, denn er saß selbst in einem Käfig, dem Zwinger seines harten, engen Herzens, und war genauso blind wie der Hund – nämlich für das Leid der ihm anvertrauten Kreatur.

Als der Regen ein wenig nachließ, fuhr sie mit der MRT, der öffentlichen Schnellbahn, nach Taipei City, um der Göttin Kuan Yin einen Besuch abzustatten. Unterwegs sah sie ein Geschäft, vor dem zwei lebende Schweine – als Werbung für Wohlstand und Glück – kurz angeleint und ohne jede Bewegungsfreiheit auf dem Gehsteig standen. Sie rührten Uma zu Tränen. Ihr eigener Schmerz schien sie für das Leid der anderen immer noch mehr zu öffnen, vor allem für die Not der Tiere.

Inzwischen kannte Uma den Weg zum Longshan Temple gut. Bei jedem ihrer Taiwan-Aufenthalte war sie hierhergekommen, um zum Andenken ihres Vaters ein Räucherstäbchen in die mit Asche gefüllten Kohlebecken zu werfen. Für sie war der Tod von Il Patrone mehr mit dem Longshan Temple verbunden als mit dem Friedhof von Leutenstett. Und auch diesmal herrschte rege Geschäftigkeit. Sie reihte sich in die Warteschlange ein, um ihr Päckchen mit Räucherstäbchen zu erhalten. Eine alte Chinesin bedeutete ihr, dass sie nicht blasen durfte, um sie anzufachen – warum blieb unklar –, sondern den Packen mit der Hand durch die Luft wedeln müsse, bis die einzelnen Stäbchen glühten. Sie tat, wie ihr geheißen, bedankte sich und wanderte dann in dem Innenhof von Tempelnische zu Tempelnische, um überall ein Stäbchen in die drachenverzierten Kohleschalen fallen zu lassen.

Wie immer erquickte der Aufenthalt bei Kuan Yin ihre Seele. Sie liebte Plätze, an denen gebetet oder meditiert wurde. Für Uma waren es die Schaltstellen zwischen dieser und jener Welt, und sie besaß feine Antennen für die Schwingung des jeweiligen Ortes. Als sie vor dem Haupttempel mit der Figur der Kuan Yin angelangt war, verharrte sie lange schweigend. Lauschend. »Was wünscht du dir, Uma?«, fragte eine Stimme – war es ihre eigene oder die der gütigen Göttin? Sie dachte nicht lange nach. »Ich will frei sein vom Leid.« Nie zuvor hatte sie das so klar, so bestimmt, so von

Herzen formuliert. *Ich will frei sein von Leid.* Immer hatte sie eigentlich doch noch etwas anderes gewollt, Liebe, Erfolg, Anerkennung, volle Seminare. Das alles war jetzt wie weggefegt. Zwischen ihr und dem Wunsch nach Freiheit gab es nichts anderes mehr. »Alles Leid kommt vom Ego«, sagte die mitfühlende Kuan Yin. Uma nickte. Das Ego musste immer etwas erreichen – Liebe, Ruhm, Geld, Beifall, Anerkennung, Ehre. Bevor sie den Tempel verließ, kaufte sie noch eine Kette mit einem kleinen Plastikanhänger der Kuan Yin, den sie später oben auf den Käfig des Hundes legte und zwischen den daraufliegenden Lumpen versteckte.

Einige Zeit später las sie, was der russische Mystiker Gurdjieff an einen seiner Schüler geschrieben hatte. Er habe jetzt einen Zustand gefunden, in dem die Sehnsucht seines Herzens zur Wirklichkeit seines gesamten Seins werden könne. Er möge dabei bleiben, bis er eine Kraft entwickelt habe, die durch nichts zu vernichten sei. Obwohl sie sich so kraftlos fühlte wie noch nie zuvor in ihrem Leben, hatte Uma den Eindruck, die Zeilen seien auch für sie bestimmt.

Endlich war das Datum ihres Abfluges da. Sie würde Taiwan allein verlassen, denn Vimal wollte noch bleiben. Ohne sagen zu können warum spürte sie, dass sie sich innerlich von ihrem Geliebten entfernt hatte, als sei sie in einen anderen Zug gestiegen, der sie mit hoher Geschwindigkeit fortführte von ihm. Sie spürte, dass ihre Liebe zu ihm sich verändert hatte. Sie fühlte sich jetzt irgendwie milder, mütterlicher, und häufig hatte sie Mitgefühl mit ihm, ohne genau den Grund nennen zu können. Sie verabschiedete sich von Arpita, und es geschah freundschaftlich und sogar herzlich. Uma sagte nicht, dass sie nicht mehr wiederkommen würde, aber im Herzen wusste sie, dass es vorbei war. Am allerletzten Nachmittag schaute sie nach dem Kofferpacken in ihrem Schlafzimmer, wo sie hinter halb geschlossen Jalousien gelebt hatte, aus dem Fenster. Der alte Chinese stand unten im Hof und hielt eine Leine in der Hand. Er öffnete doch wirklich den Käfig und führte den Hund spazieren, der Mühe hatte, zu laufen, aber freudig, schwanzwedelnd, um seinen Peiniger herumstrich.

Bardo
Zwischenzustand

Als Uma dieses Mal nach Deutschland zurückkehrte, war sie eine andere. Sie fand es nicht mehr so wichtig, wer sie war oder was sie darstellte, nicht einmal, was aus ihr wurde. Sie wollte überhaupt nichts mehr sein, schon gar keine Lehrerin – die Identifikation damit schien ihr besonders lächerlich zu sein. Sie hatte auch keine Wünsche oder Hoffnungen, keine Ziele oder Pläne mehr. Warum etwas aufbauen, sich damit identifizieren, wenn sie es dann doch, unter Schmerzen, wieder loslassen musste? Sie war durchscheinend geworden, ein Schemen, und manchmal nannte sie sich scherzhaft einfach »Flux«. Das stand für fließende, sich ständig verändernde Formen und Strukturen, nichts Festes.

Warum war ihr all dies widerfahren? »Weil du bereit bist«, hatte Osho gesagt. War wirklich sie damit gemeint gewesen? Es kam ihr vor, als hätte sie ein selbst für sie unsichtbares Zeichen ins Universum geschickt – das Zeichen, bereit zu sein. Bereit zu was? Vielleicht zu Gott zu kommen, ohne Bedingungen zu stellen?

Sie saß zuhause auf der Couch, an ihrem Lieblingsplatz, und versuchte andächtig aus dem Scherbenhaufen ihres Lebens Stück für Stück ein neues Puzzlebild zu legen. Sie konnte nun deutlich die Konturen ihrer stärksten Konditionierung, ihres hauseigenen Gefängnisses, erkennen:

Sie versuchte immer zu gefallen. Wenn sie gefiel, so sicherte ihr das ihren Platz, ihre Existenzberechtigung, ihr Leben. Ihre Trumpfkarten waren Aussehen, Charme, Talent, Intelligenz und Sex. Seit sie den Meister kannte, versuchte sie, gut zu sein, ein Licht für die Welt. Aber Gott hatte »Nein« gesagt. Er behauptete: »All das brauchst du nicht. Denn das bist du schon. Deine Bemühungen sind sinnlos. Versuche nicht, herumzulaufen, gut zu sein, gut auszusehen oder Gutes zu tun, um dir selbst oder anderen zu beweisen, dass du einen Wert hast. Das sind nur Gefängnismauern, Konditionierungen aus deiner Kindheit, und später von der Gesellschaft. Folge deiner inneren Wahrheit, deinem Herzen, deiner Intuition.« Er riss ihr alle falschen Perlen, die so schön glitzerten, aus der Hand. Und jetzt saß sie da, ohne all den Tand, nach dem die Gesellschaft lechzte, für den sie ihre Seele verkaufte.

Dies war ein Wendepunkt: Wollte sie weiter nett sein und gefallen, oder wollte sie eine Meisterin werden – oder doch wenigstens ihr eigenes Leben meistern? Sie musste sich entscheiden. Aber wie stellte sie das an? Wie konnte sie einen neuen Weg einschlagen? Sie hatte kein Geld, keine Kunden und gab kaum noch Seminare.

Als sie aus einer göttlichen Fügung heraus Geld von der Steuer zurückbekam, kaufte sie sich sofort ein Flugticket nach Indien. Nach nichts sehnte sie sich so sehr, wie nach Hause zu kommen, zur Mutter, in das Land ihrer Meister und an den einzigen Ort, an dem es nicht als vollkommen absurd und verrückt galt, sich auf die Suche nach Gott und damit nach dem eigenen, wahren Selbst zu begeben. Sondern im Gegenteil: wo es als die einzig lohnenswerte Sache der Welt erschien!

Aber vorher musste sie ihr Vertrauen zurückgewinnen – nicht nur in sich selbst, sondern auch darin, dass es eine göttliche Ordnung und Weisheit gab, die sich ihr auf dieser

Ebene, auf der sie hier dachte und lebte, nicht erschloss. Irgendwie musste es ihr gelingen, Vertrauen darin zu entwickeln, dass ihr Leiden einen tieferen Sinn hatte und dass die dunkle Nacht ihrer Seele nicht ewig andauern würde.

Kein Meister, kein Engel, keine Meditation, kein Freund hatte ihr bisher Antwort geben können auf das bohrende »Warum?« – aber ein paar Monate später sollte in Indien etwas geschehen, was sie nie für möglich gehalten hätte: Auf Maharajjis Terrasse würde aus dem Buddhafeld eine Antwort aufsteigen, die ihr den Atem raubte. Es würde Maharajji sein, der sie heilte, der sie wieder auf die Beine stellte, der auf seine einfache Art Sätze sagte, die sie verstand, mehr mit dem Herzen als mit dem Kopf.

Doch noch saß sie in München, und die früh einbrechende Dunkelheit der späten Novembertage legte sich schwer auf ihr Gemüt. Sie war nicht mehr verzweifelt, sondern auf eine traurige Art abgeklärt, beinahe weise.

An manchen Vormittagen fuhr sie mit dem Fahrrad zu einer kleinen Bäckerei, die sie besonders liebte. Dort suchte sie sich immer einen Platz an dem großen Fenster, das bis zum Boden reichte, bestellte einen Cappuccino und ein Rosinenbrötchen und sah hinaus. Rosinenbrötchen, die sie an ihre Kindheit erinnerten, waren für Uma der tröstlichste Schmaus, den es auf der Welt gab. Dann nippte sie an ihrem Kaffee, zerkrümelte ihr Brötchen und versank in die Beobachtung der Passanten.

Es war eine belebte Einkaufsstraße in einer Münchner Vorstadtgegend, in der Uma viele Rentner sah, Mütter mit Kindern, Handwerker, türkische Hausfrauen, Jugendliche auf dem Weg zur Schule, ein paar versprengte Touristen, kaum Geschäftsleute. Jeder von ihnen besaß seine eigene Geschichte, lebte in seinem Kosmos von Gedanken, Wünschen, Sehnsüchten, Hoffnungen, Erwartungen, aber auch Enttäuschungen, Niederlagen, Kummer, Zorn und Sorgen. Es faszinierte Uma, in den Gesichtern zu lesen, fremdes Schicksal in sich aufzusaugen, für einen Moment, wenn auch nur vorstellungsweise, in ein anderes Leben einzutauchen ... mehr noch, es beruhigte sie.

Bereits seit Mahindra fühlte sie sich den Menschen tief verbunden, doch nun hatte sich dieses Gefühl vertausendfacht. Alte oder Kinder rührten sie besonders. Einmal beobachtete sie einen kleinen dicken Jungen, der schluchzend mit einem viel zu großen Schulranzen etwa zehn Schritte hinter seiner Mutter herrannte. Die Mutter ignorierte ihn und seinen Kummer, in ihrer Haltung lag etwas Hartes, Unerbittliches. Nichts würde sie dazu bringen, sich umzudrehen, ihn von seinem Ranzen zu befreien und in die Arme zu nehmen. Uma fühlte so sehr mit ihm, dass sie sofort ein Gebet sprach und ihm einen Engel sandte. In diesem Moment legte der kleine Junge beide Arme um sich selbst und stolperte, sich selbst umarmend, weiter hinter seiner kühl vorauseilenden Mutter her. Was für ein Abenteuer war doch das Leben! Wie wagemutig von jedem von ihnen, auf diesen Planeten zu kommen.

Hier saß Uma also, beinahe selbst schon wie eine Rentnerin, hatte Mitgefühl mit jedem Hund, der vorbeistrich, schrieb zuweilen in ihr Tagebuch und blickte nach draußen. Und hier, bei diesem Münchner Vorstadtbäcker, erfuhr sie auch eines ihrer großen Erleuchtungserlebnisse nach der harten Lehrzeit in China. Es war ein »Aha!«, eine Art »Heureka!« ihres Geistes, und dabei begriff Uma gleichzeitig mit ihrem ganzen Wesen und bis auf Zellebene, was sie begreifen musste.

Es geschah, als vor dem Fenster der Bäckerei eine junge Frau vorbeispazierte, die in einem offenen Kinderwagen, einem Buggy, ein etwa anderthalbjähriges Mädchen vor sich herschob. Sie lächelte das Kind an und beschäftigte sich mit ihm, doch plötzlich klingelte ihr Handy. Die Mutter wandte sich von der Kleinen ab und sprach nun in das Telefon, ohne sich weiter um sie zu kümmern. Uma beobachtete das Gesicht der Kleinen und las mühelos ihre Gedanken. Das kleine Mädchen versuchte krampfhaft herauszufinden, was das für ein merkwürdiges Ding war, das immer mal wieder bimmelte und dann die gesamte Aufmerksamkeit ihrer Mutter von sich abzog und den Strom der Zuneigung versiegen ließ.

In diesem Moment durchfuhr Uma ein Moment der Klarheit. Sie erlebte eine Augenblickserkenntnis, eine Epiphanie. Für dieses kleine Kind war die Mutter wie Gott. Jeglicher Zustrom von Liebe, Aufmerksamkeit, Nahrung, Wärme, Zerstreuung kamen von ihr, sie war die Quelle aller Wohltaten, sie sicherte das Überleben. Doch diese Quelle lag im Außen und war nicht wirklich zu kontrollieren.

Als Erwachsene verändern Menschen ihre Sichtweise gar nicht mehr so sehr, auch wenn sie in der Gesellschaft später ohne ihre Mutter überleben können. Der Zustrom von Liebe, Wärme, Aufmerksamkeit, Zärtlichkeit, Wohltaten erreicht sie dann durch ihren Partner oder durch Kinder, Freunde, Haustiere oder die Anerkennung und den Erfolg im Beruf. Wiederum liegt die Quelle im Außen. Oder besser gesagt: immer noch. Aber durch Christus, Buddha und alle Meister wissen wir: »Die Quelle liegt in dir!« Es musste also eine enorme Verschiebung aller Gewohnheiten, Muster, Werte, ja selbst frühkindlicher Prägungen stattfinden, um von den Außenquellen, die jederzeit versiegen können, zu den Quellen im Inneren zu gelangen. Umas Lebensglück war nicht abhängig von ihrem Partner, ihrer Familie, ihren Kindern, ihrer Arbeit oder ihrem Aussehen, nicht von Geld, Erfolg oder Anerkennung.

Und um ihr das beizubringen, waren die Meister oft so grausam, packten sie am Kopf, hielten ihn in einen Schraubstock und zwangen sie, in die entgegengesetzte Richtung zu jener zu schauen, welche die Gesellschaft vorgab. Die Gesellschaft richtete den Blick auf die Oberfläche der Dinge, strebte beständig danach, das Glück in äußeren Quellen zu finden: ein Haus, ein Auto, Karriere, eine Familie, Urlaub auf den Bahamas – das galt als erfolgreiches Leben. Von außen betrachtet. Dabei wusste jeder, das all dies nicht schützte vor Trauer, Depression, Leere, Einsamkeit, den monströsen Gedanken im Inneren.

Uma befand sich auf einem völlig anderen Weg, sonst wäre sie nie zu den Meistern gelangt. Es war schön, ihnen zuzuhören, aber wehe, man ließ sich ernsthaft auf sie ein, blieb bei ihnen und gelangte in ihre Fänge. Dann begann die praktische Arbeit, die Waschmaschine mit den vielen Schleudergängen. Dann erweiterte sich die Sicht auf das Wesentliche: Liebe.

Mahindra hatte Frau von Mühlenscheidt alle Zuneigung und Liebe geschenkt, sie förmlich damit überschüttet, während Uma leer ausgegangen war. Wie sie meinte. Mit Osho hatte sie erlebt, dass Vimal alles bekam, von dem sie träumte, während sie, wie Sterntaler, auch noch ihr letztes Hemd weggeben musste, ohne Liebe zu erfahren. Wie sie meinte. Uma erinnerte sich auch an Geschichten um Osho, die Vimal ihr erzählt hatte. Manchmal verschenkte Osho eine teure Uhr oder eine seiner Mützen an irgendeinen Schüler – und ein anderer, der danebenstand, vielleicht genauso viel oder mehr gegeben hatte für den Meister, wurde überhaupt nicht beachtet. Es gab so viele Günstlinge in Oshos Umfeld und so viele »Nichtse«, wie Uma nun einer zu sein glaubte. Aber was nach außen hin unverständlich und herzlos wirkte, war im Grunde nichts anderes als die strenge Liebe, der Kuss des Meisters, für denjenigen, der bereit war, nach innen zu gehen und sich dem einzigen Ort zuzuwenden, von dem die Liebe kommen konnte: *the Buddha inside,* dem Gott im Inneren.

Solange sie, Uma, und all die anderen Schüler, weiter am Rockzipfel der Meister hingen, war die eigene Quelle noch nicht gefunden. Obwohl Jesus es ihnen gepredigt hatte:

»Das Himmelreich ist inwendig in euch«, und Buddha es ihnen zum Vermächtnis gemacht hatte: »Sei dir selbst ein Licht.« Obwohl alle indischen Meister, die Uma kannte, unablässig wiederholten: »Ich bin nur der Finger, der zum Mond zeigt« – die meisten Schüler blieben Babies, saugten den göttlichen Nektar aus der Brust des Meisters, folgten ihm auf Schritt und Tritt und weigerten sich, auf ihre Art, erwachsen zu werden.

Hatte Uma deshalb Mahindra verlassen? Um endlich erwachsen zu werden? Und Osho hatte nur noch mehr auf sie eingehämmert, damit sie es endlich verstand:

Wenn ich dich einweihe, will ich damit nur eines tun – dir helfen, dass du dein eigenes Zuhause findest. Sobald du in deinem eigenen Sein zentriert bist, ist mein Werk getan. (23)

Das kleine Mädchen im Kinderwagen wurde unruhig und begann zu jammern. Die Mutter steckte das Telefon weg und wandte sich der Kleinen wieder zu. Ihr Gesicht hellte sich sofort auf, sie streckte glucksend die Hand nach der Brezel aus, welche die Mutter aus der Tasche gekramt hatte, um sie zu trösten. »Wenn das nur nicht so verdammt schwer wäre«, dachte Uma und wandte den Blick von den beiden ab.

Sie hatte etwas verstanden. Die Wahrheit war gar nicht so verborgen. Aber um sie zu entschlüsseln und in ihrer Totalität zu ermessen, nicht mit dem Kopf, dem Intellekt, sondern mit dem ganzen Empfinden, aus dem Innersten ihres Herzens heraus, musste sie sich in die tiefsten Tiefen der Unterwelt hinabbegeben und dort nach dem Gold schürfen. Nur durch eigene Erfahrung konnte sie den Schatz der Weisheit heben. Alles andere war angelesen und wieder nur ein Finger, der zum Mond zeigte.

Auf diesem Weg, dem Weg der Meister, gab es keine Trittbrettfahrer. Auch war nichts umsonst, man musste hart an sich arbeiten, darüber gab Uma sich nach so vielen Jahren keiner Illusion mehr hin. Und das, wo die Meister doch nicht aufhörten zu beteuern, dass jeder Mensch von Anfang an alles war, was er immer sein wollte! Ein göttlicher Geniestreich, dem es nach Umas Ansicht nicht an Humor fehlte: Sie war – *angeblich* – Gott! »Ich und der Vater sind in Wahrheit eins«, hatte Christus gesagt und, anders als die Kirche meinte, nicht nur von sich, sondern von ihnen allen gesprochen. Das zu erkennen, fiel Uma immer wieder schwer, es brachte sie definitiv an ihre äußersten Grenzen ...

Aber dafür war sie hierher gekommen. »Dein Weg zu Gott, Uma«, hatte die Stimme in Taiwan zu ihr gesagt, als ihr nichts mehr einfiel, wofür es sich zu leben lohnte, nachdem alles andere, ihr ganzes frühes Leben, weggefallen war. – Sie stand auf und zahlte. Noch war ihr nicht ganz klar, wie sie damit eigentlich umgehen sollte. Anders als nach ihren ersten drei Lehrjahren bei Mahindra, als diese immense Herzensöffnung in ihr stattgefunden hatte, war die neue Uma in sich gekehrt, waidwund und ohne den Hauch einer Vision. Der Satz, den sie fortan am häufigsten wiederholte, lautete schlicht: »Dein Wille geschehe!«

Alles, was wirklich zählte im Leben, lag außerhalb ihrer Kontrolle. Und alles, was sie von nun an lernen musste, war loszulassen und zu vertrauen. Die alte Uma war tot – die neue noch nicht wirklich geboren. Sie befand sich, wieder einmal, im Bardo.

Der Dezember rückte näher, die Tage wurden noch kälter, dunkler, kürzer. Uma genoss das Leben mit ihrer jüngsten Tochter, liebte es, für sie zu kochen, zu sorgen, noch einmal in ihrer Mutterrolle aufzugehen, wohl wissend um das nahe Ende ihrer gemeinsamen Zeit.

Eines Tages, als sie ihre Kommode aufräumte, fiel ihr die abgeschnittene Hälfte eines blauen Baumwollkleids in die

Hände. Es stammte aus dem kleinen Trennungsritual, das sie mit ihrer ältesten Tochter kurz vor deren Fortgehen gefeiert hatte. Ein halbes Kleid, ihre Hälfte, die zurückgeblieben war. Fast ein Jahr war das jetzt her ...

Lara hatte sie in den letzten Monaten vor ihrem Auszug fast in den Wahnsinn getrieben mit ihrem rastlosen Nachtleben, ihrem Zimmer, das in seiner Mischung aus Unrat, Hühnerknochen, halbfertig gemalten Ölbildern, Bergen von dreckiger Kleidung auf dem Boden, alten Zeitungen und Kaffeetassen, die halbgefüllt vor sich hinschimmelten, der Absteige eines Penners glich. Immer roch es, wenn Uma daran vorbeiging. Nachts konnte sie nicht schlafen, weil Lara in der Wohnung herumgeisterte, kam und ging, bis tief in die Nacht Anrufe empfing, auf dem Balkon noch eine Zigarette oder einen Joint rauchte. Sie trafen sich in der Früh in der Küche, wenn Lara sich noch ein Bier aus dem Kühlschrank holte, und Uma aufstand, um sich einen Tee zu kochen vor ihrer Morgenmeditation.

»Mütterchen«, nannte Lara sie damals oft, halb liebevoll, halb mitleidig, als sei sie bereits steinalt und verstehe nichts mehr von der Welt, Laras Welt, jener Subkultur mit ihren Chatrooms, Piercings, Techno-Beats und After-hour-parties, die um sieben Uhr morgens begannen. Ihr »Mütterchen«, das sich Sorgen machte, ob Lara genug Vitamine bekam, auch mal einen Apfel aß, im Winter einen Schal trug ... Dieses Mütterchen war überflüssig geworden mit seiner Fürsorge, die jetzt nur noch eine Last war – wie ein altmodischer Kragen, der einen beim Laufen behindert. Es wurde Zeit, sich zu trennen.

Aber als es dann geschah, Lara endlich ihre Kisten packte und der Unrat müllsäckeweise aus dem Haus geschafft wurde, da hatte Uma sich nur halb erleichtert gefühlt. Es hatte ihr das Herz zerrissen, als verließe sie ihr Geliebter, mit dem sie in den letzten zwanzig Jahren zusammen war, ihre große Liebe, ihr erster Guru, ihr Baby. Feine Fäden hatten sie fest eingewoben in einen Mutter-Tochter-Kokon. Es drängte sie nach einer Lösung, und sie fanden sie in einem Ritual, einem äußeren Zeichen der Befreiung. Uma kaufte ein großes blaues Wickelkleid, hüllte sie beide darin ein, und sie lauschten engumschlungen, umwickelt, auf dem Boden ihres Schlafzimmers einem Mantra von Krishna Das. Dann nahmen sie eine Schere, zerschnitten beide einen Teil des Kleides in der Mitte, sich voneinander befreiend. Jede von ihnen erhielt ein halbes Kleid. Vor einem Jahr war das gewesen ...

Uma setzte sich auf ihr Bett und vergrub ihr Gesicht in dem blauen Stoff. Loslassen. Freigeben. Nicht zurückschauen. Nicht sentimental werden. Sich nicht sehnen nach einer Zeit, die nur in der Erinnerung immer golden war.

Mahindra, Sebastian, Lara, die drei wichtigsten Personen ihres Lebens, abgesehen von Helen, waren fort. Ihre Arbeit war kaum noch existent, ihr Selbstwertgefühl auf Null geschrumpft. Sie war *Flux*. Was, im Himmel, konnte sie jetzt noch loslassen?

Ein paar Monate später, in Indien, auf Maharajjis Terrasse, als sie ihn fragte, was denn all dies zu bedeuten habe, wie es sich einordnen ließ und Sinn machen könnte, da antwortete er schlicht: »Take it as God's Gift!« – Nimm es als Geschenk Gottes. Was für eine Lektion!

Seit fünfzehn Jahren flog Uma nun schon jeden Winter nach Indien, und seit sie mit Vimal zusammen war, verbrachte sie einen Teil ihrer Zeit stets im Osho Meditation Resort, den anderen in Laxman Jhula am Ganges. Anfangs musste sie sich an das Resort gewöhnen, doch nach und nach begann sie diesen Platz innig zu lieben. Zum einen, weil es ein so ungewöhnlicher und ästhetischer Ort war, der immer noch das Flair des Meisters atmete. Zum anderen, weil sie dort ein Ahnung bekam von der Freude, der Kreativität, der Anmut und Lebendigkeit, die Osho seinen Sannyasins eingeflößt hatte, von jenem Wagemut, das Leben zu feiern und sich gleichzeitig in die Existenz hinein zu entspannen. Das war es, was sie so sehr an ihm liebte, diese vielen verrückten, wahren, wundervollen Vorschläge, Einsichten und Ideen, die sich allesamt so anhörten, als kenne Osho Umas Planeten – vielleicht besser als sie selbst.

Lebe auf dem Marktplatz und erschaffe einen Himalaya im Herzen. Werde lautlos im Lärm. Sei so in der Welt, doch lass nicht zu, dass die Welt in dir ist. Liebe, doch verliere dich nicht darin. Nimm Verbindung auf und sei doch allein, vollkommen allein. Wisse zweifelsfrei, dass jede Beziehung ein Spiel ist. Spiel das Spiel, und spiel es so schön wie möglich und so geschickt wie möglich. Immerhin ist ein Spiel ein Spiel und muss schön gespielt werden. Und befolge alle Spielregeln, denn ein Spiel kann ohne Regeln nicht existieren. Doch denke immer daran, dass es nur ein Spiel ist. Mach dich nicht abhängig davon. Nimm es nicht zu ernst. Erlaube dir stets, dass eine Spur Humor in dir lebendig bleibt. Sei aufrichtig, aber nicht zu ernst. Dann wirst du ganz allmählich erkennnen, dass die Polaritäten sich auflösen. (24)

Als Uma in diesem Winter ins Resort kam, meldete sie sich sofort zur »Mystic Rose« an. Osho hatte die Meditation erst 1988, zwei Jahre vor dem Verlassen seines Körpers, begründet. Der Prozess dauerte drei Wochen. Am Anfang würde sie sieben Tage drei Stunden lachen, danach sieben Tage drei Stunden weinen und in den letzten sieben Tagen drei Stunden still sitzen und nach innen gehen. Eines Vormittags trafen Vimal und sie auf Darshan, eine ältere Inderin und eine der wenigen Sannyasins, die im Resort lebte. Sie kannte Osho noch aus frühesten Zeiten. Darshan lud sie beide auf ihr Zimmer ein und fütterte sie dort mit Süßigkeiten. Uma war lange genug in Indien gewesen, um das Wunder würdigen zu können. Osho benutzte diese alte Dame als Werkzeug, um Uma

Prasad, gesegnete Speise, zu geben – genau einen Tag, bevor sie die »Mystic Rose« begann.

Es war schwierig, Nichteingeweihten die Bedeutung von *Prasad* zu erklären. Genau genommen handelte es sich um einen alchemistischen Prozess, dessen Geheimnis sich Außenstehenden entzog. Es galt mitzumachen, sich einzulassen, sich zu öffnen für den Meister und seine Arbeit – was oft genug einer Operation am offenen Herzen gleichkam –, dann erst entfaltete das *Prasad* seine Wirkung. Ganz am Anfang, als Uma ihren Meister Mahindra kennen lernte, hatte er sie jedes Mal, wenn sie sein Zimmer betrat, mit irgendetwas gefüttert, Pistazien, Kekse, Rosinen, ein schrumpeliger Apfel. Manchmal hatte sie abgelehnt, weil sie gerade erst vom Frühstück kam, aber er bestand dann darauf, dass sie zumindest einen Bissen zu sich nahm. Später erst verstand sie. Durch die Speise nährte er sie mit seinen Schwingungen – so, wie einst Jesus seine Jünger beim Abendmahl. Wenn sie auch nicht genau wusste, wie das vor sich ging, nahm sie bald schon alles, was aus seinen Händen kam, begierig an und schlug nie wieder eine gesegnete Speise aus.

Auch bei Maharajji erhielt Uma oft *Prasad*. Hier bestand es meist aus einem kleinen rechteckigen Stück Konfekt, *Barfi* genannt, Zucker, der lange in Milch gekocht wurde und für indische Verhältnisse teuer und eine Delikatesse war. Die meisten Westler schienen auf *Barfi* nicht besonders erpicht zu sein, aber für Uma war es eine Götterspeise.

Sie nahm das erhaltene Konfekt wieder mit auf die Terrasse vor Maharajjis Zimmer, setzte sich damit in die Sonne und verzehrte es voller Achtung und mit höchstem Genuss, ein wachsames Auge auf Krishna gerichtet, wie der hier lebende Hund hieß, der ebenfalls eine Vorliebe für *Barfi* besaß und ihr das Teil schon ein paar Mal aus den Fingern geschnappt hatte. Sie aß selbst dann noch ihr *Barfi*, wenn sie wegen der in Laxman Jhula so häufigen Durchfall-Erkrankungen ansonsten gar nichts mehr bei sich behielt und nur noch von schwarzem Tee lebte. Mit *Prasad*, so erschien es zumindest Uma, nahm sie ein Stückchen vom Meister, seiner Liebe und seiner klaren Verbindung zum göttlichen Ursprung auf. Es übertrug sich auf sie, kreiste in ihr, erinnerte sie und wies ihr den Weg zurück zu Gott, als habe sie die Magnetnadel eines Kompass verschluckt.

Und nun hatte Osho es geschafft, ihr *Prasad* zuzustecken, obwohl er vor achtzehn Jahren seinen Körper verlassen hatte. Mochten andere es für Zufall halten, Uma lebte schon lange in einer anderen Welt, einem magischen Kosmos, einem Netzwerk aus Zeichen, Botschaften, Osho-Zitaten, Gedichten, Büchern, E-Mails und Fotos, die immer zum richtigen Zeitpunkt eintrafen und genau die Nachricht brachten, die in diesem Moment gerade besonders wichtig für sie war.

Uma empfand die »Mystic Rose« wie einen großen, abschließenden Reinigungsprozess ihrer schier endlosen inneren Transformation. In der Lach-Woche wurde sie auch prompt krank und bekam am dritten Tag hohes Fieber. Doch Vimal, der Gruppenerfahrene, hielt sie bei der Stange: »Das ist nur dein *Mind*, der dir einen Streich spielt, damit du nicht im Prozess bleibst. Mach weiter, bleib in der Gruppenenergie, selbst wenn du nur in einer Ecke des Raumes sitzt.« Also nahm sie all ihre Kräfte zusammen, lachte sich drei Stunden lang jeden Morgen das Herz aus dem Leib, sank dann vor dem Gruppenraum auf einer Bank zusammen und wartete auf Vimal, der sie auf seinen Motorroller packte und sofort ins Bett brachte. Sie aß nichts mehr, trank nur frische Kokosmilch und schlief bis zum nächsten Morgen. Am sechsten Tag des Lachens verschwand das Fieber ebenso plötzlich wieder, wie es gekommen war. Aber die Entgiftung war noch nicht zu Ende.

Nun würde sie sieben Tage weinen. Am Anfang weinte Uma noch um sich selbst, am meisten über den Verlust ihrer heiligen, kleinen Familie, wie sie sie unablässig nannte, sie wusste selbst nicht warum. Auch darüber, dass sie Mahindra verlassen hatte, vergoss sie endlos Tränen. Doch über Taiwan, Arpita und all die Ungerechtigkeiten, die ihr dort widerfahren waren, weinte sie nicht. Im Gegenteil, in der Lachphase, als ihr all die Demütigungen noch einmal in den Sinn kamen, fand sie es plötzlich zum Brüllen komisch, wie ihr Ego von allen Seiten niedergeboxt worden war.

Am Ende des zweiten Wein-Tages veränderte sich etwas in ihrem Inneren, als sei ein Schalter umgelegt worden, und sie weinte nur noch über das Leid der anderen. Menschen, denen sie unbewusst wehgetan hatte, ein Mädchen, eine Freundin ihrer Kinder, das an der Glasknochenkrankheit gestorben war, über Wale, die getötet wurden, Hühner, die in Legebatterien verendeten, Kälbchen, die kaum geboren auf die Schlachtbank kamen, ja sie weinte sogar über eine Kakerlake, die Vimal erst neulich vor ihren Augen zerquetschte hatte, weil Uma im Bad laut aufgeschrien hatte. Sie weinte über alles Leid der Welt und stellte fest, dass es größer war, weit größer, als ihr eigenes.

Jeden Mittag tauchte sie mit verquollenem Gesicht und angeschwollenen Augenlidern aus dem Gruppenraum auf, setzte ihre Sonnenbrille auf und wandelte gedankenverloren unter den raschelnden Bambusbäumen des Resorts umher, bis sie eine leere Bank fand. Sie wandte ihr Gesicht der Sonne zu, lauschte dem Ruf der Pfauen und dem Schrei des Kuckucks. Manchmal fiel ihr ein Satz aus einem Osho-Zitat wieder ein, das immer am Ende der drei Stunden eingespielt wurde:

Wenn du in der Meditation verwurzelt bist, werden dir Flügel des Mitgefühls wachsen. Deshalb sage ich dir, dass ich dir zwei Dinge geben möchte: Wurzeln in dieser Erde und Flügel in jenem Himmel. Meditation ist wie die Erde, sie ist immer im Hier und Jetzt; und jetzt, genau in diesem Moment, kannst du deine Wurzeln ausbreiten. Tu es. Sind deine Wurzeln erst einmal da, werden deine Flügel bis in den höchsten Himmel reichen. Mitgefühl ist der Him-

mel, Meditation ist die Erde, und wo Meditation und Mitgefühl sich treffen, wird ein Buddha geboren. (25)

Dann kamen die sieben Tage Stille, bei denen schließlich sogar ihre innere Stimme verstummte und Uma einfach nur noch lauschte, beobachtete, ihre wache Präsenz genoss. Das Leben wurde plötzlich tiefer, weil so vieles gleichzeitig geschah. Lauschen, fühlen, beobachten, tiefer und tiefer in sich hineinfallen, Empfindungen aufsteigen und wieder verschwinden lassen. In solchen Momenten konnte es vorkommen, dass sie unversehens Eingebungen hatte, Botschaften erhielt oder Einsichten in ihr Leben bekam. Und dann natürlich die Stunden, in denen ihr *Mind* sie unentwegt fortlockte, auf ausschweifende Gedankenreisen entführte oder, was noch anstrengender war, herumnörgelte und sich furchtbar langweilte wie ein fünfjähriger Junge beim Gottesdienst. Aber egal, was geschah, es gab keine gute oder schlechte Meditation, nur den Zeugen, der alles beobachtete – die Gedanken und die Lücken zwischen den Gedanken, den Atem, der auf- und abstieg, Gefühle, die kamen und gingen, Geräusche, die einsetzten und wieder verebbten, Gerüche, die hereinwehten und wieder entschwanden.

Am Ende der drei Wochen hatte Uma das Gefühl, in ihrem Inneren einen größeren, weiteren Raum erschaffen zu haben. Um sich selbst zu feiern, zog sie am letzten Tag des Prozesses das »Brautkleid« wieder an, das sie vor ein paar Jahren zu ihrer Sannyas-Feier getragen hatte. Es kniff in den Achselhöhlen. Uma war entzückt. Sie war aus ihren alten Kleidern herausgewachsen.

Sie verschenkte das zu klein gewordene Brautkleid an eine Teilnehmerin aus ihrer Gruppe und kaufte sich eine schlichte Robe. Sie kam sich jetzt ganz sauber vor. Fünf Jahre lang war sie eingeseift und abgeschrubbt worden, hatte Zeter und Mordio dabei geschrien, und nun, am Ende der »Mystic Rose«, stieg sie aus der Wanne, duftend und rosig. Als sie

Mahindra verließ, war sie eine Königin gewesen. Mit Osho hatte sie alle Würden und Ämter, alle Kleider und Insignien ihrer Macht ablegen und zum Niemand werden müssen. Nun war sie ein kleines Mädchen, unschuldig, sauber und nackt.

Sie blickte sich im Resort um, las im Gesicht manch eines würdevollen, wichtigen, schwarzgekleideten Therapeuten, der vollkommen in seiner Rolle aufging, und lächelte versonnen in sich hinein. Da war nichts, kein Vergleich, kein Schmerz, kein sich aufbäumendes Ego. Sie war angekommen – zumindest war es ein Etappensieg, ein gelbes Trikot auf ihrer ganz persönlichen Tour d'Osho.

Eine Woche nach dem Ende der »Mystic Rose« verließen Uma und Vimal das Resort, um nach Laxman Jhula zu reisen. Sobald Uma an den Ganges kam, entspannte sich etwas in ihrem Inneren. Die letzten Jahre mit Vimal, die Skorpioninsel Korfu, Taiwan und die strenge Schule von Arpita, ihr ganzes Leben als Sannyasin, all das erschien Uma, als sei sie beständig durchs Feuer gegangen. Als sie jetzt nach Laxman Jhula kam, fühlte sie sich wieder verbunden mit ihrem eigenen Element, mit dem Wasser und dem Fluss, Mutter Ganges – als gelange sie nach einer langen Durststrecke durch die Wüste endlich an eine Oase, wo sie Wasser erhielt und ihre Wunden verbunden wurden.

In ihrem ersten Jahr auf Maharajjis wundervoller Terrasse hatte sie den Meister, unschuldig wie ein Kind, einfach nur gefragt: »Kannst du mir helfen?« Und dann hatte er seine Arbeit begonnen und ihr Herz feingestimmt wie ein Instrument. Einmal hatte er ihr sogar erklärt, wie er dabei vorging: »Bleib einfach hier und sieh zu, was geschieht. Sei offen und bereit für mein Spiel mit dir. Ich werde auf dir spielen wie auf einem schönen Instrument. Dein Herz muss nur gestimmt werden, dann wird es auch wieder singen können.«

Nichts war ihr damals so wichtig gewesen wie morgens auf Maharajjis Terrasse zu sitzen. Und so war es auch jetzt wieder. Sie ging eingemummelt in indische Schals und kratzige Wolldecken in den Ashram, denn am frühen Morgen, wenn der Wind von den Bergen kam, war es auf seiner Terrasse windig und kühl. Immer wenn sie durch das Gittertor schritt und den Boden des Ashrams betrat, murmelte sie den Satz: »Ich erkenne jetzt mein wahres Selbst.« Und wenn sie es einmal vergaß, kehrte sie um und betrat den Ashram erneut. Sie wollte, dass Maharajji, das Buddhafeld um ihn herum, das Universum, vor allem aber sie selbst und ihr innerer Meister wussten, dass dies ihre klare Absicht war, der einzige Grund ihres Hierseins: *ihr wahres Selbst zu erkennen.*

Sacha Dham war ein traditioneller indischer Ashram. Er bestand aus einem großen Hof, mit einem zweistöckigen Gebäude rechter Hand, in dem die meisten Bewohner des Ashrams lebten. Am Ende des Hofes befanden sich die Kuhställe mit den heiligen Kühen, welche die Ashram-Bewohner mit Milch versorgten. Dahinter, mit Blick auf den Ganges und einem kleinen runden Zaubergarten, erhob sich ein entzückendes rosa Haus, in dem Shanti Mayi wohnte, die amerikanische Schülerin von Maharajji. Links vom Eingang des Ashrams lebte Maharajji in nur einem Zimmer eines niedrigen Gebäudes gegenüber der großen Halle, in dem die Satsangs stattfanden und in der sich auch der Tempel befand. Sein Wohnhaus besaß an zwei Seiten einen breiten, offenen Gang, der vergittert war, um die Affen fernzuhalten. Die Westler zogen bereits am Eingang dieses Ganges, der sogenannten Terrasse, ehrerbietig ihre Schuhe aus, während die Inder ihre anbehielten. Dies war eines der vielen Geheimnisse, die sich nicht erklären ließen. Ebenso wie die Tatsache, dass die Terrasse fast nie geputzt wurde, während man überall sonst auf Sauberkeit achtete.

Uma versuchte nicht, diese Dinge zu ergründen, denn der Ashram war für sie ein rätselhafter und undurchsichtiger

Kosmos mit eigenen Gesetzen, in dem westliches Denken nicht weiterhalf. Und wer sich in den Widersprüchlichkeiten des indischen Lebens verlor, versperrte sich damit nur selbst die Tür zu jenem Strom von Liebe, Einsichten, Visionen und Erfahrungen, der von Maharajji ausging und all jene erfasste, die ihr Herz offen hielten.

Uma verbrachte jeden Morgen etwa eine Stunde auf der Terrasse, bis das Kirtan-Singen der Inder im Tempel, das von einem Lautsprecher auf den Hof übertragen wurde, beendet war. Sie liebte die Sanskrit-Gesänge, die direkt in ihr Herz gingen und ebenso Teil der Meditation waren wie der Wind, das Bellen der Hunde, das Läuten der Tempelglocken und das Schlurren der Gummisandalen der im Ashram lebenden Inder, die sich ihre Milch aus Maharajjis Küche holten. Manchmal lag Rauch in der Luft, vom Verbrennen der Abfälle auf der Straße. Meist jedoch umwehte Uma der Geruch von warmer Kuhmilch, der sich unverhofft mit dem Duft von Räucherstäbchen mischte, aus dem kleinen schräg gegenüber liegenden Tempel, in dem irgendeine Morgen-Puja stattfand. Am Ende der Meditation, niemals jedoch vor neun Uhr morgens, bestand die Möglichkeit, in Maharajjis Zimmer zu gehen, sich vor ihm zu verbeugen, was als *Pranam* bezeichnet wurde, und *Prasad* zu erhalten.

In einem Jahr sah Uma Maharajji nur drei Mal während der gesamten Dauer ihres Aufenthalts, in anderen Jahren durfte sie jeden Tag in sein Zimmer und bekam immer *Prasad*. All dies war nicht zu planen oder zu kalkulieren. Alles, was geschah, besaß eine eigene innere, göttliche Ordnung, der man einfach vertrauen musste. Und das tat Uma.

Ihr Herz klopfte immer bis zum Hals, wenn sie im Vorzimmer darauf wartete, eingelassen zu werden, um sich vor ihm zu verbeugen. Oft saß er auf dem Bett, ganz in Weiß gekleidet, eine Wollmütze auf dem Kopf, die Augen hinter einer großen runden Brille versteckt, und las Zeitung. Anfangs war ihr unklar, warum sie überhaupt dort war, auf die Knie ging und sich tief verneigte, denn er schien sie gar nicht wahrzunehmen. Aber mit der Zeit fand sie heraus, dass die Zeitung nur ein Trick war, eine Art Schutzwall, hinter dem er sehr wohl wahrnahm, wer zu ihm kam.

Wenn es *Prasad* gab, wurde es von einem Inder, der neben Maharajjis Bett stand, ausgeteilt, und ehe man sich versah, war man auch schon wieder draußen. Und doch geschah etwas dort drinnen, ebenso wie draußen auf der Terrasse, das Uma nicht wirklich erklären konnte.

Ihre Erfahrungen waren so reich, so vielfältig, dass es ihr schien, als unternehme Maharajji mit ihr Ausflüge in die spirituelle Welt und erkläre ihr in Form von Empfindungen und einer Art innerem Verstehen Dinge, von denen sie bislang nur gelesen hatte. So konnte es passieren, dass sie vor seinem Zimmer saß und plötzlich eintauchte in das Tao – zumindest nannte sie es so, denn sie bekam eine klare Empfindung dafür geschenkt, dass es eine große göttliche Ordnung gab, in der alles an seinem Platz war und alles mit rechten Dingen zuging. Dies offenbarte sich ihr in Form eines allumfassenden Gefühls, das ihr Einblick gab in eine Wahrheit, die sich jenseits von Zweifel, Analyse und Logik, ja jenseits des Verstandes befand.

Manchmal war seine Präsenz so stark, dass es ihr vorkam, als tanzten ihre Seelen miteinander, fänden zueinander in einem Liebesakt der Herzen. Immer wieder beantwortete er ihre Fragen mit einfachen Sätzen, die begleitet waren von Bildern, Visionen oder Empfindungen.

In diesem Winter kam Uma mit ihrer zerbrochenen Osho-Kette zu Maharajji auf die Terrasse. Die beschädigte Kette hatte ihr Aussehen noch einmal verändert, genau an dem Tag, als Uma in Laxman Jhula eintraf. Bislang war der Stab aus Osho-Marmor, der beim Aufprall auf dem Boden zerbrochen war, noch von der Goldfassung der Kette, dem Kopf der Schlange, notdürftig zusammengehalten worden. Doch bei ihrer Ankunft löste sich der obere Teil des Stabes endgültig aus der Fassung und fiel ihr in die Hände. Der Kopf der Schlange war nun hohl. Was hatte dies zu bedeuten? Sollte sie die Kette loslassen und in den Ganges werfen, musste sie Osho verlassen?

Drei Tage lang wiegte sie sich ohne eine Antwort auf der Terrasse im Wind. Schweigen, Lauschen, Kirtan-Gesänge, Hundebellen, Stimmen, Gedanken, die kamen und gingen. Dann erhielt sie eine Antwort: »Der Teil des Osho-Marmors, der herausgebrochen ist, symbolisiert jenen Teil in dir, Uma, der gehen musste – all das, was du schweren Herzens losgelassen hast. All dies ist geschehen, um mehr Raum in deinem Inneren zu erschaffen. Der untere Teil des Osho-Marmors, der noch fest in der Fassung der Kette steckt, das ist Oshos Erbe, sein Vermächtnis an dich und das, was du behalten darfst.«

Sodann bekam sie genaue Anweisungen, was jetzt zu tun sei. Das obere, herausgebrochene Stück Mamor sollte sie in den Ganges werfen. Der untere Teil hingegen brauchte eine neue, festere Fassung, denn dies war Oshos Geschenk an sie. Uma sah vor ihrem inneren Auge, wie die Kette jetzt aussehen sollte. Die Schlange hatte ihre Aufgabe erfüllt und musste weichen, denn sie stand für Transformation, Veränderung. Ein Schmuck, der eine solche Form besaß, trug in sich bereits die Zerstörung dieser Form. Auch der Diamant, der sich im Auge der Schlange befand, war durch drei Rubine zu ersetzen, die sich harmonisch in die neue Form der Kette einfügen würden.

Noch am selben Nachmittag schleuderte Uma das herausgebrochene Stück Osho-Mamor in einer einzigen entschlossenen Bewegung weit hinaus in die Fluten des Ganges. Dann blieb sie lange am Ufer sitzen und blickte stromabwärts in das entschwindende Wasser. Loslassen und erhalten, loslassen und erhalten, wer konnte sie das besser lehren als der Fluss? Wandte sie sich stromaufwärts, floss ihr alles zu, drehte sie sich um, strömte alles von ihr weg. Vimal empörte sich, dass sie das kostbare Stück Osho-Marmor, das sie von ihm erhalten hatte, einfach ins Wasser warf, und erzählte ihr Geschichten von Freunden, denen Ähnliches passiert war, die den Stein hatten kleben lassen und damit glücklich geworden waren, aber Uma blieb gelassen und unbeirrt. Mit diesem Meister – das musste er doch besser wissen als sie – ließen sich die Dinge nicht kitten, da gab es keine halben Sachen.

Ein Jahr später, als sie im Resort bei Shree Juweler ihre neue Kette abholte, die wunderschön war, entdeckte Uma noch eine weitere in der Geschichte dieses Schmuckstücks verborgene Botschaft: »Häng dich nicht an die Form, Uma. Sei bereit, eine Form loszulassen, und sieh, wie ich zu dir komme in einer anderen Form. Vertraue.«

In diesem Winter hatte Uma keine Teilnehmer für eine Gruppe in Laxman Jhula zusammenbringen können. Doch auch dies schien ihr wie von oben geführt. Sebastian, der sich noch einmal für die Reiseleitung zur Verfügung gestellt hatte, flog statt nach Indien mit seiner neuen Freundin Anita auf die kanarischen Inseln. Seine Lebensreise nahm nun definitiv eine andere Richtung, und Indien, die Meister und letztlich auch Uma lagen nicht mehr auf seiner Route. In den folgenden Jahren sollte sich die Distanz zwischen ihnen immer noch weiter vergrößern, als seien sie endgültig auf verschiedenen Schiffen unterwegs, die sich rasch und in entgegengesetzter Fahrtrichtung voneinander entfernten.

Dies war nie Umas Vision gewesen. Immer hatte sie ihn irgendwo ganz in ihrer Nähe gesehen, als Herzensfreund, als alten Seelengefährten. Doch Sebastian, der immer hundert Prozent loyal gewesen war, verschob seine hundertprozentige Loyalität nun hin zu seiner neuen Freundin. Und Uma blieb zurück. Die Wasser des Ganges rauschten unentwegt murmelnd, gurgelnd, glucksend an Uma vorbei, stromabwärts, dem Ozean zu.

Noch taten Sebastian und der Verlust seiner Freundschaft weh. Doch jeder Schmerz, den sie je erlitten hatte, jeder Stachel, der noch in ihrem Herzen steckte, erfuhr auf Maharajjis Terrasse eine wundersame Wandlung. Der Meister arbeitete mit ihr auf eine sehr feine energetische Art und Weise, die schwer zu erklären war.

Einmal fragte sie ihn: »Liebt Gott mich?« Theoretisch wusste sie, dass es so war. Wie oft hatte Mahindra in seiner unnachahmlichen Art zu ihr gesagt: »Du bist Gottes geliebtes Kind, sein Baby.« Aber in den letzten Jahren hatte sie zu zweifeln begonnen. Maharajji antwortete: »This universe is made of love.« – Das ganze Universum ist aus Liebe gemacht. Sie stimmte ihm zu, aber das war schwer zu sehen auf der Erde.

Und dann half er ihr, Verbindung aufzunehmen mit ihrem Höheren Selbst, das Uma nach dieser Erfahrung ihr »größeres Ich« taufte. Sie konnte nicht genau sagen, wie er es machte. Sie saß einfach nur auf der Terrasse, eingehüllt in Schals und Decken, direkt vor seinem Zimmer, und irgendwann öffnete sich in ihr die Tür zu einer anderen Dimension, einer weiteren, ausgedehnteren Sichtweise, begleitet von Gefühlen und Empfindungen, welche ihre gesamte Erfahrung real und lebendig werden ließ, unendlich kostbar und gleichzeitig nicht vermittelbar, denn all dies spielte sich in ihrem Inneren ab, als führe ein göttlicher Geist den Bogen gekonnt über die Saiten ihrer Seele, bis etwas in ihr anfing zu klingen und sich mit dem Ton des gesamten Universums zu verbinden.

Umas größeres Ich war immer bei Gott, wusste, dass sie immer alles hatte und dass immer alles in Ordnung war. Doch sie identifizierte sich mit ihrem »kleinen Ich«, das Schmerzen erlitt, Liebe brauchte, Wünsche und Sehnsüchte hatte und dessen Ziehen und Zerren sie sich permanent aussetzte. Maharajji ermahnte sie, ihr Leben immer wieder aus der Perspektive des »größeren Ich« zu betrachten, des Zeugen, des höheren Bewusstseins. Sie befürchtete, dass es ihr ohne den

Meister nicht gelingen würde, sich mühelos wie ein Adler in diese Gefilde hochzuschrauben, aber der alte Heilige erweiterte ihr Bewusstsein, gab ihr einen Geschmack von einer größeren und höheren Dimension, als nehme er sie mit auf eine ausgedehnte Reise.

Und das erinnerte sie an eine Geschichte, die Mahindra oft erzählt hatte:

Es war einmal ein Frosch, der sein Leben im Ozean verbracht hatte und sich jetzt auf einem Landausflug befand. Dabei fiel er versehentlich in einen Brunnen. Dort begrüßte ihn freundlich ein Brunnenfrosch und wollte wissen, woher er komme. »Ich komme vom Ozean«, sagte der Gast. »Wie groß ist der Ozean?«, wollte der Brunnenfrosch wissen. »Ist er so groß?« Er machte einen ausgedehnten Hopser, um die Größe anzudeuten. »Nein, viel größer«, erwiderte der Ozeanfrosch. Nun sprang der Brunnenfrosch bis zur Hälfte seines Brunnens. »So groß?« »Nein, nein«, sagte der Ozeanfrosch und musste lachen. »Der Ozean ist noch viel größer.« Der Brunnenfrosch sprang bis auf die andere Seite seines Brunnens. »Also ist er so groß?«, fragte er, nun schon ein wenig ungehalten. »Das reicht lange nicht«, antwortete der Frosch vom Ozean. Da wurde der Brunnenfrosch böse und fuhr ihn an: »Du Lügner! Wie kann etwas größer sein als mein Brunnen?«

Maharajji war wie der Frosch aus dem Ozean, der Uma aus ihrem Brunnen holte und ihr das Meer zeigte. Und vielleicht hatte Uma nicht wirklich an die Existenz des Meeres geglaubt.

Alles, so erschien es ihr nun, brauchte seine Zeit. Die Jahre mit Mahindra, in denen sie eine ganz direkte Schulung durch den Meister erfahren hatte. Die Zeit mit Osho, der wie ein Hurrikan durch ihr Leben gefegt war, alles Alte zerstört und Raum für Neues geschaffen hatte. Und die Winter mit Maharajji, der sie sanft wieder zusammensetzte, der sie heilte und ihr nach und nach wie eine nährende Lösung Wissen und Verstehen einflößte.

Zuweilen machte sie sich Gedanken über ihre Verbindung zu Maharajji. Er kannte nicht einmal ihren Namen. Vor Jahren hatte sie Zuflucht auf seiner Terrasse gefunden, waidwund, zermürbt von ihrem Tanz auf Rasierklingen, und war dort aufgepäppelt worden wie ein namenloses Findelkind. Was wusste er schon von ihr? Sie war nicht einmal wirklich seine Schülerin. Aber da schickte er ihr einen Traum.

In diesem Traum kam er zu Uma, ein würdiger, sehr alter Guru, umarmte sie und sagte, er wolle mit ihr zusammen sein. Sie war erstaunt, aber angetan, doch dann fügte er hinzu, sie müsse sich noch ein wenig gedulden, er wolle sicher sein, dass er sie vor dem Gift und den Intrigen im Ashram beschützen könne. Damit wachte sie auf.

Anderntags erfuhren Vimal und Uma von einem eingeweihten Westler, der im Ashram ein- und ausging und seit Jahren in Laxman Jhula lebte, dass es vor wenigen Tagen zu einem großen Aufruhr im Ashram gekommen sei. Es habe eine Schlägerei gegeben, man habe Waffen im Zimmer eines einflussreichen Schülers gefunden, Drogen seien möglicherweise auch im Spiel. Vimal und Uma lauschten atemlos. Während Vimal sich an die Zeiten auf der Ranch in Oregon erinnert fühlte, konnte Uma an nichts anderes als an ihren Traum denken. Er müsse erst sicher sein, er könne sie vor dem Gift und den Intrigen im Ashram schützen, hatte der alte Guru im Traum zu ihr gesagt. Und da hatte sie noch nichts von den Vorkommnissen gewusst. Also gab es zwischen ihnen doch eine Verbindung.

Dem Ashram-Skandal maß Uma keine größere Bedeutung bei. Es war nicht ungewöhnlich, dass Menschen in direkter Nähe eines Erleuchteten mit ihren tiefsten Schatten konfrontiert wurden. Die Meister schritten – soweit Uma das überschauen konnte – so gut wie nie ein, um einen Schüler vor dem Fall zu bewahren. Macht, Gier, Neid, Eifersucht, all dies trat im Buddhafeld eines Meisters stärker zutage als irgendwo sonst … und konnte hier vielleicht auch am ehesten transzendiert werden, es sei denn, der Schüler war noch nicht so weit. Dann war es einfach nur eine vertane Chance.

Immer gelang es Maharajji, ihr Botschaften zu schicken, die sie darin bestärkten, an ihre ungewöhnliche Beziehung zu glauben und sich ihrer Kommunikation jenseits aller Regeln hinzugeben. Als sie sich Sorgen machte, dass sie in ihm nun bereits ihren dritten Guru hatte, dass sie vielleicht auch nur Gurushoppen ging und ihre Suche längst jede Ernsthaftigkeit verloren habe, behauptete er: »Uma, du bist ein Regenbogenwesen. Du hast viele Farben. Deshalb hast du viele Meister, sogar viele Liebhaber. Versuche nicht, dies zu unterdrücken, und verurteile dich nicht.« Und sie glaubte ihm, mit Tränen in den Augen.

Und so machte sie weiter, verbrachte Tag um Tag, Stunde um Stunde vor seiner Tür, nach innen gekehrt, horchend, was er ihr nun wieder nahebringen mochte. Manchmal kam Krishna, der Ashram-Hund, legte sich halb auf ihre Matte und wärmte ihr die nackten Füße.

»All is God – Alles ist Gott«, sagte Maharajji oft und forderte sie auf, sich umzublicken: die Gummisandalen, die Blumen vor seiner Tür, die dreckige Matte, auf der sie saß, der Himmel über ihr, die Holztür vor ihr, der Hund, alles war Gott, Gott war in allem, es gab keinen Ort, an dem Gott nicht war.

Und dann ließ er sie dies fühlen. In ihrem Herzen erhob sich ein großes Feiern, ein inneres Tanzen, ja Toben vor Freude. Alles war mit allem verbunden, und alles konnte kommunizieren, Steine, Sterne, Krähen, Bäume, Zellen, Flüsse, denn alles besaß Bewusstsein, war lebendig, veränderte ständig seine Form. Gott oder göttliches Bewusstsein wohnte, atmete, lebte, existierte in jedem Partikelchen von allem, was sie sich vorstellen konnte, und war alles-was-ist. »Selbst in einem Krokodil?«, quakte der Brunnenfrosch in Umas Innerem. Das brachte sie zum Lachen, und der Zauber verschwand, als habe Maharajji sich ihren fliegenden Teppich geschnappt, ihn wieder eingerollt und in einer Ecke seines Zimmers verstaut. »Genug für heute.«

Doch Umas Zeit war nicht nur angefüllt mit Meditation und Glückseligkeit. Sie musste sich auch eingestehen, dass ihre Beziehung zu Vimal sich wieder einmal veränderte. Bei ihrem letzten Taiwan-Aufenthalt war etwas von ihrer Liebe und Leidenschaft für Vimal zerbrochen und hatte sich nicht wieder kitten lassen. Auf dem Höhepunkt seines Erfolgs hatte er eigentlich gar nicht bemerkt, wie es um Uma stand, wie gefährdet sie war, wie allein in ihrer Verzweiflung. Uma warf es ihm nicht vor. Oft hatte er für sie bezahlt, ihr Essen, das Hotel in Bangkok, ihr sogar die Hälfte des Geldes für das Flugticket, das Arpita ihm zurückzahlte, gegeben. Er war so weit gegangen für Uma, wie er nur konnte – und dennoch hatte es diesen Knacks in ihrem Herzen gegeben. Danach hatte sie immer häufiger über eine Trennung nachgedacht. Es kam ihr so vor, als habe sie ihn zurzeit ihres größten *surrender*, am schwächsten und schwärzesten Punkt ihres bisherigen Seins, zurückgelassen, habe ihr Bündel gepackt und sei weitergewandert, zum nächsten Bergplateau.

Jetzt betrachtete sie ihn oft mit einem gewissen Abstand: seine Launen, seinen manchmal groben Umgang mit ihr, seine Forderungen an sie und ihre Bemühungen, ihn zufriedenzustellen, was nie funktionierte. Auch seine Leidenschaft und feurige Vitalität, seine überschwänglichen Liebeserklärungen und Komplimente, seine nimmermüde Bereitschaft, ihr Behandlungen zu geben. Dennoch: Sie war in dieser Beziehung nie glücklich gewesen. Zu oft hatte sie nachgegeben und dabei letztlich die Verbindung zu sich selbst verloren.

Wie mit allem ging sie auch mit dieser Frage zu Maharajji auf die Terrasse. Musste sie sich von Vimal trennen? Der Alte gab keine Antwort. Stattdessen zeigte er ihr in einem

Bild, dass der Strom von Uma zu Vimal ging. In dieser Beziehung war sie die Gebende – das verstand sie mehr gefühlsmäßig als intellektuell, und sie wusste auch, dass Vimal glaubte, es sei umgekehrt. Doch dies war nun ohne Belang. Sie musste selbst entscheiden, ob sie weitermachen wollte oder ob sie erschöpft war.

Uma schob den Gedanken an eine Trennung erst einmal von sich. Sie war viel zu schwach, um sich darauf einzulassen, und sie hatte die Abschiede und Trennungen und Tode so satt. Nichts wollte sie von dieser Frucht mehr kosten, sie sehnte sich nach dem Frühling, dem Duft von Maiglöckchen und Flieder, nach der Geburt der neuen Uma. Aber wie sollte die aussehen? Immer noch besaß sie keinerlei Vision von sich. In einem Interview mit Byron Katie, das Uma vor Monaten gehört hatte, sagte diese, sie fühle sich wie »Liebe zu Füßen der Liebe«. Dieser Satz blieb bei Uma hängen, befeuerte ihre Sehnsucht, beflügelte ihre Suche. Wenn sie überhaupt etwas sein wollte, dann dies: *Liebe zu Füßen der Liebe.*

Doch so einfach war das nicht. Mit eben diesem Ansinnen war sie bei Mahindra wie auch bei Osho immer wieder gegen eine Wand gelaufen. In ihr war bereits der Buddha, der Diamant, doch solange noch der Hauch einer Staubschicht darauf lag, musste sie weiter den Putzlappen schwingen und sich pfeifend wieder an die Arbeit begeben.

An ihrem letzten Morgen auf Maharajjis Terrasse schickte er ihr ohne jede Vorwarnung eine mächtige Vision. Es begann damit, dass sie eine starke Kraft in ihrem Rücken spürte, die von der Wand ausging, an der sie lehnte, und die sie wegzudrücken schien. Dann tauchte ein Bild auf: Sie saß in einem Boot, das aussah wie ein Speedboat, und wurde gegen den Strom des Wassers den Ganges hochgedrückt, bis sie zu seiner Quelle kam. An der Quelle trank sie, drehte um, und es ging mit jauchzender Freude, in rasender, überschwänglicher Fahrt durch Stromschnellen den Ganges wieder hinunter.

Als die Vision verblasste, bemerkte sie, dass die Tür zu Maharajjis Zimmer offenstand, und sie hineingehen und *Pranam* nehmen durfte. Sie hatte schon oft beim Hinunterbeugen zart seine Füße berührt, eine Geste der Ehrerbietung, die in Indien üblich war. Doch diesmal erfasste sie eine unerklärliche Laune, und sie packte seinen Fuß, der wie immer in blütenweißen Socken steckte, und drückte drei Mal einen festen Kuss darauf. Maharajji begann zu husten, und sie erschrak. Beim Hinausgehen war sie den Tränen nahe. Sie schämte sich, weil sie so unkontrolliert und überschwänglich gewesen war. Aber bevor sich dieses Gefühl in ihr ausbreiten konnte, geschah etwas Unglaubliches. Sie sank vor seinem Zimmer auf den Boden und öffnete die Hände: Vom Himmel regnete es Blumen auf sie hinunter, unablässig ... und sie empfing und empfing und empfing.

Als es aufhörte, war sie innerlich so offen und empfänglich, dass sie weinen musste. Es waren Tränen der Leichtigkeit, der Ekstase, des Glücks. Sie verbrachte noch eine Weile im Ashram, um sich wieder zu fangen. Schließlich lief sie in ihr Hotel zurück, klaubte ein paar Sachen und ein Handtuch zusammen und machte sich auf den Weg aus dem Dorf, am Ufer des Ganges entlang, bis sie eine abgelegene Stelle fand. Dort watete sie mit all ihren Kleidern in das eiskalte Wasser des Flusses, tauchte rituell drei Mal den Kopf unter, das Gesicht stromaufwärts gewandt. Ihre Zähne klapperten. Doch als sie aus dem Wasser auftauchte, prickelnd vor Kälte, fühlte sie sich köstlich lebendig, wach und beschenkt.

Jede tiefe spirituelle Erfahrung und Transformation, das hatte sie in den Büchern über Gurdjieff erfahren, musste auf körperlicher Ebene verankert werden. Es schien Uma, als habe Maharajji ihr einen Vorgeschmack, eine Kostprobe des Gefühls der Erleuchtung verabreicht, und sie wollte diese nicht nur in ihrem Herzen, sondern auch im Gedächtnis jeder einzelnen Zelle ihres Körpers bewahren.

Mit diesem letzten, kostbaren Geschenk von ihm im Gepäck reiste sie ab. Sie zerfloss vor Dankbarkeit und Liebe und sandte schon im Zug von Haridwar nach Delhi unzählige Gebete für seine Gesundheit ins Universum.

Jahr für Jahr befürchtete sie, ihren weisen, liebevollen Großvater-Guru nicht mehr wiederzusehen. Maharajji war schon alt und gebrechlich, immer wieder hörte sie munkeln, sein Leben hinge nur noch an einem seidenen Faden, doch jeden Winter fand sie ihn erneut in seinem Zimmer vor, die Wollmütze auf dem Kopf, die Füße in weißen Socken, auf seinem Bett sitzend, bereit, Uma und all die anderen Kinder und Kindeskinder zu empfangen und ihnen zu geben, was sie brauchten, um ihr Herz noch ein wenig mehr zu öffnen und sie die Wahrheit kosten zu lassen: *Gott ist Liebe. Liebe ist Gott.*

Wenn auch nur einer von ihnen dies wirklich verstand und ein wenig mehr danach lebte, war die Welt wieder heller geworden. Dafür saß Maharajji hier. Ja, die Mission des Sacha Dham Ashrams und seiner Ahnenreihe, so hieß es, war ein ununterbrochenes Gebet für die Erleuchtung der gesamten Menschheit. Was für ein gesegneter Ort! Welch gütiges Schicksal hatte Uma einst hierher geführt.

Und doch kamen auch viele – Touristen, Durchreisende, Neugierige –, die hier nichts weiter fanden als einen alten Mann hinter einer Zeitung und einen Inder, der schauderhafte Süßigkeiten verteilte, und die enttäuscht wieder verschwanden. Nicht jedem war eine Kostprobe vom himmlischen Nektar vergönnt. Dies war Teil des unerklärlichen Spiels der Meister und Erleuchteten, die wie in einem offenen Buch in den Herzen ihrer Besucher lasen und wussten, wen sie zu sich rufen und wen sie ziehen lassen sollten.

Aber jeder, der den Ashram verließ, ob er es ahnte oder nicht, trug in seiner Tasche den Segen Maharajjis wie einen Samen, der irgendwann aufgehen würde, wenn die Zeit gekommen war.

Neugeburt

Wie immer, wenn Uma vom Ganges nach Deutschland zurückkehrte, schwangen die Ereignisse, Meditationen und Einsichten auf Maharajjis Terrasse noch lange in ihr nach, so auch dieses Jahr, das ihre Reinigung und Läuterung im Fluss gesehen hatte. Sie befand sich in einem besonderen inneren Raum und konnte sich nur schwer einfügen in die Atmosphäre zuhause. Fern von Indien war die Welt rational, pragmatisch, schnell und effizient, grau und glatt wie Beton. Die Menschen hetzten durch die Tage, ohne innezuhalten. Es gab immer etwas zu tun, zu rennen, zu erledigen, niemand besaß die Muße, sich hinzusetzen, nach innen zu lauschen, den Vögeln zuzuhören, dem Plätschern eines fließendes Gewässers. Man musste arbeiten, Geld verdienen, vorankommen, sich absichern, sich fortbilden. Das pure Sein besaß keinerlei Anziehungskraft im Westen. Aber wo liefen alle so rastlos hin? Welchem Ziel entgegen? Wie und wo wollten sie ankommen, wenn nicht im Jetzt?

War es nicht letztlich der Duft einer Tasse Kaffee am Morgen, das nährende Gespräch mit einem Freund, das Innehalten in der Umarmung mit dem Geliebten, ein Spaziergang unter alten Bäumen, die Freude am Erschaffen während einer Arbeit, bei der man nicht unter Erfolgszwang stand – war es nicht das, was das Dasein tief und lebenswert machte? Lag Uma damit denn so verkehrt? Oder hatte die Welt einen aberwitzigen Wandel erfahren, dem alle folgten wie Schafe, weil sie annahmen, dass dies die einzig mögliche Lebensweise war?

Uma wusste es nicht, doch sie glaubte an das, was sie durch eigene Erfahrung entdeckt hatte: Sie wollte immer noch mehr innehalten, lauschen, wach sein, um herauszufinden, was jeder einzelne Moment von ihr verlangte. Die mächtigste Kraft, Weisheit und Liebe, »der große Spirit«, wohnte in ihrem Inneren, stets bereit, ihr den nächsten Schritt zu zeigen. Aber sie musste auch gewillt sein, der Stimme zu folgen und all das alte Sicherheitsdenken, die Maßnahmen und Versuche, das Leben im eigenen Sinne zu kontrollieren, aufzugeben. Und das, nahm Uma an, galt letztlich für alle Menschen.

Als sie sich zum ersten Mal nach dem langen Indien-Aufenthalt in ihr Auto setzte, geschah etwas Wundersames. Sie fuhr sicher und entspannt und manövrierte es durch den dichten Verkehr, als sei sie ein versierter Taxi-Chauffeur. Insgeheim wartete sie darauf, dass die alte Unsicherheit, ja Panik, zurückkehren würde, aber nichts dergleichen geschah. Sie blieb nicht nur ruhig, sie fuhr mit einer Gelassenheit und Eleganz, die sie nie zuvor besessen hatte. Es schien ihr, als erlangte sie wieder Macht über ihr Leben, aber diese Macht war anders als zuvor. Nicht starr oder stur, im Gegenteil. Sie besaß eine neue Flexibilität, eine Hinwendung zum Leben, eine Offenheit für den Himmel und seine sanfte Führung.

In diesem Frühjahr kam auch ihre Arbeit wieder in Schwung. Immer öfter meldeten sich Klienten für eine Einzelbehandlung bei ihr an, obwohl sie fast keine Werbung machte. Aber sie war keine Lehrerin mehr. Was sie jetzt zu geben hatte, war eine innere Stille, eine erfüllte Leere, der sie unendlich vertraute. Ihre neue Qualität zeigte sich, wenn ihr Klient und sie bei den langen Vorgesprächen an einen Punkt gelangten, an dem sie beide nicht weiterkamen. Früher hätte Uma eine solche Stelle mit einer von Mahindras Lebensweisheiten elegant umschifft, doch nun erlaubte sie es sich, etwas nicht zu wissen. Sie wartete. Hier saßen sie, erforschten gemeinsam das Leben in seiner ganzen Rätselhaftigkeit, und manchmal gab es auch wirklich keine Lösung für ein Problem.

Und dann, scheinbar aus dem Nichts, wie in einem seltsamen alchemistischen Prozess, öffnete sich ihnen eine Tür. Eine Lösung, ein Weg tauchte auf – den Uma sich so einleuchtend und kühn nie hätte ausdenken können. Die Lösung kam immer aus diesem Augenblick der Leere, der Stille, des Nicht-Wissens, des Loslassens von allen Vorstellungen, Konzepten und Ideen. Ihre ganze Zuversicht und all ihr Vertrauen wurden Uma abverlangt, damit sie sich diesem Moment immer wieder auslieferte und nicht auf vorgefertigtes Wissen zurückgriff. Wenn ihre Arbeit so lief, dann war sie wie ein Satsang, eine Kommunion mit der göttlichen Wahrheit und Weisheit, die sich ohne Hindernisse und Barrikaden ihren Weg ans Licht bahnte. Doch dies erforderte von Uma, dass sie nackt und unschuldig blieb, was ihr vor ihrem großen Zusammenbruch in Taiwan nicht gelungen wäre.

Die alte, ehrgeizige, fleißige, angespannte Uma, die immer Gutes tun musste und von allen geliebt werden wollte, gab es nicht mehr. Die neue Uma, die aus den Trümmern des Bebens hervorgekrochen kam, hatte mehr Kontakt zu ihren Schattenseiten, war authentischer und entspannter. Statt herumzuhetzen und Gutes zu tun, saß sie öfter still und handelte erst, wenn die Zeit reif zu sein schien. Auch war sie lange nicht mehr so nett wie früher. Die neue Uma erlaubte sich öfter, ihrer inneren Wahrheit eine Stimme zu geben und Unangenehmes zum Ausdruck zu bringen, selbst auf die Gefahr hin, andere vor den Kopf zu stoßen und nicht mehr geliebt zu werden. Außerdem hatte sie, die den

Schmerz so gut kannte, jetzt ein enormes Mitgefühl mit jeder leidenden Kreatur.

Aber war sie glücklicher? Nein. Sie saß einfach nur näher am Feuer, an einer Art heiligen Flamme, die sie reinigte und verbrannte.

Eines Vormittags ging sie im Nymphenburger Park spazieren. Es war ein schöner, klarer Frühlingstag mitten in der Woche, und sie genoss das Alleinsein. Während sie die bekannten Wege abmaß und die Bäume begrüßte wie alte Freunde, sann sie über die letzten fünf Jahre nach, besonders über die Lektionen von Osho. Die allererste: *das existentielle Alleinsein jedes Menschen*. Dies war vielleicht die schmerzlichste Erfahrung für sie gewesen. Ihre emotionale Anhaftung an Sebastian, an die Familie und den Meister zu lockern und schließlich loszulassen und allein zu gehen, ohne einsam zu sein. Dann war sie, stärker als jemals zuvor, mit der Instabilität aller Strukturen, der Unsicherheit allen Lebens, konfrontiert worden. Ihre Arbeit brach ein, das Geld wurde knapp, ihr Erbe ging verloren. Und doch musste sie tiefer ins Unbekannte gleiten, darauf vertrauen, dass irgendeine unbekannte Kraft, der unsichtbare göttliche Geliebte, sie auffing, wenn sie von den höchsten Klippen sprang.

Und das war ja auch geschehen. Hier saß sie, war nicht in der Gosse gelandet, sehr wach, sehr leicht, sehr lebendig. Es hatte wehgetan, ihre Identifikationen abzulegen, all die schönen Bilder, Rollen und Images, die sie zuvor ihr Eigen genannt hatte: die Mutter, die Lehrerin und Seminarleiterin, die Lichtfrau des Meisters, die angebetete Ehefrau von Sebastian, um dann im Umfeld der Sannyasins ein Niemand zu werden. Als hätte sie ihre Kleinstadt-Uni, an der sie angesehen und geachtet war, verlassen, um sich an ein großes amerikanisches College zu begeben, ein spirituelles Princeton oder Harvard, wo all ihre bisherigen Errungenschaften belächelt wurden. Uma? Wer ist das? »Irgendein unbekanntes Gesicht, eine neue Sannyasin.« Dabei hatte sie komplett das Gefühl für ihren Wert verloren, sich den Schneid abkaufen lassen. Was war ihr anderes übrig geblieben, als nach innen zu gehen, sich auf den Buddha im Inneren zu konzentrieren, der sich jenseits menschlicher Hierarchien, Hackordnungen, Vergleiche und Bewertungen befand – und im Frieden mit sich und der Existenz war? Uma konnte noch nicht für immer dort bleiben, aber sie versuchte so oft wie möglich seine Gefilde aufzusuchen.

Ihr gesamtes Leben hatte sich dadurch vom Tun zum Sein verschoben. Ihre Arbeit, auch das hatte sie verstanden, war einfach ein natürlicher Ausdruck ihrer göttlichen Schöpferkraft. Sie konnte sie genießen, musste sie nicht missbrauchen, um Liebe und Anerkennung zu bekommen. Und dies war vielleicht die wichtigste und gleichzeitig schwierigste Lektion: Die Kontrolle über ihr Leben lag nicht in ihrer Hand. Sicher, sie musste alles tun, was in ihrer Macht stand, um ihr Lebensschiff auf einen guten Kurs zu bringen. Aber letztlich, und dies hatte Taiwan ihr beigebracht, konnte sie sich nur verneigen und die Hand des göttlichen Geliebten küssen: »Dein Wille geschehe.« Das war Demut. »Surrender«, wie Osho gesagt hätte.

Sogar ein weltlicher Geist wie Albert Einstein hatte das erkannt. In einem Brief an einen Freund, kurz vor seinem Tod, schrieb er: »Meine Forschung hat mich jetzt dazu geführt, dass ich klar erkenne, dass in der praktischen Welt, in der wir leben, ein unsichtbarer Orchesterdirigent ist, der alles lenkt, aber unser Gutes will.«

Dein Wille geschehe.

Uma setzte sich auf eine Bank, schloss die Augen und fragte sich zum wohl tausendsten Mal in dieser Zeit: »Was ist der Sinn meines Lebens?« Aus ihrem Herzen stieg nur ein Wort auf: *Erfahrung*. Sie hatte sich so tief in das Leben hineingebohrt, mit all den Verlusten, dem Verlorensein, dem Auslöschen aller Identitäten, dass sie das Gefühl hatte, nichts an ihrem Dasein sei flach oder schal. Sie konnte ihren Reichtum förmlich schmecken. Er befand sich dort drinnen, tief in ihrem Inneren. Und dann stieg ein Gefühl in ihr auf, als habe sie das Klassenziel erreicht. Als könne sie nun mit ihrem Leben anfangen, was sie wolle, weil sie die Pflicht gemeistert hatte – alles, was jetzt noch kam, war Kür.

Sie sank noch tiefer in sich hinein und verstand: Das Leben auf der Erde war vielfältig und komplex. Es gab nicht nur einen Sinn, den sie für sich finden und erfüllen wollte, er ergab sich aus der Geschichte ihres gesamten Lebens, der Summe all ihrer Erfahrungen: Kinder aufziehen, einem Meister dienen, Seminare geben, Geld verdienen, sich behaupten und nachgeben, gewinnen und verlieren, alt werden, vergeben, ja sagen und akzeptieren. Es gab in jeder nur denkbaren Lebenssituation unendlich viel zu lernen, zu begreifen und zu verstehen, und aus alldem destillierte sich die Erfahrung eines Lebens. Das war der einzige Sinn, den sie letztlich für sich ausmachen konnte: Erfahrungen sammeln, die ihr halfen, ihr Bewusstsein zu erhöhen und zu erweitern, um immer vollkommener und vollständiger zu werden.

»Dein Bewusstsein kann unendlich erhöht werden, es gibt nach oben hin keine Grenze, Gott ist unendlich«, flüsterte Mahindra eindringlich irgendwo in ihrem Hinterkopf. Uma musste lächeln. Sie hatte vor, ihn bald zu besuchen. Es stimmte nicht, dass sie nie zu ihm zurückkehren würde. Im Gegenteil. Uma hatte ihn nie wirklich verlassen. Aber auch Osho und Maharajji waren ihre Meister. Mochten doch die anderen in Schubladen leben, Gesetze aufstellen, wie viele Meister man haben durfte, und ihnen gehorchen. Dies war ihr Leben, und es verlief nun einmal nicht schnurgerade wie eine Autobahn.

Als sie den Park verließ, zwitscherten die Vögel, es duftete nach Flieder und Bärlauch und jungen Blättern und Uma dachte: »Vielleicht ist der Winter vorbei, und ich bin endlich im Frühling meiner Seele angekommen.« Doch dann fiel ihr Vimal ein. Sie war wie eine Pflanze, die keinen Platz besaß und im Schatten einer anderen vor sich hin vegetierte. Sie blühte nicht auf, nahm sich keinen Raum neben ihm, fand nicht zu ihrer wahren Kraft und Größe. Wollte sie das wirklich ihm in die Schuhe schieben? Bring immer alles zu dir selbst zurück, und du wirst eine Transformation ohnegleichen erleben, hatte Osho ein ums andere Mal gesagt. Er hatte nur sich selbst gelebt, auf seine strotzende, raumgreifende Vimal-Weise. Sie selbst hatte sich neben ihm klein werden lassen, hatte aufgegeben, an sich zu glauben, an ihre Macht, ihre weibliche Kraft, ihre innere Weisheit. Sie musste ihn verlassen.

Es tat schneidend weh, auch nur daran zu denken. Sie besaß immer noch so viel Liebe, so viel Leidenschaft für ihn. Aber wie konnte sie jetzt noch, nach allem, was passiert war, ihre Augen vor der eigenen inneren Wahrheit verschließen?

Als sie das Gittertor des Parks öffnete, schossen ihr die Tränen in die Augen. Wieder einmal loslassen, jetzt auch noch Vimal. Blieb denn gar nichts übrig?

Wahrscheinlich nicht. Eines Tages würde sie alle Krücken wegwerfen und sogar ihre Meister – Mahindra, Osho, Maharajji – verlassen. Denn tief in ihrem Inneren wartete der innere Meister, der keiner äußeren Projektion mehr bedurfte. Sie ahnte bereits, was er sagen würde, wenn sie endlich zu ihm kam: »Ich habe lange auf dich gewartet, Uma.«

Das Tor zum Park klappte sanft hinter ihr ins Schloss. Uma wischte die Tränen mit dem Handrücken ab, hob den Kopf und sah hinauf in die Kronen der Bäume und zum blauen Himmel. Ein Rotkehlchen zirpte voller Zuversicht. Uma seufzte und gab sich einen Ruck. »Am Ende wird alles gut sein«, dachte sie bei sich. Dann ging sie, wieder einmal darauf vertrauend, dass etwas Größeres sie tragen würde, dem Unbekannten entgegen.

Anhang

Satsangas Weg

Vor vielen Jahren lernte ich meinen ersten Meister, Sai Avatar Mahindra, in Goa kennen. Ich zog wenige Monate später aus München in seine Nähe – damals ein kleines Dorf im hessischen Vogelsberg – und verbrachte viel Zeit mit ihm, sowohl in Deutschland als auch in Indien.

Mahindra wollte nie ein Guru sein und nennt sich heute Herr de Souza, aber für mich ist und bleibt er ein erleuchteter Meister, bei dem ich zehn Jahre lang lernen durfte. In meinen Büchern habe ich die Beziehung zu ihm häufig beschrieben, aber letztlich reichen Worte nicht aus, um das auszudrücken, was er mir bedeutet.

Dankbarkeit, Liebe, Freundschaft, Respekt, Freude und auch ein Gefühl von Hingabe erfüllen mich, wenn ich an ihn denke – obschon oder gerade weil ich mich so lange in seiner Mangel befand.

Dennoch entschloss ich mich nach zehn Jahren, mich Osho zuzuwenden und Sannyasin zu werden. Etwas zog mich mit großer Kraft zu ihm: Da war diese alte, ungelebte Liebesgeschichte zwischen Osho und mir, und ich musste zu ihm kommen, obwohl er sich schon seit dreizehn Jahren nicht mehr in seinem Körper befand. Ich nahm den Osho-Namen Deva Satsanga an – und mein Leben geriet komplett aus den Fugen. Nichts blieb mehr bestehen, als hätte ich um einen Hurricane gebeten. Fast sieben Jahre lang befand ich mich in einem dunklen Tunnel, einer Art »Winter meiner Seele«, eine Zeit unendlich harter Prüfungen, in der ich alles loslassen musste, was meinem Herzen lieb und teuer war.

In dieser Phase allertiefster Verzweiflung tauchte mein Großvater-Guru Maharajji auf. Ich fand ihn oder er fand mich in einem Ashram in Nordindien direkt am Ufer des

Ganges. Auf mein stilles Bitten hin half er mir, in der tiefen Dunkelheit nie aufzugeben und mutig weiterzugehen. Mehrere Winter lang kehrte ich zu ihm zurück, meditierte auf seiner Terrasse und empfing in seinem kleinen Zimmer unendliche Segnungen. Viele Wunder geschahen in seiner Nähe, ich erhielt Eingebungen, Bilder und Visionen. Unendliche Liebe, Dankbarkeit und Zärtlichkeit erfüllen mich, wenn ich an ihn denke.

Nach sieben Jahren klarte der Himmel über mir wieder auf. Ich hatte die bislang schwierigste Prüfung meines Lebens bestanden. Oshos Spirit, seine Lebensfreude, Weisheit, Radikalität und Totalität erfüllten plötzlich mein Leben. Ich war zu einer Art Wildbach geworden, noch viel freier, lebendiger, unbezähmbarer und verrückter als zuvor, aber auch präsenter und ein kleines bisschen weiser.

Im Moment sitze ich zu Füßen meines Meisters Osho oder tanze um ihn herum – entbrannt in Liebe und Dankbarkeit zum Leben und zu ihm.

Wenn ich eines sagen kann, so dieses: Ich habe mich dem Leben immer gegeben – »I have given myself to Life« – mit Vertrauen, mit Leidenschaft, mit meinem ganzen Herzen, ohne zu versuchen, etwas zurückzuhalten oder zu retten. Und das Leben hat mich immer gehalten, getragen, immer für mich gesorgt. Durch meine Bücher, Seminare und Behandlungen kommen auch andere Menschen in Kontakt mit dieser Art zu leben, die irgendwie ansteckend ist, weil wir intuitiv wissen, dass nur der Sprung ins Ungewisse uns beweist, dass wir Flügel haben und fliegen können.

Ich glaube, das ist meine Aufgabe in diesem Leben.

Satsanga

Über die Autorin

Satsanga Sabine Korte ist Autorin von Lebensratgebern und Romanen sowie international tätige Seminarleiterin. Unter dem Namen Sabine Korte erschien 1993 ihr erster Roman *Pumps und Pampers* und erreichte mit 70.000 verkauften Exemplaren Bestsellerstatus. Es folgten *Zimtküsse* (1994; Hardcover) und *Das Atelier der Engel* (1997; Taschenbuch) sowie *Reisende in Sachen Liebe* (1999; Taschenbuch).

Sie schrieb sehr engagiert ihre Romane und zog ihre zwei Töchter in München groß, als sie bei einem Aufenthalt in Indien ihren spirituellen Meister Mahindra traf. Diese Begegnung veränderte ihr gesamtes Leben. Gut zehn Jahre blieb sie in seiner Nähe, war für einige Jahre seine Köchin, Fahrerin, Assistentin und Seminar-Organisatorin – und erhielt im Gegenzug eine profunde Herzensbildung.

In dieser Zeit entstanden ihre spirituellen Lebensratgeber *Der Christus-Meister* (1998), *Happy Birthday, Aphrodite!* (2001) und *Nichts als Liebe* (2005) sowie die Meditations-CD *Im Garten der Träume* (2002). Kurzgeschichten von ihr erschienen in vielen Anthologien, darunter in *Wilde Frauen* (1996) und *Walpurgistänze* (2000). Für den chinesischen Markt und auf Chinesisch erschien unter dem Namen Satsanga das Buch *Discover Your Inner Radiance* (2007).

Inspiriert von ihren erfolgreichen Büchern und ihrer CD kamen immer mehr Ratsuchende zu ihr, und so entwickelte Satsanga Sabine Korte unter Mahindras Schirm Seminare für Innere Schönheit und die Weisheit des Herzens – bereiste zahlreiche Länder und beflügelte Menschen, sich selbst mehr wertzuschätzen und zu lieben. Sie absolvierte Ausbildungen in Körpertherapie und Energiearbeit und erschuf daraus die »Herzheilung« – eine therapeutische Einzelbehandlung, die die Lösung von Problemen auf der spirituellen und der Herzebene anstrebt.

Doch auch ihre eigene Wanderschaft ging weiter. Der Stimme ihres Herzens folgend, verließ sie Mahindra und wandte sich dem indischen Mystiker Osho zu. Sie nahm Sannyas, bekam einen neuen Namen und entfesselte damit eine Lawine, die sie in die größte Krise ihres Lebens stürzte. Aus dieser Erschütterung wurde der Roman *Uma lernt fliegen* geboren. Er ist das Zeugnis einer Wahrheitssuche, die es in sich hat und doch auch Mut macht – sich selbst und dem Mysterium des Lebens zu vertrauen.

Heute lebt und arbeitet Satsanga Sabine Korte als moderne Nomadin auf der ganzen Welt, gibt Seminare, leitet Meditationen und bringt sich immer wieder für einige Monate im Jahr im Osho Meditation Resort in Poona, Indien, ein.

Ihre Erfolge haben sie selbst zu einer spirituellen Lehrerin werden lassen. Über ihr Rezept für Wohlbefinden und Glück schreibt sie: »Ich hatte in meinem Leben immer wieder den Mut, mich von Grund auf zu verändern und dabei keinen Stein auf dem anderen zu lassen. Das ergibt einen abenteuerlichen Lebensweg, wenn auch keine werbewirksame Firmenphilosophie. Meine Erfahrung lehrt mich aber zu hoffen, dass meine Leser und Seminarteilnehmer sich von mir verführen lassen, ein wenig abseits der Hauptstraße zu flanieren, in jenen Gassen, wo das Leben wirklich interessant ist, um dort nach den Schätzen und Wundern zu suchen, die das Universum jenen vorbehält, die sich Mut und ein kindliches Vertrauen bewahrt haben. Wenn Sie danach streben, sind Sie bei mir genau richtig.«

Mehr über Satsanga Sabine Kortes Arbeit erfahren Sie auf: www.satsangas-way.de

Osho im Original

Alle Zitate von OSHO stammen aus Büchern im Besitz der Autorin. Die Zitate werden hier wiedergegeben mit freundlicher Genehmigung © der OSHO International Foundation und finden sich so oder in ähnlicher Form auch in der OSHO Library, www.osho.com/library.

Aufbruch: Kapitel 1

(1) »The body is only a temporary house, a caravanserai, an overnight stay. In the morning we have to go. But consciousness is the eternal pilgrim, a journey without any beginning and without any end. It is a journey of dances and songs and music and poetry, a festive journey, a ceremony without reason.«
aus: Osho, *Zen – The Diamond Thunderbolt, Chapter 7 – Life Is Not a Dictionary*

(2) »This is trust – the courage to risk your secure life for an unknown end. Nobody knows whether you will be able to reach the end or not. Nobody knows whether anybody has ever reached it or not. But now, nothing matters. Now you are no more a calculator, now you take the jump. Now only this adventure has meaning, and nothing else; and you are ready to sacrifice everything for it.
This is what Jesus means when he says:
He has loved his own in this world.
You are my own. If I have touched your heart and released the desire, the utterly impossible desire to be free, if I have been a wild bird to you, and I have broken the bondage as your domestic habits, and you are ready, even in an akward way, ready to fly, ready to try, then you are my own.«
aus: Osho, *Come Follow to You, Vol. 4, Chapter 1 – This in Remembrance of Me*

Aufbruch: Kapitel 2

(3) »There is not a single man in the world who is not longing – knowingly or unknowingly – to be bigger, to be greater, to be vaster, who is not trying to reach to the moon and to the stars.«
aus: Osho, *The Messiah, Vol. 2, Chapter 11 – Only a Question of Awareness*

(4) »Love.
I am thrilled with great expectations about you.
Much is to happen within you and without also.
You are on the verge of the explosion,
so be alone.
Not lonely but alone,
and live with that aloneness.
Rather, be that aloneness;
that is the only meditation for you now.
Loneliness is negative:
to be lonely is to be aware of the absence of others.
To be alone is the most positive state of mind:
it is to be aware of *the presence of oneself.*
Be aware of the presence that is you.
Just be aware and wait,
wait for the happening.
Near, very near is the moment.
And remember that I am always with you.
I have always been with you,
even when you did not know me.
And always feel my blessings.«
aus: Osho, *A Cup of Tea – Letters to His Friends*

Aufbruch: Kapitel 3

(5) »There is no home, unless we find it in ourselves.«
aus: Osho, *The Path of the Mystic, Chapter 10 – You are Not to Be Somebody*

Aufbruch: Kapitel 4

(6) »Unless your search is of great passion, of tremendous committment, of utter involvement, you will not be able to know the secrets of your being – because much work will have to be done. The curious person cannot do that much work. Curiosity is not enough; its energy is very small, very tiny. Only a sincere passion to know can take you through all the trouble that will be needed. It is an uphill task.«
aus: Osho, *The Secret of Secrets, Vol. 1, Chapter 7 – Turning the Key*

(7) »Love. Nothing in life is sure – except death.
Otherwise life is another name for insecurity.«
aus: Osho, *A Cup of Tea – Letters to His Friends*

(8) »Aloneness simply means completeness. You are whole; there is no need of anybody to complete you. So try to find out your innermost center where you are always alone, have always been alone. In life, in death – wherever you are – you will be alone.«
aus: Osho, *The Path of the Mystic, Chapter 19 – The Bliss of Aloneness*

Innehalten: Kapitel 1

(9) »Love means it is a question of Life and Death. Love means intensity, totality. And the great gifts of Life are only for people who are ready to go totally into something, whether it is silence, freedom, truth – it does not matter what it is. All the ultimate values require you to be a lover.«
aus: Osho, *The Old Pond … Plop!, Chapter 1*

(10) »Put everything at stake. Risk everything, because the next moment is not certain, so why bother? Why be concerned? Live dangerously, live joyously. Live without fear, live without guilt. Live without any fear of hell, or any greed for heaven. Just live.«
aus: Osho, *From the False to the Truth, Chapter 28 – Death Never Happens*

Innehalten: Kapitel 2

(11) »Love brings you face to face with death. Meditation brings you face to face with death. Coming to a master is coming to your own death.«
aus: Osho, *The Discipline of Transcendence, Vol. 2, Chapter 4 – The Blessed One*

(12) »Love.
Meditate, pray and wait.
Do not will anything,
for in you there is strength,
greater than any strength of your own.
But it works only when your will is at rest.«
aus: Osho, *A Cup of Tea – Letters to His Friends*

(13) »And one is grateful because the universe is. One is grateful because the sun rises and the birds sing and the flowers bloom and the clouds float and in the night the sky becomes full of stars. One is simply grateful because there are mountains and rivers and ocean and deserts. One is simply grateful because there are animals and human beings. Such an incredible existence, so far out. Such a celebration, so psychedelic, so colorful. Such a dance of energy.«
aus: Osho, *Be Still and Know, Chapter 3 – No Question, No Answer*

Stillsein: Kapitel 2

(14) »But when you come to a Buddha and you start moving into the unknown, there is no highway, no trodden path. You will have to make you own path by walking; the path will not be found ready made ... I can give you encouragement to move on your own, I can trigger a process of enquiry in you, but I will not give you a system of thought, I will not give you any certainty. I will only give you a pilgrimage – a pilgrimage which is hazardous, a pilgrimage which has millions and millions of pitfalls, a pilgrimage in which you will have to face more and more dangers every day, a pilgrimage which will take you to the top of human consciousness, to the fourth dimension. But the higher you go, the more danger of falling. I can only promise you a great adventure, risky, dangerous, with no promise that you will attain it – because the unknown cannot be guaranteed.«
aus: Osho, *The Book of Wisdom, Chapter 4 – The Last Chance to Rebel*

(15) »Relaxation is an existential happening. Relaxation means your consciousness has no demands of any kind and no desire to become something – no desire to even become relaxed; there is no insistence for even relaxation to come. If it comes, it is good, if it does not come, it is equally good.«
aus: Osho, *Finger Pointing to the Moon, Chapter 8 – Realize the Fruits*

(16) »Love. I am one with all things – in beauty, in ugliness, for whatsoever is – there I am. Not only in virtue but in sin too I am a partner, and not only heaven but hell too is mine. Buddha, Jesus, Lao Tzu – it is easy to be their heir, but Genghis, Taimur and Hitler? They are also within me! No, not half – I am the whole of mankind! Whatsoever is man's is mine – flowers and thorns,

darkness as well as light, and if nectar is mine, whose is poison? Nectar and poison – both are mine. Whoever experiences this I call religious, for only the anguish of such experience can revolutionize life on earth.«
aus: Osho, *A Cup of Tea – Letters to His Friends*

(17) »What is needed is not something in which you can forget your loneliness; what is needed is that you become aware of your aloneness – which is a reality. And it is so beautiful to experience it, to feel it, because it is your freedom from the crowd, from the other. It is your freedom from the fear of being lonely.«
aus: Osho, *The Path of the Mystic, Chapter 19 – The Bliss of Aloneness*

(18) »Live like a river, not like a pond. The pond is a householder; the river, a sannyasin.«
aus: Osho, *A Cup of Tea – Letters to His Friends*

Sterben: Kapitel 1

(19) »You don't belong anywhere – that is a reality. All hankering to belong is deceptive. The very idea to belong creates organizations, the very idea to belong creates the church. Because you cannot be alone you want to drown yourself in a crowd.«
aus: Osho, *The Divine Melody, Chapter 10 – Married for Eternity*

(20) »There are two ways of knowing. One is remaining outside as an observer, detached, aloof, cold – the scientific way. And the other is the mystic's way: becoming passionately involved, not remaining cold and aloof, becoming committed, not remaining on guard; taking a jump, a quantum leap. It needs guts, courage.«
aus: Osho, *Philosophia Perennis, Vol. 1, Chapter 4 – I Mean Business!*

Sterben: Kapitel 3

(21) »You can live very superficially, you can avoid the dark night of the soul, but if you avoid the dark night of the soul, you are avoiding all your treasures. You are avoiding the very meaning of your life and existence. Hence the intelligent man takes the challenge and enters into the *dark tunnel*, which seems to be unending. But it ends one day. If you go on with courage, knowing that people have passed beyond it – that is the beauty of being with a master, because you know that at least one example is before you

and with you, who is standing outside of the tunnel and who is constantly calling you to enter the tunnel ... because unless you enter, you cannot get out of it. There is no way to bypass it.«
aus: Osho, *YAA-HOO! The Mystic Rose, Chapter 14 – The Way Goes Through*

(22) »Truth cannot be attacked; it is attained through surrender not through struggle. It is conquered through total surrender.«
aus: Osho, *A Cup of Tea – Letters to His Friends*

Bardo - Zwischenzustand

(23) »When I initiate you, the only thing that I want to do is to help you come to your own home. Once you are centered in your own being, my work is done.«
aus: Osho, *The Alchemy of Yoga, Chapter 4 – To Become Free in an Unfree Society*

(24) »Live in the market-place and create a Himalaya in the heart. Become silent in the noise. So be in the world, but don't let the world be in you. Love, and yet don't be lost in it. Relate, and yet be alone, utterly alone. Know perfectly well that all relationship is a game. Play the game and play it as beautifully as possible and as skillfully as possible. A game is after all a game and has to be played beautifully. And follow all the rules of the game, because a game cannot exist without rules. But remember always that it is just a game. Don't become attached to it. Don't become serious in it. Always allow a sense of humour to remain alive in you. Remain sincere but non-serious. And then, slowly slowly, you will see that the polarities are disappearing.«
aus: Osho, *The Secret of Secrets, Vol. 1, Chapter 3 – The Atomic Moment*

(25) »Rooted in meditation you will have wings of compassion. That's why I say to you that I would like to give you two things: Roots in this earth and wings in that heaven. Meditation is this earth, it is here and now; this very moment you can spread your roots. Do it. And once roots are there your wings will reach to the highest sky possible. Compassion is the sky, meditation is the earth, and when meditation and compassion meet, a buddha is born.«
aus: Osho, *A Bird on the Wing, Chapter 11 – Sober Up*

Weitere Literaturverweise

1 Pedro de Souza, *Evangelium 2000*, May Verlag 1999.

2 Fritz Peters, *Eine Kindheit mit Gurdjieff*, Innenwelt Verlag, Köln 2003.

3 Bruce Wilkinson, *Das Gebet des Jabez*, Gerth Medien, September 2002.

4 Ajahn Brahm, *Die Kuh, die weinte – Buddhistische Geschichten über den Weg zum Glück*, Lotos Verlag, München 2006. Dieses Buch liegt auch auf CD vor, gesprochen von Ute Maria Lerner, mit Musik von Michael Reimann.

5 Eileen Caddy, *Herzenstüren öffnen*, Greuthof Verlag, Freiburg 1989, 20. Dezember.

6 Colin Tipping, *Ich vergebe*, Kamphausen Verlag, Bielefeld 2004.

7 Fritz Peters, *Eine Kindheit mit Gurdjieff*, Innenwelt Verlag, Köln 2003.

Lisa Biritz
SPIRIT IM GEPÄCK

Delfine, Wale und Sternenwesen – Leben in der Neuen Zeit

200 Seiten, Hardcover, gelbes Leseband
Amra Verlag, € 16,95

ISBN 978-3-939373-91-9

Eine Journalistin überlässt sich ihrer inneren Führung und reist um die ganze Welt – auf der Suche nach Antworten in einer sich verändernden Zeit. Mit Fototeil Delfine & Wale!

LD Thompson
WAS DIE SEELE SIEHT

Wege zum inneren Frieden

256 Seiten, Hardcover, oranges Leseband
Amra Verlag, € 19,95

ISBN 978-3-939373-98-8

Dein Leben wird von deiner Seele gestaltet, und je mehr du auf sie hörst und nach ihren Werten und Wünschen handelst, desto freudvoller wird dein Leben. Vorwort von Sabrina Fox.

Patricia Spadaro
ACHTE DICH SELBST!

Die innere Kunst des Gebens und Annehmens

288 Seiten, Hardcover mit Schutzumschlag, rotes Leseband
Amra Verlag, € 19,95

ISBN 978-3-939373-56-8

Möchtest du ein Leben voller Hingabe führen und zugleich all deine Möglichkeiten entfalten? Wenn du das Gleichgewicht zu halten lernst, beginnt für dich der Tanz des Lebens.

Textauszüge, Videos und Hörproben auf www.AmraVerlag.de